本书系国家社会科学基金"十二五"规划2015年度教育学一般课题《"阶层固化"对农村籍大学生社会化的影响及教育支持研究》(课题编号：BIA150101)的最终成果。

全国教育科学规划成果标识

|光明社科文库|

农村籍大学生社会化研究
——阶层要素的视角

张天雪 等◎著

光明日报出版社

图书在版编目（CIP）数据

农村籍大学生社会化研究：阶层要素的视角 / 张天雪等著 .-- 北京：光明日报出版社，2020.2

（光明社科文库）

ISBN 978-7-5194-5605-4

Ⅰ.①农… Ⅱ.①张… Ⅲ.①农村—大学生—社会化—研究—中国 Ⅳ.① G645.5

中国版本图书馆 CIP 数据核字（2020）第 025878 号

农村籍大学生社会化研究：阶层要素的视角
NONGCUNJI DAXUESHENG SHEHUIHUA YANJIU: JIECENG YAOSU DE SHIJIAO

著　　者：张天雪 等	
特约编辑：万　胜	责任编辑：曹美娜　黄　莺
责任校对：袁家乐	封面设计：中联学林
责任印制：曹　净	

出版发行：光明日报出版社

地　　址：北京市西城区永安路 106 号，100050

电　　话：010-63139890（咨询），010-63131930（邮购）

传　　真：010-63131930

网　　址：http://book.gmw.cn

E - mail：caomeina@gmw.cn

法律顾问：北京德恒律师事务所龚柳方律师

印　　刷：三河市华东印刷有限公司

装　　订：三河市华东印刷有限公司

本书如有破损、缺页、装订错误，请与本社联系调换，电话：010-63131930

开　　本：170mm×240mm

字　　数：295 千字　　　　　　　　印　　张：17.5

版　　次：2021 年 1 月第 1 版　　　　印　　次：2021 年 1 月第 1 次印刷

书　　号：ISBN 978-7-5194-5605-4

定　　价：95.00 元

版权所有　　翻印必究

自 序

为什么要研究大学生社会化？这个问题看似简单，但无论从理论上还是从行动上来看，都是一个疑难杂症。事实上这个问题的解决已经涉及孩子为什么要读大学、怎么读大学、怎么利用大学这个杠杆撬动其人生节点的问题。

理解大学生社会化不能简单套用人的社会化的一般理论，而应该从其成长史、成长现状和成长预期三个维度进行规制。这三个维度事实上也涉及大学的起点、过程和结果三个阶段的问题。一般认为，大学生社会化是指大学生个体在新的认知系统中与周边环境产生交互作用，并通过努力而进行的社会化过程与结果。影响这个过程和结果的因素很多，有个体的态度与努力程度，现时性的高校环境因素，高校内部同学、教师及所在城市与社区的文化因素，学生的身份及成长史等。当下对此问题的分析，更多是从学校内部、学生个体两个角度做功课，缺失家庭背景、家庭文化和成长历程对大学生社会化的影响分析。

此外，对于一个经济发展尚不均衡、不充分的社会而言，高等教育是实现阶层流动、调节社会资源再分配，从而最大限度实现公平的重要途径。而从我国高等教育精英取向和效率优先的坐标上看，新的社会矛盾下对人才提出的社会资本、信息整合分析、整体规划的社会化等指标，对阶层相对偏低的农村籍大学生而言，更处于劣势，具体表现在他们的阅历、知识的广度与宽度、成长的环境、人际的融洽、参与城镇化的效度及心理的抗压能力等方面。且城镇化的进程又加剧了农村学生边缘化的危险和趋势，使得农村大学生既有与普通大学生相同的社会化困境，也有不同于城市大学生的社会化阻滞因素，其发展倦怠现象更为明显。如何让农村籍生源通过高等教育的再塑造，帮助他们从农村学生身份进入现代公民身份，实现接受高等教育的高性价比和利益最大化，以往的研究也并不充分。

为此，本书试图从社会分层视角，用社会调查、案例分析等社会学方法，分别对重点高校、普通高校、高职高专中的农村籍大学生群体进行大规模调查，深入剖析阶层要素对农村籍大学生社会化的影响及教育支持研究。

本书在第二章及第三章用较大篇幅分别论述了大学生社会化及阶层要素，并对两者进行了范畴提炼，来明确本研究的因变量及自变量。在对大学生社会化的提炼中，通过文本分析及问卷调查分析，得出"心理调适""学业调适""人际调适"及"社会调适"四个维度，并将其界定为"大学生个体在新的认知系统、情境系统和行为系统中通过与周边环境的相互作用，凭借自身努力而进行的包括学业调适、人际调适、心理调适并逐步融入社会的过程与结果"；在对阶层要素的提炼中，本书从本体性、历时性及现时性进行三分式阐述，通过实证分析得出"社区环境""家庭资本""个体经验""教育经历"及"朋辈影响"五个要素对大学生社会化发展产生了直接或间接的影响。

上述历时性阶层要素的综合结果已使个体在入大学以前就已在发展位阶上形成了成长梯度，而这些梯度的结果导致其入学机会严重不均衡（尽管在政策上有"三项计划"在不断加大重点高校对中西部和贫困地区生源的倾斜），但在我国高等教育的一路纵队（研究型、教学研究型和应用型）的评价体系下，作为大学生社会化起点的高等学府及其所在区域的选择和学业适应上是不公平和非正义的。当个体脱离了原有的阶层空间而进入大学这个新的发展平台后，即时性的阶层要素及其下的子维度和具体观测点，对大学生社会化各方面（学业调适、人际调适、心理调适及社会融入）的影响又不尽相同，形成犬牙交错的排列组合，构成大学生社会化要素的全景。这也就构成了本书第四至第八章的内容。

在阶层要素对大学生社会化各维度的影响研究上，通过对全国各地、各高校的数万名大学生进行的质性访谈与问卷调查等实证研究方法，采用差异性、相关性、层级回归、调节效应等分析手段得出了相应结论及教育支持对策。首先，要关注学生的学业调适，这是受阶层影响最小的因变量。特别是要加强对那些经世不广的农村学生在专业选择、课程选修、社团选择、社会实践方面的指导，使其能从过去较封闭生活适应城市生活、大学生活，并迅速进入大学生的学习角色。而在学习过程中，除了励志奖学金等助贫扶学项目外，还应充分利用各种校内外基金会的力量，资助其开阔学习视野，有机会研学和游学，使其大学求学效益倍增。其次,要关注学生的人际调适,这是大学思政工作的重点。相对于城市学生和阶层优越学生,阶层不利学生的人际资本、人际交往意愿、能力都处于弱势,这就需要我们为实现所有学生的平等交流提供更多的舞台,鼓励不同文化间的学生进行文化再生产和文化再学习。这种跨阶层的文化交流,不但对于和谐人际关系有促进作用,对增进社会理解、弱化阶层差异、防范阶层固化都有潜在帮助。要重点关注人际融入困难的学生,分析这种困难的历时性原因,并激发他们的交往意愿,重点培养他们的交往能力,以自我叙事的方式让他们多展示自身的那些平淡但有趣的故事,让他们成为学生之间相互学习的素材。再次,要关注学生的心理调适,心理调适要尊重不同人的不同世界观、人生观和价值观,并将核心价值体系渗透到学生的心理建构中,同时引导学生的个性发展,让每个个体合理、合规、合情的需要、动机、兴趣、信念等都能在大学校园找到心灵归宿。为此,大学教育工作要进行供给侧改革,为学生提供更多的心灵资助,使弱势阶层学子有更开阔开放的世界观,有更符合自身追求的价值观,使优势阶层学子更具有抗磨砺性,有更深刻的人生观。最后,要关注大学生的社会融入,从就业创业的指导,到为其进行职业规划,到帮助阶层资本弱的优秀学子的职场推销,再到就业创业初期的困难扶助等,都要环环相扣,使其身份上保留传统阶层优势,摒弃阶层劣势,形成个体新的阶层再造。

从上述阐述中可以归纳出本书的整体逻辑结构如下图所示:

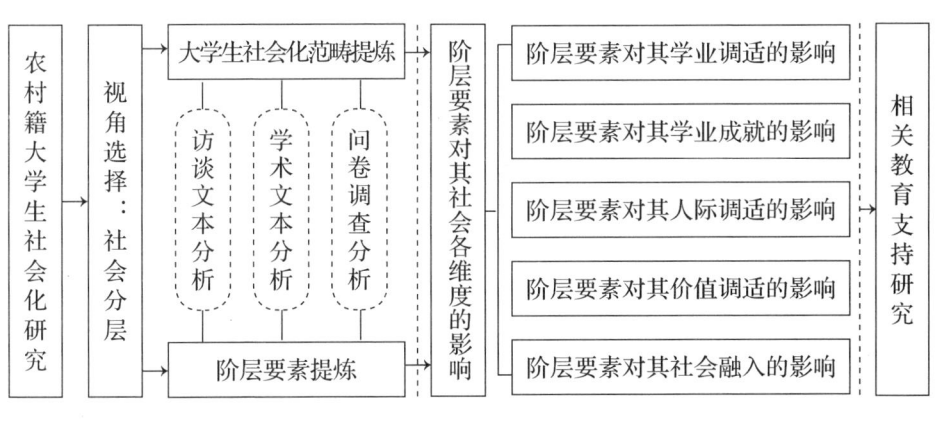

本书逻辑结构图解

作为一项科学研究,研究者总是站在前人的肩膀上,这种站立的首要条件便是创新思维。本书试图在多学科视角的基础上寻求突破。具体体现在三个方面:(1)研究时态与背景上的创新。研究我国社会整体进入新常态后,包括高等教育进入后大众化阶段,社会分层功能相对变弱,基尼系数比较大的情况下农村籍大学生群体可能遇到的社会化困境及其成因及教育支持策略;(2)研究对象上的创新。研究对象虽然非常强调农村籍,但并不否认这部分群体的社会化优势,只是重点寻找其社会化的困境节点;(3)分析方法的创新。系统分析阶层要素对农村大学生社会化困境点的影响,同时分性别对农村女大学生的成长困境进行研究,辟专栏对困境家庭和困境学生群体成长问题给予关注。

同时本书相对已有研究也具有独到的学术价值及应用价值,具体表现在三个方面。(1)研究样本的特定价值。本书聚焦于18岁至22岁正处于"三观"形成时期,成长呈现加速度的高校农村籍大学生。这个时期作为个体的大学生,正由自失的主体向自为的主体和自强的主体转化,社会认知、情感、意志和行为还处于冲突期,还有很多困惑有待解决。(2)对社会学方法论的超越价值。社会学关注弱势,聚焦底层,倡导公平,这些理论与高等教育研究相结合,使本书不仅仅关注农村大学生的一般性问题,而是将其社会化中的各种阶层要素综合起来考量,使本书更侧重于教育政策的积极作为和高等教育改变这种困境的可为性。本书既要发掘农村籍大学生的社会化优势,也要关注其社会化的困境及持续性的教育支持问题,而不再是泛化意义上的入学公平。(3)学理与政策结合的应用价值。本书试图构建我国高校农村籍学生研究的新范式,同时力争某些观点能成为决策者政策决策的依据,从而为农村籍大学生社会化提供政策支持和制度保障。

农村籍大学生社会化问题可以有多种研究视角,本研究选取的主要是教育社会学与教育政策学二者联姻式的探索,本书中还有诸多观点不是很成熟,有待深入推敲,请广大专家、学者不吝赐教!

张天雪
2019年4月

目 录
CONTENTS

第一章 问题来源与研究架构 ································ 1
  一、问题的提出 ·· 1
  二、有关阶层固化的探讨 ································ 7
  三、农村籍大学生的学理研究 ···························· 15
  四、研究视角的选择：社会分层 ·························· 19
  五、研究方法论 ······································· 23

第二章 大学生与他们的社会化 ···························· 27
  一、大学生社会化问题的缘由 ···························· 27
  二、文献回顾 ··· 31
  三、大学生社会化的范畴提炼 ···························· 34
  四、研究结论 ··· 57

第三章 影响大学生社会化的阶层要素提炼 ················ 59
  一、阶层要素问题的缘由 ································ 59
  二、文献回顾 ··· 60
  三、大学生社会化的阶层要素：本体性分析 ················ 63
  四、大学生社会化的阶层要素：历时性分析 ················ 66
  五、大学生社会化的阶层要素：即时性分析 ················ 82
  六、研究结论 ··· 84

第四章　阶层要素与农村籍大学生学业适应的实证研究……87
　　一、研究缘由及问题……87
　　二、文献回顾……88
　　三、研究设计与实施……91
　　四、研究结果与分析……97
　　五、结论及教育支持建议……115

第五章　阶层要素与农村籍大学生学业成就的实证研究……121
　　一、研究缘由及问题……121
　　二、文献回顾……122
　　三、研究设计与实施……125
　　四、研究结果与分析……128
　　五、结论及教育支持建议……140

第六章　阶层要素与农村籍大学生人际调适的实证研究……149
　　一、研究缘由及问题……149
　　二、文献回顾……150
　　三、研究设计与实施……154
　　四、研究结果与分析……159
　　五、结论及教育支持建议……173

第七章　阶层要素与农村籍大学生价值取向的实证研究……178
　　一、研究缘由及问题……178
　　二、文献回顾……179
　　三、研究设计与实施……181
　　四、研究结果与分析……186
　　五、结论及教育支持建议……204

第八章　阶层要素与农村籍大学生社会融入的实证研究 ········· 209
 一、研究缘由及问题 ································ 209
 二、文献回顾 ····································· 210
 三、研究设计与实施 ································ 213
 四、研究结果与分析 ································ 217
 五、结论及教育支持建议 ···························· 232

参考文献 ·· 239

附　录 ··· 248
 附录一、大学生社会化范畴调查问卷 ···················· 248
 附录二、大学生社会化范畴访谈提纲 ···················· 250
 附录三、影响大学生社会化的阶层要素调查问卷 ············ 251
 附录四、影响农村籍大学生学业适应的调查问卷 ············ 254
 附录五、影响农村籍大学生学业成就的调查问卷 ············ 257
 附录六、影响农村籍大学生人际调适的调查问卷 ············ 260
 附录七、影响农村籍大学生价值取向的调查问卷 ············ 263
 附录八、影响农村籍大学生社会融入的调查问卷 ············ 265

后　记　让农村孩子走出固有世界 ························ 267

第一章　问题来源与研究架构[①]

一、问题的提出

中央一号文件已经连续三十多年关注"三农"问题，可见党和政府对农村、农业和农民问题的用心。在致力于全面建成小康社会、彻底消灭贫困现象的今天，"三农"问题也发生了质的变化。我们已经由关注农村和农民的生存问题转向了关注农村和农民的发展问题。而"三农"的发展，需要从根本上解决农村子弟上学受教育的问题。经过近二十年的努力，当下义务教育均衡发展取得了重大成效，留守儿童和随迁儿童上学问题基本得到解决，我国的农村基础教育开始由上得了学向上好学转变，由单纯上学向上适合自己的学转变。在2000年后的高校扩招进程中，高等教育的毛入学率由扩招前的7%增长到了2018年的48.1%，已经逼近普及化。然而，农民子弟高等教育的毛入学率则低于全国统一口径的高等教育毛入学率。农村籍大学生上重点高校，原985、211高校和现"双一流"高校的人数明显与其人口基数不成比例。不但在入学机会上，而且在大学生整个学习历程中，农村籍学生的处境也是处于不利地位。不论是在学业适应、人际适应方面，还是在心理调适、社会融入方面，这种非均衡状态持续于每个农村大学生学习生活的全程，甚至会影响农村大学生日后的城市融入、学业深造和返乡创业。换言之，这种非均衡状态影响着农村大学生大学四年整个高等教育的始终，即本书所指的大学生社会化的全程。这就是我们要选择大学生社

[①] 本章节由张天雪完成．

会化，特别是农村大学生社会化作为我们研究的主要变量的原因所在。

纵观知网文献，研究者对农村大学生的关注呈现持续上升态势。我们以"农村大学生"作为主题词在中国知网数据库中进行检索，发现有关农村大学生的研究总量有1875条。相关研究中最早是从家庭背景角度关注农村大学生问题的，即1987年发表于《赣南师范学院学报》上的梅止渴的文章《从乡村到学府的奥秘——对农村籍大学生所受家庭影响的回溯调查》[①]。自2006年以来，有关农村大学生的研究呈现井喷状态，每年的毛文献量在150篇以上，近几年更是达到300余篇。聚焦这些文献的研究主题，排在第一位的是就业问题，其次是农村大学生的心理健康问题，最后是社会化问题。若以本书的范畴划分方式为标准，将大学生社会融入和心理调适也纳入社会化的范畴，那么有563篇，近30%的文献在研究农村大学生社会化问题。

为什么要关注农村大学生，这里有些矛盾的现象值得我们思考。第一个值得关注的现象是在精英教育体制下，农村学生能上大学的总量是很少的。但通过考试来改变自己命运的机会是存在的，寒门出贵子是比较励志的故事。我们呼吁的是让更多的农村孩子上得了大学，提升农村和农民的整体素质，这也是我们进入小康社会的基本要求。伴随着高等教育的扩招，农村孩子上大学的人数绝对值是增长的。但是，存在两个不均衡：一是农村生源占农村适龄青年的比例低于城市生源占城市青年的比例，即存在大众化程度的不均衡；二是农村生源考上重点大学的比例明显低于城市生源考上重点大学的比例，而且重点大学农村生源数量在一段时间内呈现断崖式下跌趋势，即存在质量上的不平衡。第二个值得关注的现象是农村籍大学生在读期间存在诸多问题。例如贫困生的资助问题，又如学生的学业适应、人际适应、价值观问题等。从关注第一个现象到关注第二个现象意味着研究者的关注点从入学机会平等转向了成长机会公平，也意味着研究重心从起点均衡向过程均衡演进了。随着近几年新型城镇化建设速度的加快、新农村建设的施行，一些以农村大学生出口问题为代表的结果公平性问题也同样进入了政策决策者和学术研究者的视野。例如城市生活融入问题、毕业公正问题、创业融资问题、升学深造和出国留学机会问题，又如近十几年衍生出的农村大学生的自留地问题、返乡再适应问题、"非转农"问题等。

[①] 梅止渴.从乡村到学府的奥秘——对农村籍大学生所受家庭影响的回溯调查[J].赣南师范学院学报，1987（10）：88-93.

种种现象背后的本质问题发人深省，如大学生社会化的主体因素是什么？条件性因素又是什么？条件性因素是否有重要程度的序列？一个人社会化的主体力量当然源自其自身的能力及其对周围环境的认识与驾驭。条件性因素就是其外在影响变量，它又包括了即时性影响因素和历时性影响因素。

从即时性影响因素上看，大学环境、同伴、教师、课程与教学、社区及社会实践等都可构成线性变量，而个体的受教育经历、生活经历、家庭背景与资本等既可构成线性变量，也可非线性地影响大学生的社会化进程。

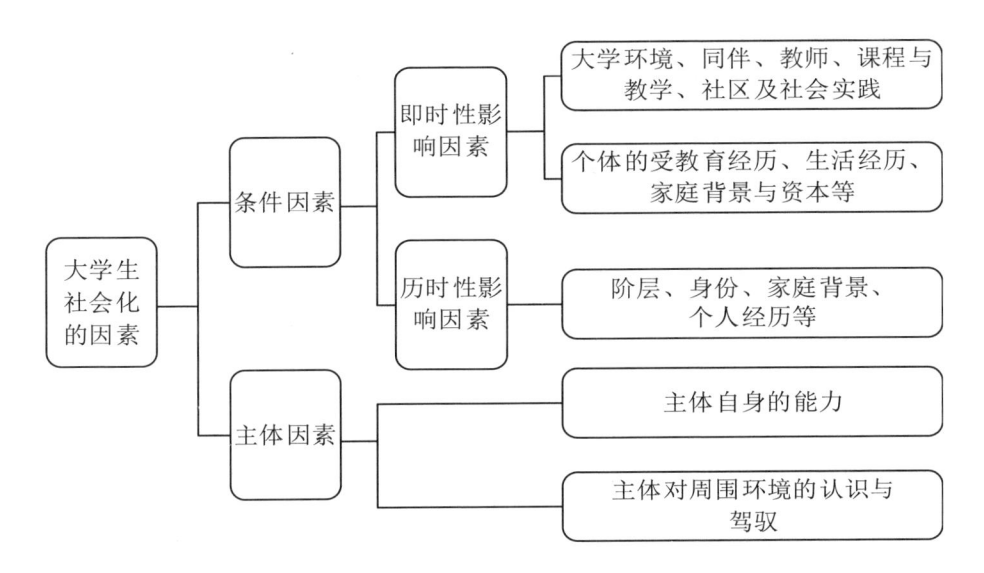

图 1-1　学生社会化主体因素图

那么影响大学生社会化的历时性变量到底是什么？曾经很多情况下，我们将其称为阶层要素。有的学者认为中国阶层已经开始固化，如王文龙认为"阶层固化在一定程度上存在其客观性，这是不以个人意志为转移的"[①]。但多数学者认为中国阶层有固化的苗头，尚没有固化。[②] 还有学者认为，作为主观能动性增强的个体，阶层要素等历时性变量对大学生社会化不应产生显著性影响。我们认为在排除主体性变量和学校环境等现时变量的情况下，阶层、身份、家庭背景、个人经历等变量对大学生社会化进程是有影响的，其具体影响程度和方式

---

① 王文龙.社会资本、发展机会不均等与阶层固化[J].吉首大学学报（社会科学版），2010，31（4）：75-79.

② 顾辉.社会流动视角下的阶层固化研究——改革开放以来我国社会阶层流动变迁分析[J].广东社会科学，2015（5）：202-213.

是需要实证研究剖析的。近几年的舆情一定程度上体现了这种影响。

2010年9月16日,《人民日报》第17版发表了长篇通讯《社会底层人群向上流动面临困难》。该文章辛辣地诘问:"穷会成为穷的原因,富会成为富的原因吗?"继而以叙事的方式从入学、就业两个维度提出农村孩子,特别是欠发达地区的农村孩子和贫困家庭的孩子上大学难,上有名的大学难,就业难,找到适合自己的工作更难的现实。[①]2010年9月19日《半月谈》发表《底层群众靠什么改变命运》的文章,2011年8月5日《南方周末》发表《穷孩子没有春天?——寒门子弟为何离一线高校越来越远》一文,以及电视剧《欢乐颂1》《欢乐颂2》《人民的名义》中对较低阶层和"寒门子弟"的同情和较高阶层出现的代际遗传等现象的讨论,使阶层固化、寒门难出贵子、农村孩子难以通过知识改变自身命运等成为热门话题。这些问题的背后,折射出人们的思考:我们关注了基础教育均衡,是否放弃了对高等教育公平的追求?在高等教育大众化和普及化的语境下,潜在的产业化行为是否让高等教育有意和无意地将寒门子弟关在了门外?进入门槛的寒门学子,是否在全过程上公正公平地拥有教育资源?高等教育是否能对较低阶层,特别是农村籍大学生的社会阶层跃迁产生影响?

在2010年前的舆情晴雨表上,阶层固化的话题还是很尖锐的。但是,随着2011年高校专项计划、国家专项计划和地方专项计划(一般称为"三项专项计划")的陆续实施,高校,特别是重点高校定点面向农村、边远、贫困地区倾斜性招生后,高等教育的入学公平问题有所缓解。同时,近些年精准扶贫工作的推进也在一定程度上缓解了阶层固化并使得农村生源高考升学问题有了阶段性的进展。于是,社会舆情方面对阶层固化的关注度有所下降,媒体已经开始解读"高考不再是阶层流动的唯一要素",这让人们对于通过高等教育改变命运有了新的认知。但是,作为平衡社会分化、促进社会公平的利器之一的高等教育不能,且没有理由推诿自身的责任。在"三项专项计划"实施的语境下,东部发达地区的有关情势同样不容乐观。以我国经济发达省份浙江最西部的常山县为例:

在2001年高校扩招之前,基本每年都有学生考入清华或北大(2000年2人考入)。而2001年以后的18年间(截至2018年)无一人考入上述高校。自新高考实行"三位一体"自主招生后,该县仍然没有学生通过这个自招平台被211以上高水平高校录取;2017年该县被原985、211工程大学录取的考生数为29人,

---

① 白天亮,曲哲涵.社会底层人群向上流动面临困难[N].人民日报,2010-09-16(17).

相比2016年的41人有明显下滑趋势。该县2017年的重点大学录取人数甚至低于杭州市一所特色示范性高中被重点大学录取的人数。再细观"专项计划"，该县近两年通过高校专项计划共录取10人，其中2016年录取8人，到了2017年就下降到了2人，而且录取学校的层次均不高。2015年以来，该县仅有1位考生达到了700分以上，11位考生被C9录取，102位考生被原985、211大学录取。2017年（浙江新高考）该县最高分为642分，在全省仅列第6822名。[①]

若高等教育在社会分层和流动中丧失了主体作用，那么这个社会极有可能陷入停滞困境，也可能会滑向寻租的窘境。这不但会影响社会的进步，甚至有可能威胁到社会的安定。它表现在基础教育阶段就开始滋生"读书无用"的观念，辍学现象难以杜绝，人们对教育所感受到的将不再是不满意，而是无望，甚至是绝望。这种恶性的递延对民族的伟大复兴计划的阻滞虽是潜在的，却是致命的。所以，阶层固化背后是教育公平公正的问题，而教育公平是社会公平的基石，社会阶层的利益调配则是教育公平的前提。

阶层固化实质上就是阶层再生产过程中，个人因素与社会因素相互作用的结果。在阶层、教育、社会公平之间事实上是个嵌套关系。从因果上看，历史事实和社会经验都告诉我们：先有社会分层，后有教育不公。社会分层造成了教育机会的不均等，而教育不均等、不公正加剧了社会不公，进一步再刺激教育更加不均衡。值得注意的是，教育在自身的发展过程中，特别在改革设计和制度安排中，很有可能由于自身的价值偏好和政策设计者"本位中心"和"调研缺失"而造成教育改革的负外部性。例如我们倡导的"素质教育""课程改革""新高考""高等教育大众化""游学和博物馆教育"等，会影响弱势群体获取正当的、用来改变自身命运的受教育权利。在各种因素中，教育因素既是阶层固化形成的原因，也是打破阶层固化的条件。现代社会，阶层的再生产主要通过文化的再生产来实现，人的阶层地位流动主要通过教育来实现。一方面，阶层固化问题是对教育公平问题的一大追问。"我国高等教育教育公平研究"课题表明，中国重点大学农村学生比例自1990年代起不断滑落，北京大学农村学生比例从三成降至一成，清华大学2010级本科生中农村生源仅占17%。而在重点高校中中产家庭、官员、公务员的子女则是城乡无业、失业子女的17倍。[②]

[①] 数据来源：常山县教育局统计资料。

[②] 潘晓凌.穷孩子没有春天？——寒门子弟为何离一线高校越来越远[J].决策探索，2011（9）：24-27.

另一方面，阶层固化问题也是对教育质量问题的一大追问。许多研究表明，中国在高等教育大众化发展过程中，农村籍孩子入学率和重点大学录取率都低于同期的城市孩子。优质的教育资源越来越向城市集中。农村学生的成绩（至少是高考成绩）和城市孩子的比较优势在缩小，农村教育的质量问题也越来越逊于城市教育。这使得农村学生通过高考使自己向阶层上层流动的希望变得越来越渺茫。

阶层要素对大学生入学后的社会化进程会产生持续性的影响。研究者对大学生社会化的理解是多元的，但长期以来并无有关社会化范畴的定论。概括而言，学者们认为大学生社会化是指大学生在高校学习期间，通过教育、学习、实践等活动经历的社会化环节，并在掌握专业知识和职业技能的同时，努力形成正确的自我意识，树立科学的人生观、价值观，完成由大学生到社会人的转化。即实现从一个生物机体的"自然人"到一个能适应社会需要的合格社会人的转变，由"非独立的社会人"转变为自食其力、胜任社会角色的"独立社会人"，成为一个对社会有用并促进社会发展的人。[1] 本书在此基础上，更深一步地拓展了对大学生社会化的理解，更精确地提炼了大学生社会化的范畴，这在本书的第二章中有明确的论证过程和结论。影响大学生社会化进程的因素中，家庭背景、教育环境是两个重要因素，它们同时也是阶层固化的重要形成因素。因此，阶层固化对大学生的社会化或会产生重要影响。"麦可思中国2009届大学高校毕业生求职与工作能力调查"显示：以大学生毕业半年为界，农民与农民工子女有35%的高校毕业生未能就业，而管理阶层子女未就业的只有15%。中国社科院早在2004年的"当代中国社会流动"调查报告中就指出：干部子女成为干部的机会，是非干部子女的2.1倍多。[2] 从大学生就业形势中可看出阶层对一个大学生的社会融入产生的影响。

除此以外，身份、家庭背景、生活与受教育经历在大学生的学业适应、人际适应、心理认同、价值倾向、身心发展、学业成就等方面都会产生直接和间接的影响。我们需要通过实证来验证这个结论，并且要明确在哪些维度上产生着多大强度的影响。这正是本书的立论依据和研究线索所在，这在本书第四至第八章中将逐一进行深入探讨。

---

[1] 沙风，张晓明. 大学生社会化[M]. 北京：新华出版社，2008：34.
[2] 陈雄锋，郭迪杰. 阶层固化下高校毕业生的就业问题及对策[J]. 读与写（教育教学刊），2011,8(4)：72.

党的十九大明确指出中国社会已经进入了新时代。我国社会主要矛盾已经转化为人民日益增长的美好生活需要和不平衡不充分的发展之间的矛盾。在这样的矛盾语境下，如何强化弱势阶层的资源供给（如教育供给），如何弱化阶层要素对大学生社会化进程的非公平性影响，如何让教育所形成的人力资本成为公民个人最重要的财富，这些问题构成了我们要研究这个论题的主要背景和动因。对一个经济发展不均衡的社会而言，高等教育是实现阶层流动、调节社会资源再分配，进而最大限度实现公平正义的重要途径。从我国高等教育精英取向和效率优先的坐标上看，阶层相对偏低的农村籍大学生对新常态对人才提出的社会资本、交往表达、信息整合分析、整体规划的社会化等指标而言处于劣势。以往的研究中，对如何让农村籍生源通过高等教育的再塑造从农村学生身份进入现代公民身份，并从高等教育中获取最大化的利益问题的研究并不充分，而这恰是本研究的立意宗旨。同时，本研究聚焦于18岁至22岁正处于"三观"形成时期的、正处于加速成长阶段的高校农村籍大学生，而非泛化意义上的大学生。这个时期的大学生，正由自失的主体向自为的主体和自强的主体转化，其人格已初步形成，但社会认知、情感、意志和行为还处于冲突期，还有很多困惑有待解决。其社会化指标（人际交往、社会融入、学业成就、价值取向、社会期望、生活技能等）与阶层诸要素（身份、生活与教育经历、家庭背景）等的关系，构成了本研究的逻辑线索。为此，本书重点解决的问题包括：大学生社会化的阶层变量是什么样的，如何理清这些变量；大学生社会化的内涵要素包括哪些，如何对其进行范畴提炼；阶层要素与大学生社会化诸范畴之间有什么样的相关性。

这三个问题中，第一个问题属于自变量探讨，第二个问题属于因变量分析，第三个问题则是自变量和因变量之间的交叉相关研究。

二、有关阶层固化的探讨

本书的研究假设为"阶层固化"对农村籍大学生社会化的进程具有阻滞性影响，之后再对阶层固化中的阶层要素进行解析，并对某些阶层要素与大学生社会化的某个范畴之间进行相关性研究。那么，这里面有个前提性的问题，就是我们所讲的"阶层固化"的背景是什么。这里的"阶层固化"的含义是发展的，并不意味着当下中国社会的阶层固化了或者高等教育的公平功能已然丧失，而是强调高等教育在社会公平方面要防止阶层固化的不利影响，强化自身在社会流动方面的可为性。然后，利用这种可为性为包括农村籍大学生在内的非优势阶层学生提供更大的成长平台、更多的发展机会、谋求更好的社会化结果，使高等教育本身形成强大的教育支持系统。

（一）阶层固化的学术争鸣

国内较早且较系统地对阶层固化进行讨论的学者是李强。他在2004年提出了"阶层结构出现了定型化的倾向"的论断。该观点被当时的学术界视作权威，且主要出现在社会学和政治学学科中。[①] 作为专有名词的"阶层固化"最早出现于《分配正义与阶层固化》一文中。易艳刚首次在该文论中将"阶层固化"一词用在层次较高的刊物（《新华每日电讯》）的标题上，但他并未给"阶层固化"以明确的定义，只是把"代际遗传性的强弱"看成检验阶层固化的试纸，把社会各阶层的流动性强弱、弱势群体实现阶层上升的渠道的通畅性看成是阶层固化强弱的标志。此后，类似的谈及阶层固化的文章不在少数，以《高度警惕"中等收入陷阱"》《社会阶层固化趋势加剧—代穷世代穷》《一些贫者从暂时贫困走向跨代贫穷》等文章最具代表性。严格意义上来讲，国内学术界关于"阶层固化"的研究尚处于讨论与探索的初期，并未形成较为系统而完备的理论。然而伴随着学者对"阶层"概念的认知，他们便纷纷发问——阶层是否已经固化？对于上述问题，学界存在较大的争鸣，主要存在两大阵营。

一方认为我国阶层固化的现象客观存在。研究者从产生的原因、造成的影响和后果等方面对其进行理论分析。他们有的从关注特殊群体的角度展开"阶层固化"的事实性研究，注重个案性研究；有的从代际比较的角度出发，认为社会底层群众，如农民工、失地农民、城市失业人员、低保户等受父辈社会地位、教育不平等因素的影响，子代利用正常的社会流通渠道摆脱"被复制"的

---

① 李强.当前我国社会分层结构变化的新趋势[J].江苏社会科学，2004（6）：93-99.

可能性愈来愈小。[1][2][3]这些研究得出的结论并非基于广泛的社会调查，不足以支持其对中国社会的整体情况做出评判。近年来，公共职位的隐性世袭现象也引起了部分学者的关注。张鹏程、薛深等学者认为，当前我国许多地方的公职录用存在以"官二代"为表象的政治权力世袭现象，尤其以经济不发达、政治运行不透明、法制意识不强的中西部地区为甚，并且认为它已经成为当地一个很严重的社会政治问题。[4][5][6][7][8]对"阶层固化"形成原因的分析，分别形成了"单因论""多因论"和"因果链论"。"单因论"持有者多认为，利益集团分利与社会资源的不均衡是导致"阶层固化"的主因[9][10]；"多因论"主要从体制机制（城乡二元结构、市场经济体制、教育等）、社会资本、传统文化观念等方面较为分散地解释了"阶层固化"的成因[11][12]；"因果链论"则主要强调诸多因素之间存在一定的逻辑关系。例如，王文龙从社会资本和发展机会层层递进地分析了成因[13]；郑辉等建构了"精英代际转化与阶层再生产"的理论模型，并认为精英排他与代际转化的双重作用共同促成了精英阶层的形成与再生产，进而形成了阶层固化。[14]

另一方则认为中国社会远没有达到阶层固化的程度，中下层上升的通道依然通畅。顾辉认为，"当前阶层固化问题成为舆论热点，但是学术界缺乏基于

---

[1] 谢婷婷，司登奎. 收入流动性、代际传递与农村反贫困——异质性视角下新疆30个贫困县的实证分析[J]. 上海财经大学学报，2014，16（1）：62-68.

[2] 王晓东. 贫富差距的代际传承——对"穷二代"现象的透视与反思[J]. 甘肃社会科学，2011（3）：142-145.

[3] 李晓明. 我国山区少数民族农民贫困代际传递的基本特征[J]. 内蒙古社会科学（汉文版），2005（6）：155-157.

[4] 张鹏程. 谨防"官二代""富二代""星二代"掠抢领导职位资源[J]. 领导科学，2015（4）：50-51.

[5] 薛深. "官二代"标签化现象的缘起及其回应[J]. 中国青年研究，2011（7）：14-17，8.

[6] 郝宇青，朱琳琳. 中国产生"官二代"现象的原因[J]. 探索与争鸣，2011（9）：55-58.

[7] 叶慧娟. 权力符号："官二代"现象的社会解读[J]. 青少年犯罪问题，2011（1）：14-19.

[8] 陈培浩. 对"官二代"现象的理性审视[J]. 领导科学，2011（4）：12-13.

[9] 张群梅. 当前中国阶层流动固化趋向与治理路径分析——基于集团分利视角[J]. 河南大学学报（社会科学版），2012，52（3）：34-39.

[10] 刘宏伟，刘元芳. 基于社会资本视角的阶层固化剖析[J]. 天府新论，2012（6）：103-106.

[11] 李煜. 藉流动机会公平分配打破"阶层固化"[N]. 文汇报，2011-09 05（010）.

[12] 马传松，朱挢. 阶层固化、社会流动与社会稳定[J]. 重庆社会科学，2012（1）：35-39.

[13] 王文龙. 社会资本、发展机会不均等与阶层固化[J]. 吉首大学学报（社会科学版），2010，31（4）：75-79.

[14] 郑辉，李路路. 中国城市的精英代际转化与阶层再生产[J]. 社会学研究，2009，24（6）：65-86.

大规模调查基础上的科学研究。使用中国妇女社会地位调查的三期（1990年、2000年和2010年）数据研究显示，没有足够证据表明当前社会阶层已经固化，社会结构仍保持着足够的开放性"[1]。张乐认为，"在市场转型的头二十年里，精英阶层的固化程度还不足以影响社会流动机制的正常运行"[2]。朱光磊认为，"目前，中国社会并未呈现出阶层固化的整体态势，但也存在着影响阶层正常流动的若干障碍因素，包括宏观的制度与政策、中观的制度外'间隙'行为机制、微观的差异化的个体能动性等。"[3]

综合而言，对阶层固化这一现象的学理探讨和热点追问，各家观点都或多或少地承认阶层有固化的趋势，而阶层固化的最普遍内涵也是较为一致的，既社会阶层流动受阻的情况。本书认为：阶层固化定义为在一定社会时期，由于个人和社会原因造成的社会阶层流动性减弱、封闭性加强的趋势[4]。阶层固化是由于诸阶层要素在代际之间出现了复制现象，比如家庭背景、个体学习、生活经历、受教育经历、同伴与朋辈群体等，这些问题我们将在第三章进行深入的实证探讨。

（二）阶层固化的现象描述

阶层固化意味着社会各阶层不仅自我再生、复制，而且阶层之间的流动性开始减少。一个公平社会中的竞争规则应该统一，公民的权利应该平等且适当向弱势群体倾斜。然而现实生活中的"马太效应"及其背后的政治经济体制、利益集团、传统文化、个人性格等形成种种社会现象，如上层世袭化、中层下流化、底层边缘化、上升渠道滞阻化，进而促成阶层固化。

"富二代""官二代"都是当前社会上的热词。它虽不能说明阶层的代际复制，却很明显地显示着优势阶层子女的"资源优势"。"我爸是李刚"案例是一类社会现象的典型缩影，它也在一定程度上反映了官员子女承袭自父辈的阶层自信与阶层优越感。如前文所述，有一定地位、实力、金钱的社会上层人士，他们通过自身拥有的资源、渠道可以使自己的子女获得更好的教育资源、更有利的教

---

[1] 顾辉.社会流动视角下的阶层固化研究——改革开放以来我国社会阶层流动变迁分析[J].广东社会科学，2015（5）：202-213.

[2] 张乐，张翼.精英阶层再生产与阶层固化程度——以青年的职业地位获得为例[J].青年研究，2012（1）：12.

[3] 朱光磊，李晨行.现实还是风险："阶层固化"辨析[J].探索与争鸣，2017（5）：76-82.

[4] 阶层指社会学把由于经济、政治、社会等多种原因而形成的，在社会的层次结构中处于不同地位的社会群体称为社会阶层。

育伙伴关系，进而改善子女的思维、提高子女的智力，使其子女继续保持上层的优势地位。即使其子女未来在就业等方面遇到阻碍，子女因其父辈优越的上层亲属关系、朋友关系等，抵御风险的能力也比相应较低层级阶层的子女高。

而贫困阶层的社会资本匮乏将导致其发展缺乏必要的内外部资源支持，并且会受到贫困社会关系与贫困社会文化的严重制约，使其发展机会更为渺茫，拥有更高的生存风险。一方面，良好的家庭教育和支持是儿童成长的核心要素。"留守儿童"是当前社会给予高度关注的农村学生群体，他们的父母多因经济压力进城务工。相对于优势阶层家庭父母，留守儿童的父母并不能为其子女提供优厚的经济资源和给予充分地陪伴。"已有的许多研究证明留守儿童在心理健康、社会适应、行为规范等方面存在比较突出的问题"[1]，这便形成了阻碍该类学生实现阶层突破的内生因素。对部分非留守的农村学生而言，受限于父母学识，其学业发展也受到限制。诸多媒体报道小龄"神童"事迹——他们多来自城镇，未到学龄就知书达理、能言善辩，其共性是他们有同样博学的家长。反观农村儿童，一般家庭的父母不具备上述家长的学识和教育、辅导子女的能力。而且信息闭塞也为农村家庭孩子增长学识带来阻碍。另一方面，良好的学校教育资源也是个体成长成才的关键。而当前很多农村学校的教育软硬件设施不及城市的学校，信息化教学得不到保障、"大班额"现象存在、农村师资不断向城市流动等现象显现出教育的城乡差距。在此背景下，就近入学则让农村学生不具备教育起点上的优势，事实上也阻碍了其实现阶层突破的步伐。且还存在部分农村学生在接受义务教育后不得不受经济条件制约而辍学的现象。

有研究认为，"城乡居民收入差距对全国收入差距的贡献率一直在50%左右，是我国收入差距扩大最重要的影响因素"[2]。从收入差距亦可透视到不同阶层呈现逐步固化的趋势——穷者越穷，富者越富，以及由贫富差距催生出教育的穷者劣势，富者优势境况。对于中产阶层，他们若不能把握住阶层跃迁的机会并避免风险，也很容易陷入"中等收入陷阱"，导致阶层地位地下滑。

（三）阶层固化的教育审视

阶层差异从学前教育、义务教育、职业教育到高等教育都有所表现。

---

[1] 段成荣，吕利丹，王宗萍．城市化背景下农村留守儿童的家庭教育与学校教育[J]．北京大学教育评论，2014，12（3）：13-29，188-189．

[2] 韩其恒，李俊青．二元经济下的中国城乡收入差距的动态演化研究[J]．金融研究，2011（8）：15-30．

学前教育的阶层差异表现：不同阶层家庭的子女接受学前教育的机会和质量存在不同。我国的学前教育正处于发展期，目前依然存在诸多的不规范和不公平。2016年我国总计有239812所幼儿园，其中民办幼儿园占154203所，约占总数的64%。其中城区幼儿园有74262所，民办幼儿园56845所，约占76.5%。城乡接合区有幼儿园14583所，民办的幼儿园有10538所，占72.5%。[1]可见当前幼儿园依然以民办幼儿园为主，而民办幼儿园的收费性质实质上给经济不宽裕的家庭带来了较大的费用负担。民办幼儿园的经费差异会影响其教育的质量。有调查显示，"农村学前教育专业师资队伍数量严重不足……农村幼儿园教师总体上学历层次较低"[2]。优势阶层子女因其父母的经济资源优势和居住区位优势让其有学上且能接受到更优质的教育。总的来看，"学前教育公有资源存在不公平现象，优质教育资源基本被社会强势群体占有"[3]。而"弱势群体的家庭收入低，受教育水平低，享有的社会资源有限，没有能力为孩子选择优质幼儿园，而且主观上也没有去为孩子争取优质教育服务"[4]。

义务教育的阶层差异表现：不同阶层家庭子女接受到义务教育的起点、过程和结果存在差异。学前教育私立学校较多，家长具有较大的自主选择性。然而我国义务教育以公办学校为主，"从2014年起，各地教育部门将义务教育免试就近入学改革作为深化教育综合改革的重要任务启动实施，经过三年持续大力推进，全国范围取得了阶段性成果和历史性突破，基本实现了免试就近入学、规范有序入学、阳光监督入学，有效缓解了'择校热'"[5]。我国义务教育经费主要是县级负担为主，"不同的省内财政分权会对城乡教育财政状况产生重要的影响"[6]。农村地区相对于城市地区经济发展滞后，教育财力投入相对较少，师资及设施设备不充足，教学效果欠佳。例如有实证研究显示"各省份（自治区、直

---

[1] 数据来源：《中国教育统计年鉴2016》。
[2] 程志龙，程志宏.农村学前教师资队伍状况研究——基于青少年发展的起跑线公平角度的探讨[J].中国青年研究，2014（7）：74-77.
[3] 王海英.学前教育不公平的社会表现、产生机制及其解决的可能途径[J].学前教育研究，2011（8）：11.
[4] 李湘萍.义务教育阶段择校行为与教育机会分布公平性研究——基于中国18个城市居民家庭教育选择支出的实证分析[J].教育研究，2008（3）：67-72.
[5] 教育部.教育部办公厅关于做好2017年义务教育招生入学工作的通知[EB/OL]2017-02-22.
[6] 田志磊，袁连生，张雪.地区间城乡义务教育公平差异研究[J].教育与经济，2011（2）：43-48.

辖市）的义务教育信息化建设与本地区经济水平存在明显的依赖性"[①]；也有实证研究指出，"乡镇和村屯学校教师期望向上流动的比例均超过70%，远高于城市和县城教师"[②]。在这样的城乡义务教育发展差距下，就近入学让农村子女只能被动接受教育的不均衡。它意味着农村学生接受教育面临着起点的不公平，学校间的教育资源差异意味着城乡教育的过程不公平，以此形成的教育差距最终在义务教育结业考试中反映出的是升学机会的不公平。

高等职业教育的阶层差异表现在社会对高等职业教育的态度。相对于普通高等教育而言，人们对高等职业教育的关注度、认可度较低。一般而言，人们认为普通高等教育学生的高考分数、学生素养比高等职业教育的学生高很多。甚至人们认为参加高等职业教育的学生是高考招生的"失败者"，且目前我国对职业教育的分数要求较低，高等职业教育的分数线基本划归"三类投档线"。从高等职业教育的学生构成看，"职业学校教育的农村生源约占80%"[③]，如此生源构成本就让高等职业教育成为中下阶层服务的代名词，打上了深深的阶层烙印，这是不利于受教育学生实现阶层突破的。职业教育对于农村学生而言虽然具有实现阶层向上流动的可能，但是教育环境、社会舆论环境让其与普通高等教育学生相比不具有优势。

高等教育造成阶层差异的表现：不同阶层家庭的子女在高考录取分数、入学率、学校选择、专业选择以及毕业后的就业岗位选择上具有较大的差异。一般而言，低阶层家庭的子女平均录取分数普遍高于高阶层的子女。录取分数高低取决于录取率高低，二者成反比。例如，实际录取学生采取的是分省划定录取线的办法，各省市的录取定额并不是按照考生平均分布的，而是按照计划体制下形成的优先照顾城市考生的原则。因此，出现了同一份考卷，各地录取分数线不同的现象。[④] 优势阶层（指拥有更多经济资本、文化资本和社会资本的群体）的子女在高等教育入学机会上更占优势。根据杨东平教授的研究，自改革

---

① 李葆萍.我国义务教育信息化建设均衡性研究——基于2001-2010年中国教育统计年鉴数据分析[J].中国电化教育，2012（3）：37-42.

② 赵忠平，秦玉友.谁更想离开？——机会成本与义务教育教师流动意向的实证研究[J].教育与经济，2016（1）：53-62.

③ 刘万霞.职业教育对农民工就业的影响——基于对全国农民工调查的实证分析[J].管理世界，2013（5）：75.

④ 程方平.中国教育问题——入世背景下中国教育的现实问题和基本对策[M].北京：中国社会科学文献出版社，2002：85.

开放以来，不同家庭背景的子女入学机会的差异一直存在且受到教育政策的强烈影响[①]，并且这一趋势在近年越演越烈。随着教育市场化改革的推进，教育机会分配转向更有利于出生优势家庭背景的人。在国家重点高校，国家管理干部子女是城乡无业、失业人员子女的17倍；而在收费比较高的民办高校和独立学院中，拥有更多经济资本的私营企业主、个体工商户的子女则分布更多，而农民工、城乡无业、失业人员子女的比例则很低。[②]数据调查显示，在部属院校、地方本科和高等专科学校的三分结构中，农民阶层子女在专科院校层次的比例是最大的。[③]此外，另有数据表明，在同样的教育水平基础上，占有社会资本较多的高阶层子女在就业选择上拥有更多的自主权。[④]

教育领域的阶层固化，一个很重要的原因是城乡二元分割的教育体制、极端不公平的高考录取制度，使我国公民的受教育权利呈梯状分布。越是在就业机会多、资源聚集的首都或是省会大城市，学生获得的教育资源与享受高等教育的机会就越多。越是贫困、资源匮乏的乡村，学生获得的教育资源与享受高等教育的机会就越少。阶层固化也将对受教育者产生不良影响，如下层精英认为通过教育改变自身命运之进路阻塞，难以看到未来的希望。他们甚至会出现绝望和反社会的行为。近些年来，农民工子女大比例放弃高考事件，以及作为未来中产阶级希望的大学生因为阶层原因在大城市集体沦陷并成为"蚁族"的现象表明，阶层固化深深影响了大学生的身心健康和未来发展、社会融入，最终对农村籍大学生的社会化产生重要的负面影响。

（四）阶层固化在本书的理解

本研究是基于阶层固化视角，探讨阶层固化的各种表征性因素，将这些表征性因素作为课题研究的自变量，与后续的大学生社会化这个因变量进行相关性匹配。如前所述，构成阶层的要素包括家庭背景（家庭部分又可细分为家庭教养方式和家庭社会经济地位，如社会资本、文化资本、经济资本和符号资本等）、个体生活与教育经历、同伴与朋辈因素等，这些要素之间既独立又有部

[①] 杨东平.高考招生制度改革与教育公平[J].湖北招生考试，2005（20）：24.
[②] 杨东平.中国教育公平的理想与现实[M].北京：北京大学出版社，2006：38.
[③] 赵海利.从公平角度看政府出资高等教育的合理性问题[J].浙江社会科学，2007：103-106.
[④] 徐晓军.阶层分化与阶层封闭——当代中国社会阶层封闭性专题研究[M].武汉：华中师范大学出版社，2013：122.

分叠加。这些要素若在一个社会系统中，表现为代际复制，那么这个社会就呈现出固化倾向。所以我们在研究阶层固化时，不可能将阶层固化作为一个变量，它仅是研究者假设的一种现象或者前提，我们必须从阶层要素的角度对此进行解读。所以本研究首先尝试对阶层要素进行实证分析，这在本书的第三章中进行了系统的研究。然后，从这些分解的要素中，本书择取出一个重要的变量与大学生社会化的某个范畴进行相关性匹配，观察某一阶层要素中的各个因子与大学生社会化某一范畴之间的相关度。这些构成全书的第四至八章的内容。

三、农村籍大学生的学理研究

阶层固化激起了我们基于底层主体、底层资本等进行的一系列学术探讨。党的十九大报告指出，"我国社会主要矛盾已经转化为人民日益增长的美好生活需要和不平衡不充分的发展之间的矛盾"，"城乡区域发展和收入差距依然较大，群众在就业、教育、医疗、居住、养老方面面临不少难题"[1]。如此城乡发展现状让我们在新时代发展进程中，需要而且必须将目光聚焦于农村。就大学生社会化议题而言，我们要看到存在于城乡大学生间的显著差距，进而深入认识农村大学生、揭示农村大学生的问题、探讨农村大学生社会化的优势因子与阻隔因素。

（一）农村大学生的问题聚焦

谈论农村籍大学生社会化的专著并不多见，但学位论文和学术论文不少。尽管它仅是大学生问题研究的冰山一角，但部分观点还是明确的。有关"阶层固化"对农村大学生的影响问题，研究非常少。"阶层固化"的研究议题过于敏感，它较多体现在有关高等教育公平的研究中。研究者并没有将"阶层固化"的研究具体到大学生的成长过程上来，更未将其具体到个案研究中来。

一是阶层与教育问题的研究。主要集中在高等教育在阶层形成、阶层分化、阶层固化、阶层流动中的作用等问题。比如费翔的《规模扩张的背后——分层的高等教育和断裂的社会》、谢作栩等的《高等教育大众化视野下我国社会各阶层子女高等教育入学机会差异的研究》、杨东平的《高等教育入学机会：扩大之

---

[1] 中华人民共和国最高人民检察院.权威发布：十九大报告原文[EB/OL].2017-10-18

中的阶层差距》、刘慧珍的《社会阶层分化与高等教育机会均等》等，这些研究和前述专著的诸多观点为本研究提供了强大的理论基础，但这部分研究对农村籍大学生这个个案群体涉及并不多，有实证研究，但针对性并不明显。

二是从阶层固化角度谈农村籍大学生所面临的问题。"阶层固化"使一些没有家庭背景和社会关系的农村籍大学生在社会竞争中处于不利地位，容易使其产生消极、无奈、绝望的情绪，进入内卷化的社会化困境。如王晓虹的《"阶层固化"现象下大学生的生命诉求》和汪慧的《阶层固化背景下底层青年的"中国梦"》，从阶层固化给农村籍大学生的成长带来不利影响的角度，分析了阶层固化对农村大学生求学、社会融入、就业、创业等方面的制约。

三是对农村籍大学生的专题性研究，这部分研究主要集中在以下五个方面。

农村籍大学生就业、创业问题及行为选择研究。农村籍大学生就业难与择业范围窄引发的成长问题非常突出，这些问题已经成为当下农村大学生求学、学业投入的困惑及风险因素。赞成该观点的相关文章有沈曙光的《农村籍大学生的择业心理问题与教育策略》、李同果的《农村籍大学生返乡就业的路径选择》、杨会芹的《中国社会转型期农村籍大学毕业生就业状况的分析与思考——基于2012年对河北省十一地市的实证调查》。

农村籍大学生在"城市适应与融合"中的困境与行为选择问题。面对城市全然不同的生活方式和文化习惯，农村籍大学生总体上希望融入城市，成为城市人，但他们对自身适应状况的判断普遍偏低，这使许多农村籍大学生的社会化处于困境之中，并由此产生不良的应对行为。另外还有一些学者研究了农村籍大学生的城市适应与融合策略，如余秀兰的《从被动融入到主动整合：农村籍大学生的城市适应》、戴斌荣的《农村籍大学生社会适应能力的培养》。

从社会心理角度探讨农村籍大学生的价值观、幸福感等感性问题的研究。如刘光权的《略论农村籍大学生价值观与西方网络文化》、李智萍的《农村籍大学生主观幸福感的调查及相关因素分析》。这一类研究同其他研究类似，系统的、整体的、规范的研究不多，且不少研究呈现出碎片化倾向。

从社会化角度谈农村籍大学生的成长问题。这类文献主要集中在学位论文中，如杨云美的《农村籍大学生道德社会化问题研究》、方美红的《城乡差别视角中农村籍大学生思想道德状况研究》。这些研究主要以农村籍大学生这一特殊群体为研究对象，通过对比城乡大学生的道德社会化，了解农村籍大学生的社会化现状，发现其在社会化过程中出现的问题及成因。

以贫困的农村籍大学生为对象，找出他们生活中所面临的成长困境、行为选择以及道德冲突等。这一类研究主要以质性研究和个案研究为主，如肖利亚的《农村籍贫困大学生日常生活世界探析》中探讨了农村贫困大学生淡忘乡村融入城市的过程中所面临的社会化问题。

以上几个方面基本描绘出了我国农村大学生在后大众化时代，在城镇化过程中，在社会阶层流动性减弱、阶层相对固化的语境下出现的主要问题，存在的困境等，这为本研究提供了认识论和方法论上的支持。

（二）农村大学生社会化的探讨

受教育条件、经济文化环境等差异的影响，农村大学生在社会化进程中相比城市学生处于不利地位。在实践意义上，其一，由于历史和现实的原因，我国的教育确实存在着不均衡现象，如城乡师资、教学条件等方面的不平等。随着社会经济的发展，人们愈加重视教育公平问题，从教育机会、培养质量、教育设施等各个方面讨论教育发展中的城乡间距，从舆情方面为各界关注农村大学生发展中的公平性问题提供了动力。研究农村大学生社会化是维系社会的繁荣稳定、解决各类教育问题的有效途径之一；是积极回应社会呼声、引导舆情风向的有效途径之一；是真正心系民生、关注并服务底层民众的有效途径之一。其二，政府随着发展的步伐在扩大"城乡均衡发展"的政策覆盖面，意图通过持续增加对农村发展的倾斜性政策而不断缩小城乡差距。它凸显了在大学生群体中以"农村大学生"为主体展开研究的价值。本书研究农村大学生社会化也是积极响应政策号召，关注教育均衡发展、关注公平的表现，恰好切合了国家"城乡均衡发展"的需要。其三，社会化是每个个体成长、成熟的必由之路。大学生社会化的价值尤甚。"大学正是处于一个人从青春期向成年期转化的时期，期间充满了内与外、理想与现实、新与旧等的矛盾与冲突，面临的中心任务就是要解决'同一性危机'。"[①] 而且当代大学生面临特殊现状，如当前高等教育大众化进程中生成较大的就业压力、家长与社会的高期待、近年不断凸显的大学生心理健康问题等，亟须大学生社会化水平的提升。其中，由于农村大学生受前文所述的诸多"不公平"因素的影响，当他们"离开了早期社会化的环境，

---

① 陈锡敏. 当代大学生社会化探析 [M]. 北京：首都经济贸易大学出版社，2012：20.

需要在新的时空里确定自己的存在，克服孤独、迷茫和焦虑，拒绝边缘化"[①]，其社会化进路显然具有特殊性且优势不足。考虑到农村大学生处境的特殊性，我们更应该将其放在更核心的位置展开研讨，为其发声。

在理论意义上，当前有关"农村大学生"社会化的研究已经有一定的基础，但数量有限，有待继续深入。因此，意欲在强国建设中提升人力资本综合实力，进一步围绕该主题展开研究具有可行性和必要性。反观当前"农村大学生社会化"相关的研究，主要有如下几种：一是直接以"农村大学生社会化"为中心议题进行的研究，如《农村大学生继续社会化的时空特征及其超越》《在校农村大学生再社会化问题研究》；二是基于"社会化"的细分内容，如《文化差异对农村大学生道德社会化的影响》中从道德社会化角度探讨农村大学生的社会化问题；三是从不同环境（文化环境、社会环境等）中窥视农村大学生社会化的境况，如《在校农村大学生的角色失调与重构》基于文化差异解读在校农村大学生社会化进程中形成角色失调障碍的原因、《农村大学生社会化过程中的文化冲突》从文化差异视角探查农村大学生社会化路径，又如《社会转型对农村大学生社会化的影响》从社会环境的变化思考农村大学生社会化的变化。当前的研究中自变量和因变量的选取略显单一，这进一步体现出当前成果数量较少、研究不够体系化的研究特点。

不论实践还是理论方面，均为我们提供了继续对农村大学生社会化进行深入探讨的理由。本书在已有基础上进一步深入，尝试以大学生为主体，从阶层视角切入剖析农村大学生的社会化境况。努力规避前人不足，极力更宏观、更系统性地开展研究。本书通过第二章和第三章的论述，既验证了社会化的维度（学业调适、人际调适、心理调适、社会融入），也提炼了影响大学生社会化的阶层要素（社会背景要素、家庭环境要素、成长经历要素、学校教育要素、朋辈影响要素）。第四章至第八章在前两章研究的基础上多维度地进行因素相关性分析，探索社会分层对大学生社会化的作用机制，并寻找阶层要素对农村大学生社会化的阻碍与破解方案。

[①] 周明侠. 农村大学生继续社会化的时空特征及其超越[J]. 湖南工业大学学报（社会科学版），2008, 13（4）：26-28.

四、研究视角的选择：社会分层

本研究在调研过程中并未单以"农村大学生"为调查对象。而是扩大了调查范围，对18~22岁的大学生展开调查。以社会分层视角切入，本书期望在分析过程中形成强烈的阶层对比，从而给农村大学生以更优的关注。

"阶层"与"阶级"之间实质上存在一定程度的共性，只是受我国特殊的历史环境影响，人们会不自觉地回避"阶级"这个词。在此情形下，"阶层"具备替代作用。在现代社会理论中，"'阶级'或'阶层'都是按一定标准区分的社会群体"[①]。按不同的划分标准，社会群体又具有不同的划分方式。以社会分层为研究视角展开讨论，就城乡两个维度而言，前文已经提出了给予农村群体更多关注的必要性。我们寻求实现阶层突破的策略，难免需要追问社会分层对大学生，特别是农村大学生社会化的影响以及在阶层固化的话语背景及社会公平的发展需求背景下高等教育之于阶层流动的效用。还需要系统地梳理社会分层的内涵，并思考应该如何基于社会分层与高等教育、大学生的双向互动的情况对社会分层重新进行适应性解读。图1-2可对上述问题给出初步回答。下面继续从如下三个方面详述。

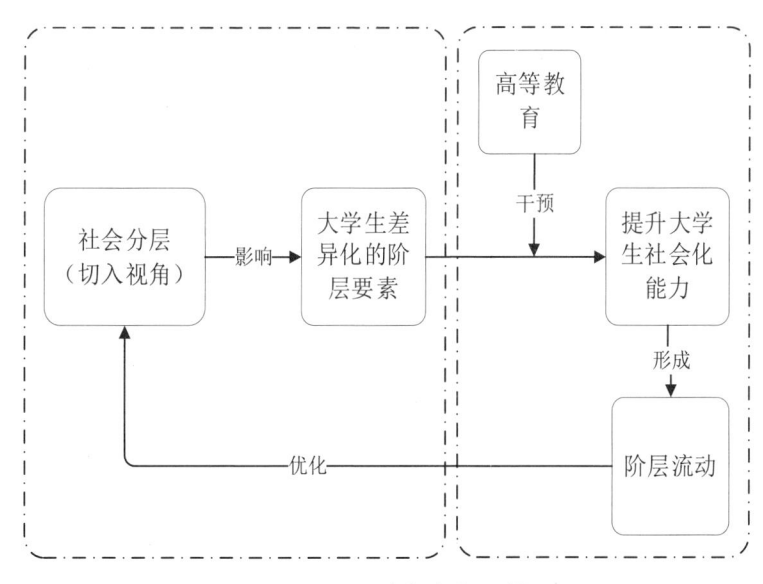

图1-2 研究视角与逻辑

---

① 李培林，李强，孙立平. 中国社会分层[M]. 北京：社会科学文献出版社，2004：3.

（一）社会分层之于大学生

当我们提起社会分层，人们大多想到的是社会分层是什么，而非应该是什么等问题。社会分层早在社会学领域就受到广泛地关注。人们依据不同的标准对社会群体进行层级划分，如"建国初期，中国社会被分为农民、工人、知识分子和从事政治、行政管理工作的干部四个阶层"[1]，改革开放后，社会阶层划分逐渐走向多元化。阶层划分方式渐有变化，不变的是社会阶层一直客观存在于我们人类社会。既如此，我们只是聚焦于社会分层是什么或基于分层对个人进行阶层归类显然缺乏价值。只有承认分层事实，客观评价分层结构、剖析成因并寻求优化路径才是实现社会、个人同步发展之道。

在此认知基础上，本书以"大学生"为研究主体，将"社会分层"引入教育领域。它得以为我们提供全新的视角探查教育中的公平性问题，从教育中寻求社会阶层优化的可能性方略。这里，我们首先应该弄清两个问题：

一是为什么要以"大学生"为主体展开分析。选择大学生为研究主体是由大学生所具备的特性决定的。首先，他们具有差异性。不同大学生，特别是城市与农村大学生的家庭环境和学校受教育环境不同，其坚守的人生观、世界观、价值观各有特点。这实质上反映了阶层差异对大学生生成的不同影响；其次，他们又具有可塑性。对大学生进行专业知识教育，施以全新的文化熏陶，增强其社会化的能力，为其实现阶层流动提供更大的可能性。这并不意味着本研究否认其他社会群体实现阶层流动的可能性，而只是认为大学生的特性决定了他们实现阶层流动的可能性更大、以此为突破口实现阶层优化具有更高的效率。此外，以大学生为研究对象而非局限于农村大学生，是因为阶层视角为我们在对比中更有效地剖析农村大学生社会化问题提供了可能。

二是社会分层对大学生会构成怎样的影响。一方面，社会分层影响大学生获得高等教育机会的公平性。学生的家庭背景不同，会影响其接受的初等和中等教育质量，"这种'起点上的不平等'将直接导致他们接受不同数量和不同质量的高等教育机会和资源"[2]。另一方面，社会分层使得不同生源新生呈现层级差异化的价值、能力，如在学业能力方面，有研究表明"社会中下层、社会

---

[1] 王俊秀.新社会阶层与社会凝聚力：社会心态的视角[J].西北师大学报（社会科学版），2018，55（5）：37-45.

[2] 刘志民，高耀.家庭资本、社会分层与高等教育获得——基于江苏省的经验研究[J].高等教育研究，2011，32（12）：18-27.

中层、社会中上层和社会上层的子女获得奖学金的概率分别是社会下层子女获得奖学金的概率的1.2、1.3、1.7和1.9倍"①。

综观相关的研究成果，较为常见的是将阶层优势与家庭背景优势，即政治的、经济的、文化方面的优势建立起联系，主要从阶层视角探讨家庭背景对大学生教育机会的影响。然而，阶层因素对大学生社会化的影响是否根源于错综的内生、外铄因素发人深思。同很多研究一样，本研究根植于社会阶层研究视角，但不局限于从家庭背景寻因解惑，而是从家庭环境、成长经历、学校教育、社会背景、朋辈影响、自然环境等方面体系化地探问阶层要素与大学生社会化的关系。这贯穿于本书的第四章至第八章。

（二）高等教育之于社会分层

社会分层形成了大学生的教育分层，也出现了高等教育的起点公平和过程公平性问题。要强化大学生社会化的能力、加速大学生社会化的进程，畅通阶层流动渠道并优化社会分层，我们尝试检验高等教育的调节的机制作用，探索高等教育之于大学生（特别是农村大学生）的社会化、高等教育之于社会分层的影响。

这里需要阐明的是高等教育之于社会分层的影响可通过大学生社会化结果的变化得到较充分地解释。18~22岁是个体在经历了启蒙教育、养成教育和人格教育后，人生观、世界观和价值观形成的关键时期。伴随着高等教育的普及化，大部分的青年学生在高校中度过18~22岁，该过程中伴随着诸多社会化问题的出现，如大学生学业适应、人际适应、身心发展、学业成就等方面的发展质量受限，这单从大学生"毕业即失业"现象中便可见端倪。在柯林斯看来，高等教育之于大学生，"一方面是学校教育传授不同的身份文化（体现在学校所教授的知识及颁发的各种证书文凭中），一方面是雇主根据这些身份文化选择进入不同职业阶层的员工。"②而且"高等教育社会分层的内在机理，是高等教育能为受教育者提供社会地位竞争的资本和动力，本质上反映了'人——社会——教育'三者的关系"③。大学生的社会化关系及其职业选择、社会融入、职业适应等

---

① 钟云华，沈红.社会分层对高等教育公平影响的实证研究[J].复旦教育论坛，2009，7（5）：56-61.
② 王伟宜.高等教育入学机会研究[M].广东：高等教育出版社，2011：37.
③ 郑育琛，武毅英.我国高等教育社会分层功能的再审视——基于对某省两所高校毕业生的调查[J].现代教育管理，2014（6）：1-6.

各个方面，与其实现阶层流动联系紧密。

"社会分层——大学生差异化——教育促进农村大学生社会化提升——阶层流动——阶层优化"这一关系链构成本研究从问题生成到解决的逻辑思维框架。本书从社会分层视角切入，核心在于从阶层视阈寻证农村大学生的社会化问题。它以五章之多的篇幅分别从学业选择、人际融入、学业适应、价值取向、社会融入五个方面聚焦农村大学生的社会化境况。这项工作同时为高等教育有目的地形成积极干预以提升农村大学生的社会化水平奠定了基础，从而为促进阶层的流动形成阶层良性的发展提供了可能。

（三）社会分层的效度与限度

本书从历时性因素和即时性因素探讨大学生社会化的阻滞成因，并以分层视角贯穿研究始末，认为社会分层是形成影响大学生社会化历时性和即时性因素的重要背景。可是，究竟在本研究中应该对社会分层做何解释？社会分层在大学生社会化进程中的有效作用范围何在？

不同学者对社会分层各有看法，如马克思提出的阶级理论认为阶级差异"就是他们在社会生产中所处的地位"[1]。又如韦伯根据社会中的突出因素提出了"三位一体"分层理论，也就是综合社会、政治、经济三个当面的情况划分社会阶层。再如帕累托将社会阶层划分为精英阶层和非精英阶层[2]。回望国内情形，新中国成立以来，伴随着社会经济的不断发展，我国的农民不断突破户籍身份限制、官本位制度已有变化、档案身份已有突破，身份分层的地位下降，经济分层的地位开始上升。目前较为普遍的是以"职业"为社会分层的划分依据。虽然经济资源的拥有依然是社会分层的基本要素，但是随着信息化时代的到来，"知识爆炸""信息爆炸"让知识技能的更新大大加快，让知识技能的收益大大提升，也让知识技能的获益能力大大加强。"在社会分层各要素中……知识技能的作用具有快速增长的趋势。"[3]社会分层划分方式并不单一，但在新时代环境下有所偏重。

本研究对象为大学生，且关注的重点偏向于农村，具有其特殊性。因此，我们所理解的社会分层既含有"身份"分层的意蕴，依据城乡户籍重点关注农

---

[1] 列宁.列宁选集（第6卷）[M].北京：人民出版社，1976：233.
[2] 陈新忠.高等教育分流对社会分层流动的影响研究[D].华中师范大学，2010：44-46.
[3] 李培林，李强，孙立平.中国社会分层[M].北京：社会科学文献出版社，2004：9.

村大学生；同时，它也含有"职业"分层的思考。研究中注重高校对大学生社会化能力，包括人际、学业、价值、社会融入等方面的培养，以期通过他们的能力提升，融入社会获得较为优质的职业，扭转农村大学生的阶层劣势，实现阶层突破。

虽然随着高等教育从"精英教育"向"普及化"迈进，大多数学生包括农村学生都有接受高等教育的机会，但是目前的高等教育分层现象是存在的，教育资源的分配并不绝对公平。这也意味着大学生所接受的社会化教育仍然是存在差异的。然而这并不意味着教育的失败，在历史的进程中，它依然极具进步意义，而且会随着社会的发展渐优的。因此，本书虽然寄希望于调解阶层背景对大学生的固有影响，提升农村大学生的社会化水平，并助力农村大学生实现阶层流动。但是，它并不盲目诉诸农村大学生全员同质地社会化并实现阶层突破。我们希望以阶层为着眼点和突破口，寻找阶层与大学生社会化之间的内在机理，而后以高等教育为推手推进农村大学生社会化、促进农村大学生的阶层流动并实现阶层相对优化。它显然同时有益于社会公平与教育公平。

五、研究方法论

（一）研究思路

研究的主要思路如图1-3所示。在选题基础上，确定以"社会分层"为研究视角，并首先对"大学生社会化"和"阶层要素"两个核心名词进行范畴界定。而后，以农村大学生为研究对象进行各阶层要素对其社会化维度间的影响研究。最后，探讨高等教育对大学生社会化的支持作用，破解阶层障碍。

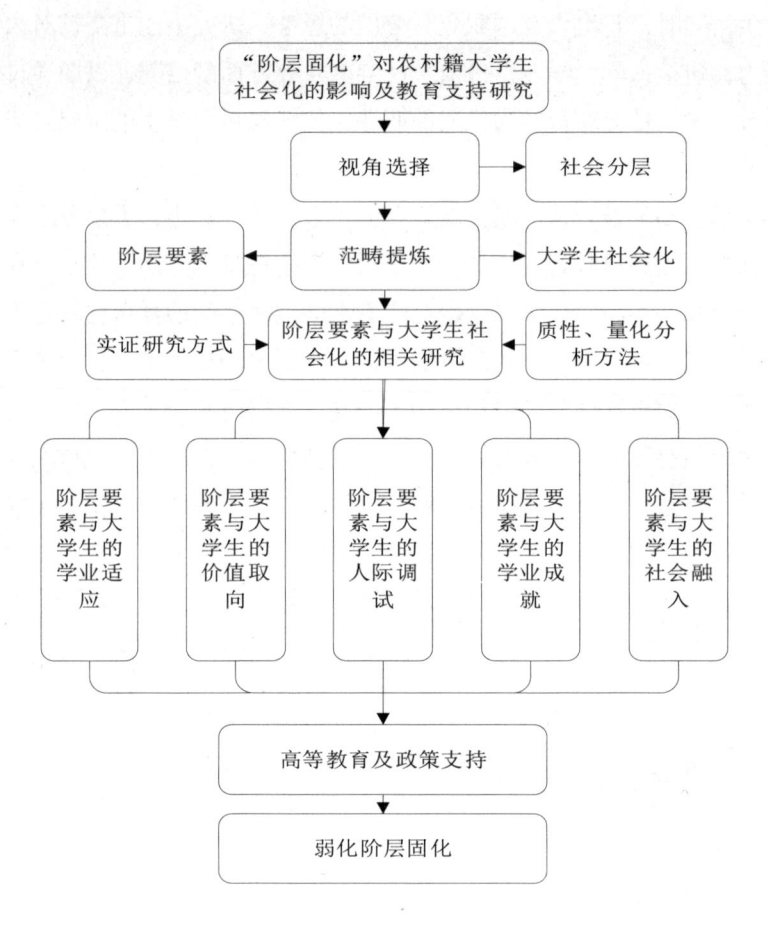

图 1-3　研究技术路线图

（二）研究方式及方法

1. 研究方式

本研究以社会分层为研究视角，探索大学生的阶层背景与其社会化的关系。它建立在对相关文献资料分析的基础上，首先进行有关"阶层""社会化"的范畴提炼。然后，分别编制量表展开调查，基于数据进行范畴间的相关分析以评述社会分层对农村大学生的影响及其可能存在的内在关联。据此，本研究主要采用质性分析与量化分析相结合的实证研究方式。论述主要依据数据分析展开。

2. 研究方法

本书在实证研究方式中具体使用了质性的分析方法，如文本分析法、访谈法。它也使用了量化的搜集及分析方法，具体如表1-1所示。

表 1-1　研究方式方法汇总

研究方式	研究方法		第二章	第三章	第四章	第五章	第六章	第七章	第八章
实证研究方式	质性研究方法	文本分析法	√	√	√	√	√	√	√
		访谈法	√	√	√				
	量化研究方法	数据收集方法 问卷调查	√	√	√	√	√	√	√
		数据分析方法 描述统计分析	√	√	√	√	√	√	√
		差异性分析	√	√	√	√	√	√	√
		相关性分析			√	√	√	√	√
		回归分析			√	√	√	√	√
		调节效应分析			√				

　　质性研究主要运用到了访谈及文本分析等方法。访谈结果为调研数据的分析与观点的呈现提供佐证，本方法主要在本书的第二章至第四章中被使用。第二章通过访谈资料对研究中建构的社会化范畴的合理性给予辅助说明；第三章和第四章主要是将访谈法运用于问卷编制过程中，通过访谈的途径提升问卷编制的科学性。文本分析在本书的运用包括文献内容提炼和文献计量、作文编码三种，它贯穿于本研究的始终。运用文本分析，本书的第二章和第三章初步提炼了"阶层要素"及"社会化"的范畴，为在量化研究中进行量表编制奠定基础。其中第二章还通过作文编码分析对大学生社会化范畴进行了提炼。此外，第四章到第八章分别就研究的自变量和因变量进范畴提炼。其中，第四章运用文献计量法进行了文献成果的可视化分析和观点综述；第五章对"家庭背景"相关文献从结构和内容效度、指标方面以及"价值取向"的含义、分类进行分析；第六章从家庭要素与人际调适两个方面进行文献分析；第七章和第八章分别进行有关"学业成就"的范畴提炼和"社会融入"的分类标准总结。

　　本研究的量化研究基本通过改编问卷施测，并进行数据的统计分析。第二章到第八章中分别编制了《大学生社会化范畴的调查问卷》《大学生阶层要素的调查问卷》《学业适应关系问卷》《价值取向关系问卷》《人际关系问卷》《学业成就关系问卷》《社会融入关系问卷》。通过问卷调查、数据分析以精确"阶层要素"及"社会化"的范畴（第二章与第三章），求证农村大学生主体在相关范畴间的潜在机理（第四章至第八章）。以大学生为研究对象，第四章至第八章基于各自的研究主题，进行差异性、相关性及回归性等分析，追问阶层要素与学生的价值取向、学业适应、人际调适、学业成就、社会融入之间的联系。

第二章 大学生与他们的社会化[①]

在第一章中,我们通过对一些前提问题的分析,理清了我们为什么要研究这个问题,研究什么和怎么研究,分别从背景、问题、视角、研究方式四个维度概括了本书的研究内容和研究方法。既然本书的主题确定是阶层要素这个变量中的若干范畴与大学生社会化的若干范畴之间的相关分析,那么就要对相应的自变量和因变量进行梳理。本书的因变量,也就是我们重点研究的对象是大学生社会化,在本章中我们就此展开探讨,对大学生社会化这个因变量是什么,由哪些范畴构成,为什么是这些范畴,和范畴提炼过程进行量化分析。

一、大学生社会化问题的缘由

大学作为大学生由校园逐渐步入社会的重要阶段,大学生能否通过大学期间的学习和实践,掌握专业的知识和相应的实践技能,其社会化程度如何,决定他们是否能够在未来准确定位其社会角色,并实现融入社会、适应社会和服务社会的最终目的。人的社会化是终其一生的,但攻坚阶段却在18~22岁,这是个体在经历了启蒙教育、养成教育和人格教育后,人生观、世界观和价值观形成的关键时期,也是从依附型人格走向独立型人格的冲刺期。2016年,教育部首次发布了《中国高等教育质量报告》:2015年我国在校大学生规模达到

---

① 本章节由张天雪、王乐婷共同完成。

3647万人（其中普通高校本专科2625万人），位居世界第一；各类高校2852所，位居世界第二；毛入学率40%，高于全球平均水平。[①]《教育蓝皮书：中国教育发展报告》(2017)中反映出的现象是：在高等教育大众化后期向普及化早期转变的背景下，中国家庭第一代大学生（父母均没有接受过高等教育的大学生）的数量不断增多，甚至成为高校学生的主体。[②]2018年6月7号伊始，"00后"开始登上中国高等教育的舞台，是年，参加高考的人数再创新高，达到975万，我国高等教育的毛入学率首次达到了50%，许多省份高考录取率已经突破80%。可见，在高等教育发展、改革与普及的进程中，我国大学生人数逐年增长，中国家庭第一代大学生也逐渐成为高校学生主体。在18~22岁这个个体社会化最主要的时期，有近一半的青年人是在大学里度过的，由此可以确定，大学阶段是每个大学生实现社会化的最关键和最重要的时期。同时，在大数据增长的背后，伴随着不断凸显的大学生社会化问题。

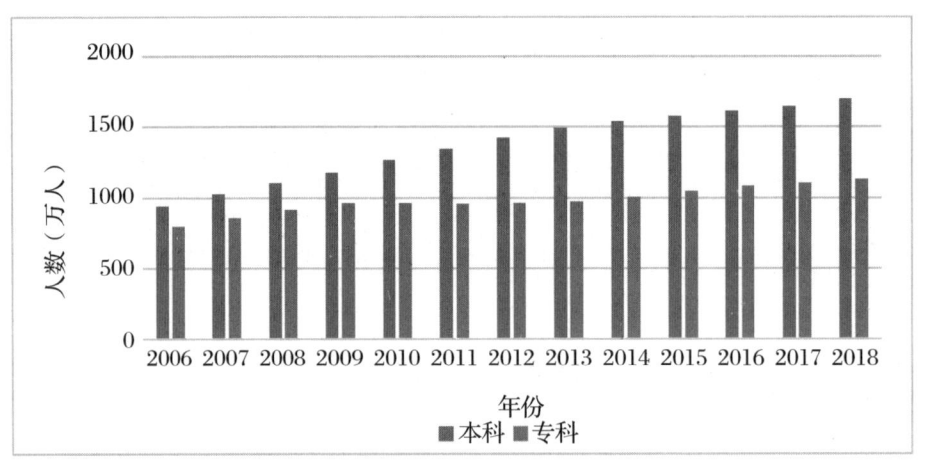

图 2-1　普通本科和专科在校生数量[③]

（一）高等教育的普及化让大学生备受挑战

马丁·特罗（Martin Trow）教授以高等教育毛入学率和高等教育多样性变化为依据，将高等教育发展划分为精英（毛入学率15%以下）、大众化（毛入

[①] 新浪新闻.教育部发布首份高等教育质量报告[EB/OL].2016-04-07
[②] 人民网.《中国教育发展报告（2017）》发布聚焦我国教育现状[EB/OL].2017-04-19
[③] 数据来源：中华人民共和国国家统计局。

学率15%~50%之间）、普及化（毛入学率50%以上）三个阶段。[①] 伴随着高等教育的发展，大学的管理与决策模式也随之转变。在精英化阶段，大学奉行教授治校的自治传统；在大众化阶段，教授治校传统受到现代科层管理的挑战，二者在博弈平衡中过渡到共同治理；在普及化阶段，大学的内外利益相关者全面觉醒，积极参与大学管理与决策，大学走向全面自治。[②] 这对当前过度关注自我的"90后"和"00后"在校大学生是一种挑战，也是一种要求，还是教育能否实现有质量的普及化的关键，这种挑战概括而言就是参与性挑战。

高等教育普及化意味着有一半以上的18~22岁年龄段的青年人在接受高等教育，这个阶段是人社会化的冲刺期和角色转换的关键期。此时，虽然高等教育为青年带来的福音不断，却也不可否认它的普及化为大学生带来新的社会化压力。因此，大学生社会化将面临两方面的挑战：一是影响着社会群体的社会化水平，二是对每个个体本身的社会化影响。以美国为例，自20世纪70年代起，伴随着美国高等教育毛入学率递增至50%，逐步步入普及化阶段，大学生开始陷入就业难的困境。同时，与社会、经济密切相关的问题亦开始凸显，如大学毕业生失业率上升、就业质量下降、劳动力素质和能力达不到社会的要求。[③] 近年来，我国高等教育毛入学率逐步增长，2012年达30%，2013年达34.5%，2014年达37.5%，2015年达40%。可见，高等教育已经完成从精英时代向大众化时代的转变，进入高等教育大众化向普及化的过渡阶段。当前，大学生毕业即失业的现象已经越发明显，未来的形势将更加严峻——大学生从入学到毕业全程所面临的压力在不断上升，从过去精英式高教体系中的严禁严出到严禁宽出，从大众化阶段的宽进宽出到普及化阶段的宽进严出，不断生成一轮又一轮的压力波纹。上述挑战既是一种生存挑战，也是一种成长挑战。

（二）社会转型使大学生的社会化打破常规

截至2018年，改革开放40周年，高考恢复41年，教育改革33年。在这百年未有的大变局环境下成长起来的一代又一代大学生，其社会化的条件和背景可谓日异月殊。如今的在校大学生，正是在教育强国建设的背景下入校学习、就业并逐渐融入社会的，他们的童年时值中国改革的加速期，大学阶段正处于

---

① 马丁·特罗. 从精英向大众高等教育转变中的问题[J]. 王香丽, 译. 外国高等教育资料, 1999: 20.
② 唐汉琦. 高等教育普及化时代的大学治理[J]. 中国高教研究, 2016, (4): 9-22.
③ 贺欣. 美国高等教育普及化阶段大学生就业问题探析[D]. 长春: 东北师范大学, 2009: 52.

改革的攻坚期。物质条件相对富足、精神世界日渐充盈、内部世界回归自我、外部世界追求开放是这个时代给予他们的红利，也是他们青春的时代烙印。与此同时，我国的阶层问题又有了新的变化。在新时代的新矛盾语境下，"公平公正"的内涵与外延与21世纪初相比又有了差别。

伴随"全面小康社会"建设步伐的加快，我国贫困人口的全面消除指日可待，三农问题将得到根本性改观。受"独生子女政策"的影响，人口老龄化问题正日益凸显。同时，人工智能正影响着年轻人的观念认知、行为能力。这些外部因素对大学生社会化造成了强烈的冲突，具体表现为"非传统预期""非常规发展"和"非理性选择"三个方面。第一，新时代的大学生因其个性特征愈发凸显，打破了传统的思维模式和惯性，他们做出的选择存在诸多不确定性和未知性，高校难以根据传统的经验预测其行为并开展教育活动。第二，生理成熟的提前和高学历化所带来的"社会成熟延后"事实上已经证实了大学生社会化的非常规发展。第三，社会原有的社会规范、价值标准和行为方式的不断变化，致使大学生的价值观念存在多元性和模糊性，从而让其在行为选择上不自知、无所适从，出现随心所欲或无所谓的态度。

（三）思政教育失灵弱化大学生社会化程度

全面引导大学生社会化是高校思政工作的一个重要环节。习总书记在全国高校思想政治工作会议中提道：高校思想政治工作关系高校培养什么样的人、如何培养人以及为谁培养人这个根本问题。[1]2017年，教育部部长陈宝生在回答"高校思想政治工作"的提问时表示：高校思想政治理论课抬头率不高，人到了心没有到，是因为内容不适应学生的需要。主要可能是"配方"比较陈旧，"工艺"比较粗糙，"包装"不那么时尚。所以亲和力就差了，抬头率就低了。[2]因此，如何强化和推进思政教育工作，使其能够打破当前形式单一、固守传统、缺乏创新、供求偏差的现状，准确地把握大学生的需求和发展形势，在对其社会化的教育和培养中发挥重要的支持功能是当务之急。在大学生的社会化教育中，高校思政教育出现失灵是因为大学生社会化的培养目标跟大学思想政治教育目的之间存在偏差，进而使得许多实际问题没有得到有效解决，如学生刚进

---

[1] 搜狐科技.高校思想政治工作关系高校培养什么样的人、如何培养人以及为谁培养人这个根本问题 [EB/OL].（2016-12-09）[2018-07-22].http://www.sohu.com/a/121145200_470021.

[2] 中国教育新闻网.陈宝生部长就"教育改革发展"答两会记者问 [EB/OL]. 2017-03-12

入大学校园面临的学业适应问题和如何提供针对性的学业指导问题，如人际关系问题和心理上如何快速适应大学生活的问题，又如毕业之际如何实现社会融入的问题等。概言之，"老弱旧偏"的思政教育造成教育成效的下降，高校学生工作失灵使大学生社会化发展弱化，无法为大学生更长远地发展和进步提供有效帮助。

二、文献回顾

（一）社会化的基本观点梳理

国外关于社会化理论和模式的研究开始的虽然比较早，但也是众说纷纭。德国社会学家 G. 齐美尔（Georg Simmel）于1895年最早运用了人的"社会化"概念，他在《社会学的问题》一文中用"社会化"来形容群体形成问题。[①]20世纪30年代以来，研究人的社会化有三种具有代表性的视角：一是个性发展的角度，认为人的社会化就是人的个性与性格形成和发展的过程，代表人物有美国社会学家库利（Charles Horton Cooley）、美国社会心理学家米德（George Herbert Mead）；二是文化的角度，认为人的社会化就是接受人类文化遗产、保持社会文化传递和社会生活延续的过程，也是个人对社会文化不断认同的过程，代表人物是美国社会学家奥本格（W.F Oubangui）；三是社会结构的角度，认为社会化过程即社会角色学习的过程，即个人通过社会化逐渐了解自己在群体和社会结构中的关系和地位，领悟并遵从社会对各种社会地位的角色期待，学会如何顺利地完成角色义务，以便维持和发展社会结构，代表人物美国社会学家萨金特（S.Sargent）。[②] 现在也有许多学者认为人的社会化是一个综合的过程。

与个体社会化的过程、内容、方式和机制等相关的典型社会化理论有四种[③]，如表2-1所示。

[①] 李芹. 社会学概论 [M]. 济南：山东大学出版社，1999：23.
[②] 陈锡敏. 当代大学生社会化探析 [M]. 北京：首都经济贸易大学出版社，2012，(3)：6.
[③] 陈锡敏. 当代大学生社会化探析 [M]. 北京：首都经济贸易大学出版社，2012，(3)：6-9.

表 2-1　典型的社会化理论

代表人物	观点
迪尔凯姆（Emile Durkheim）的社会化理论和道德内化观点	各种宗教、道德、法律、社会意识和语言等是先于个体的生命而存在的社会事实，对于个人具有一种外在的约束作用，并且能够塑造人的思想意识
帕森斯（Talcott Parsons）的社会化理论	社会系统的存在必须依靠文化系统和人格系统的最低限度的支持，同时，社会系统也为文化系统和人格系统提供支持和保证，而支持和保证的主要方式和手段就是通过社会化和制度化进行控制
刘易斯·科塞（Lewis A. Coser）冲突的社会化理论	将冲突的社会化功能主要建立在一种假设的基础上，即冲突作为一个社会过程，在一定的条件下，可以具有维护社会或社会的某些重要部分的作用，甚至能够促进社会的协调和整合
彼得·伯格（Perter Berge）的辩证的社会化理论	社会化是辩证关系中的一个环节。这些社会化理论，基本都是围绕着个人的发展与社会之间的关系阐述的，尤其注重社会文化、道德和价值观念等的内化

　　上述社会化理论都是围绕个人的发展与社会之间的关系进行阐述的，尤其注重社会文化、道德和价值观念等的内化。但是，人的社会化是复杂的，除了"内化"部分，还伴随着本体心理的发展任务，如知识技能的变化、社会角色的改变和多样化等。在大学生社会化的过程中，须处理好二者之间的关系。

　　国内学术界同样对社会化问题颇为关注，费孝通、郑杭生、陈锡敏[1]、阙贵频[2]、刘豪兴和朱少华[3]等许多学者分析和解释了"人的社会化"和"大学生社会化"。费孝通认为："社会化就是指个人学习知识、技能和规范，取得社会生活的资格，发展自己的社会性的过程。"[4]又如，郑杭生提出："个体在与社会的互动过程中，逐渐养成独特的个性和人格，从生物人变成社会人，并通过社会文化的内化和角色知识的学习，逐渐适应社会生活的过程。"[5]虽然不同研究者对社会化的理解各有不同，但大都认同社会化是个体不断发展、不断适应社会的发展过程。

---

[1] 陈锡敏. 当代大学生社会化探析[M]. 北京：首都经济贸易大学出版社，2012：56.

[2] 阙贵频. 简论人的社会化及大学生社会化的内涵界定[J]. 经济与社会发展，2007，5（9）：90-92.

[3] 刘豪兴，朱少华. 人的社会化[M]. 上海：上海人民出版社，1993：27-29.

[4] 费孝通. 社会学概论[M]. 天津：天津人民出版社，1984：20.

[5] 郑杭生. 社会学概论（新修第三版）[M]. 北京：中国人民大学出版社，2002：12.

（二）大学生社会化的基本观点梳理

有关"大学生社会化"的研究视角和研究对象较为丰富，本研究将从四个方面将其中与本书最直接相关的部分进行归纳。

第一，对大学生社会化内容的分析。例如，方宏建认为："大学生社会化是高校在教育学生学习专业知识和掌握技能的基础上，引导学生正确认知、辨识社会的价值体系、规范体系、道德体系和社会思潮，践行社会的核心价值观，并将其内化为个人的修养、价值观，外化为社会行为模式的过程，也就是大学生从'自然人'到'社会人'的过程。"[①]陈铭彬等人认为："大学生社会化是指大学生在学习阶段，在与外在环境之间发生的互动中，内化社会规范，慢慢去适应及参与社会生活的过程，大学生社会化是从'校园人'到'社会人'过渡的进程。"[②]不同学者对于大学生社会化内容的界定存在一定出入，较多研究者将关注点聚焦于价值观层面，也有研究者聚焦于大学生社会化的最终结果，较少有研究者从动态发展的角度，分析大学生的社会化过程。

第二，对实现大学生社会化要素与途径的探讨。于伟峰等人认为："中国优秀传统文化教育在大学生的道德、政治、角色以及个性等方面的社会化发挥着推动价值。"[③]王臣兰认为："个体的能力、社会化意识、性格以及朋辈群体决定了大学生社会化的完成质量。"[④]盛友兴等人则认为："社会实践活动是大学生成功完成大学阶段社会化的重要途径。"[⑤]从中可以发现，大学生社会化的实现途径是多种多样的，包括优秀传统文化教育、自身的条件和朋辈群体等，也包括参与校内的学生社团、勤工助学和志愿者活动，参与校外的社区社会组织、公益组织等非营利机构的活动。为推动大学生社会化，一些学者主张更多的社会力量参与其中。

第三，对大学生社会化影响因素的研究。周华丽等人认为，"大学生社会化

---

① 方宏建. 试论人格培育在大学生社会化进程中的价值与作用[J]. 国家教育行政学院学报，2015（8）：13.
② 陈铭彬，张婧. 社会学习理论下校园文化对大学生社会化的影响及引导策略探析[J]. 学术论坛，2015（5）：166-168，180.
③ 于伟峰，商植桐，李永奎. 论中国优秀传统文化教育对大学生社会化的影响[J]. 现代大学教育，2008（5）：73-76.
④ 王臣兰，李佳孝. 论朋辈群体对大学生个体社会化的影响[J]. 四川理工学院学报（社会科学版），2012（6）：89-92.
⑤ 盛友兴，洪黎. 社会力量参与的大学生社会化途径——以重庆市社会实践为例[J]. 甘肃社会科学，2012（1）：165-168.

的发展存在于人际交往与沟通、自我认知和社会认知之中"[1]。他们从学生的个体特征、发展目标、校园地位、校园人际互动和院校教育活动五个方面分析了影响大学生社会化发展能力的主要因素。王德强等人通过问卷调查法，分析认为家庭环境是影响大学生社会化的重要因素。[2] 迟明珠认为："家庭、学校、同辈群体对大学生社会化产生关键影响作用。"[3] 除此之外，翟思成和王欢等人[4][5]分析了网络对大学生社会化的影响，也有越来越多的学者研究大众传媒对大学生社会化产生的影响。综各家之言，影响大学生社会化的因素有学校、家庭、社会、同辈群体、个人以及大众传媒六大方面，其中，普遍认同"社会"和"学校"两个因素。

第四，对大学生社会化存在的问题与对策建议的剖析。学者们首先梳理和概括了大学生社会化的问题，进而提出相应的对策和建议。"问题"可以归纳为三种观点：社会化不足和社会化过度的问题；大社会化和小社会化的问题；主动社会化和被动社会化的问题。"对策"方面，有三种角度：高等教育改革与高校的校园文化建设；完善个体的社会化内容；建设良好的社会环境。

三、大学生社会化的范畴提炼

为了能够更加科学合理地提炼出大学生社会化的范畴，本着循序渐进，层层深入的原则，我们先后进行了两个部分的文本分析：短文文本分析和学术论文文本分析。前者主要大致地提炼出大学生社会化的范畴，明确进一步分析的方向和基础；后者基于现有的研究成果展开，是范畴提炼的主体部分。

---

[1] 周华丽，鲍威.大学生社会化发展及其影响因素的实证研究[J].现代教育管理，2013（12）：87-91.

[2] 王德强，唐雪雷，李志刚.大学生社会化家庭影响因素的分析及教育对策研究[J].教育与职业，2009（29）：164-166.

[3] 迟明珠.高校大学生社会化影响因素与对策[J].大庆社会科学，2010（6）：148-150.

[4] 翟思成，薛彦华，黄承芳.网络交往对大学生社会化影响的差异性分析[J].中国青年研究，2014（11）92-97.

[5] 王欢，祝阳，刘颖.网络社会对大学生社会化过程的影响研究[J].现代情报，2014，（8）：42-46.

（一）大学生社会化范畴提炼：短文的文本分析

为了能够初步了解当前大学生眼中社会化相关的问题，以Z校大学生为对象进行短文征集，共随机征集到50名大学生共50篇短文。50名大学生中有男生23人，女生27人；大一学生16人，大二学生13人，大三学生11人，大四学生10人，样本分布较为合理。以下是此次短文的征文要求：

以"我想怎么度过我的大学生活"为题的短文征集——介绍自己和描述自己。作为一名大学生，你想怎样度过校园生活？你会将重心放在哪些方面？你想在哪些方面取得提升和进步？你认为一个大学生要在大学期间完成哪些任务？你觉得一个优秀的大学生是怎样的？字数不限。

通过对短文材料逐字逐句进行整理和分析，先后进行了三次提炼：三级范畴建立在熟悉和探究50份短文材料的基础上，呈现出大学生眼中的社会化，可以是句子，也可以是词语。此阶段初步产生了510个开放范畴。在此基础上将有关联的、意义相近的类属整合，精确归纳出79个二级范畴，如下文所示：

适应力强、有明确的计划和目标、能够合理安排时间、有自己的兴趣和爱好、严格要求自己、做事不拖沓、对未来充满期待、能从失败中找到原因、能够克服困难和挫折、取得优异成绩、获得奖学金、参加竞赛活动、获得各类荣誉、担任学生干部、兼顾学习和工作、加入志愿者队伍、勤奋好学、积极进取、具有创新意识、敢于挑战自己、具有创造力、能够在实践中运用专业知识、获得各类资格证、出国交换学习、独立自主、诚实可靠、言出必行、勇于承担责任、自强、遇事不急躁、做事不冲动、严谨细心、有礼貌、懂事成熟、体贴他人、有同理心、有逻辑、遵守道德规范、为人公正、宽容、乐于助人、尊重他人、善于倾听、不计较、很快地跟周围的人打成一片、关注社会热点、见多识广、自律、良好的调节情绪、正确的释放压力、清楚地知道自己想要什么、坚韧有毅力、总能够获得成就感、乐观的人生态度、活泼开朗、乐意与他人分享、具备良好的思想品德和素养、善于为人处事、能够随机应变、灵活、不会固执己见、表达能力强、得到老师认可、与同学相处融洽、寝室关系和谐、积极参与社会实践活动、能够主动表达自己的想法、良好的人际关系、热情大方、有耐心、领导能力强、善于协调、沟通能力强、生活自理、有职业生涯规划、工作能力被认可、能找到喜欢的工作顺利就业、对就业不感到焦虑、能将兴趣爱好作为职业发展。

一级范畴是在二级范畴的基础上经过系统的分析和分类，从中选出更具有说服力和概括性的"核心内属"。通过对79个二级范畴进高度概括，产生了学习学业、个人能力、价值取向、个性心理、人际交往、人际关系、就业工作和社会适应八个层面的范畴。

（二）大学生社会化范畴提炼：学术论文的文本分析

基于短文文本分析的结果，继续采用文本计量法对"大学生社会化"进一步展开范畴提炼。本研究以"中国知网"数据库为主，通过关键词检索及手动查阅进行取样分析。

1. 文本的筛选

在"中国知网"数据库，以"大学生"和"社会化"为主题，以2005年到2015年为时间区间进行精确检索，共有期刊3090篇。对其中288篇CSSCI文章做进一步筛选，最终选取有"大学生社会化"定义和解析的论文共20篇。

对于除CSSCI文章之外的其他文章，由于文献数量较多，本研究分三轮筛选出符合本研究要求的文献，为下一步的范畴提炼做好准备工作。第一轮是粗略筛选，排除主题与"大学生社会化"完全不相关的和重复的学术论文共计1812篇。第二轮是在第一轮的基础上将从不同方面描写大学生社会化的文章进行分类，这类文章有990篇，剔除以"其他对象社会化""某一现象与某一方面社会化""以社会化为背景"为主题的文章，筛选出以"大学生社会化的发展现状、问题、实现的途径以及影响的因素"等主题的学术论文共152篇。第三轮则是在第一轮和第二轮的基础上进行的精读筛选。排除未对大学生社会化的内涵、内容进行描述、分类或分析的论文，最终选取80篇。

最后，获得包括20篇CSSCI期刊论文在内的共计100篇与本书研究密切相关的学术论文，作为文本分析的样本。

2. 文本类目表的建立

为了综合提炼大学生社会化的内涵、内容等信息，这里先围绕所选取的学术论文材料建立文本类目表。样本中的多数学者都将大学生社会化的内容分为知识与能力、政治、价值取向、道德以及角色等5个方面。此外，有个别学者从其他视角展开的分析，如李小豹提出："大学生社会化的内容有学习成绩、社会活动、人际关系、生理心理、思想意识、价值观等"[①]；又如周华丽和鲍威从大学生社会化中非学术性目标的角度进行内容限定[②]。概言之，不同文章的分类方法、分类角度等各有不同。

且将分类方法作为文本一级类目，在筛选出的100篇学术论文中，可以概括为横向分类、纵向分类以及个别的特殊分类。所谓横向分类是指学者对大学生社会化的分类内容之间为平行关系，没有先后顺序和大小之分；纵向分类是指学者对大学生社会化的分类内容之间随着时间的推移而不断发展深入；个别的特殊分类则非常少，主要是指大学生社会化结合了其他要素的研究，例如结合运动参与、艺术教育等。

将分类角度作为二级类目。分类角度可概括为教育内容角度、个体自身角度、教育过程角度以及结果目的角度等。在此基础上，本研究将二级类目分别确定为：教育内容角度、个体自身角度、教育内容和个体自身交叉角度、教育过程角度、结果目的角度以及个别特殊角度。据此形成的文本类目表如表2-2所示。

表2-2 文本类目表

分类方法	分类角度	篇次	大学生社会化内容
横向分类	教育内容	16	政治社会化、心理社会化、道德社会化、知识社会化、法律社会化
横向分类	个体自身	14	（1）自我社会化、人际社会化；（2）人际交往与沟通、自我认知和社会认知
横向分类	教育内容和个体自身角度交叉	40	（1）政治社会化、道德社会化、角色社会化、职业意识社会化；（2）道德社会化、政治社会化、角色社会化、个性社会化；（3）专业知识技能社会化、社会技能社会化、人格社会化

---

① 李小豹. 从社会学角度看大学生社会化问题 [J]. 思想教育研究，2009（7）：87-89.
② 周华丽，鲍威. 大学生社会化发展及其影响因素的实证研究 [J]. 现代教育管理，2013（12）：87-91.

续表

分类方法	分类角度	篇次	大学生社会化内容
纵向分类	教育过程	11	（1）学习成绩、社会活动、人际关系、生理心理、思想意识、价值观；（2）人生目标、思想品德素质、社会观、社会适应能力、良好心理素质、专业才能、外语能力、处理信息能力、健康体质；（3）个性发展、社会角色定位能力、智能结构；（4）社会规范、知识技能、理想信念、生活方式、社会态度、价值观；（5）政治社会化、法律和道德社会化、专业知识社会化、职业技能社会化、角色定位社会化
纵向分类	结果目的	17	（1）理想社会化、知识技能社会化、个人角色社会化；（2）人际融入、角色定位、社会融入
特殊分类	特殊角度	2	（1）有运动参与的分类：身体认知社会化、性别社会化、人格社会化、道德社会化

分析100篇样本文章的期刊来源可以发现，刊载文献的期刊分布比较零散。其中出现最多的是《国家教育行政学院学报》3篇（占比3%），《思想教育研究》和《教育与职业》各2篇（各占比2%）。从期刊类别来看，高教类杂志41篇（占比41%），学报类39篇（占比39%），社科类杂志6篇（占比6%），其他类14篇（占比14%）。由此可见，样本分布比较均衡。在文本类目基础上，对这些样本进行逐篇排序和整理，对其中涉及大学生社会化内涵和内容的文章文本、作者、文献来源等展开进一步的记录、分析。

3. 对大学生社会化内涵的提炼

在选取的100篇学术论文中，有79篇文章对其内涵进行了说明。

如表2-3所示：从样本文章中提取概念共获得了5298个文本总量（以字为单位），采纳2259个有效文本字数（以字为单位），并将其归纳为409个文本字段（以词为单位）。整理和归纳文本字段，将重复项和相近项进行合并。依据"项目选择非重复叠加"的原则，再剔除作者重复的文本字段，做到一人一观点，共筛选出75个人的观点。从众观点中整合出11个大学生社会化相关的范畴，分别是：学习文化知识；掌握各项技能；认识自我和个性发展；树立科学的世界观、人生观、价值观；内化社会规范；履行社会角色；与人交往；参与社会生活；不断融入社会；适应社会；服务社会。

表 2-3 大学生社会化内涵的提炼

大学生社会化内涵		合计	百分比
学习文化知识	学习的文化知识、社会文化、基本生活知识、掌握专业知识、知识结构、学习能力、智能结构	66	20.95%
掌握各项技能	学习各种技能、基本劳动技能、掌握专业技能、学习社会技能、获得社会生活基本技能、充实知识技能、就业素质	41	13.02%
认识自我和个性发展	自我意识、个性品质、人格素养、发展个性、个性和人格、自我认识与评价	30	9.52%
树立科学的世界观、人生观、价值观	思想、价值、人生态度、信仰、信念、道德观念、心理品质、理想	28	8.89%
内化社会规范	接受社会教化、内化社会行为、适应能够在社会中流通的行为方式	31	9.84%
履行社会角色	实现角色转变、认识角色、胜任社会所期待的角色、承担社会角色	26	8.25%
与人交往	同朋友的正当交际、同异性的正当接触、同他人交往、与他人交往和协调的能力	10	3.17%
参与社会生活	社会实践、社会实习工作、接触社会、与社会环境因素相互作用	19	6.03%
融入社会	与社会要求相统一、认识和了解社会、社会责任感、具备社会生存技能	12	3.81%
适应社会	社会适应能力、适应社会需要、适应社会生活、适应社会发展、适应社会生存方式	37	11.75%
服务社会	社会有用人才、合格的社会成员、影响社会、职业规划、未来规划	15	4.76%
合计		315	100.00%

上述11个范畴之中还存在着一定的联系。其一，学习文化知识和掌握各项技能是大学生在校期间的基础性任务。知识影响着能力，能力也影响着知识，两者存在一定的共通性。因此，将其称为"知识和能力维度"。其二，"认识自我和个性发展""树立科学的世界观、人生观、价值观"这两个范畴都属于大学生自我认知、发展个性、心理品质方面的成长与成熟。因此，将其称为"心理维度"。其三，"内化社会规范"和"履行社会角色"这两个范畴存在于大学生

实现从校园角色到社会角色的转化和适应过程中。通过接受社会教化、内化社会行为和遵守社会公认的行为准则等，从而努力胜任社会对自己的角色期待。因此，将其视为一个范畴，称其为"角色维度"。其四，"与人交往"和"参与社会生活"这两个范畴与大学生的人际交往紧密相关。它都意味着接触更多的人，参与到更大的社会群体生活中。因此，将其视为一个范畴，称其为"人际维度"。其五，通过认识和了解社会、适应社会的发展和改变、成为社会的有用之才等，助力社会的不断进步，是社会化最终目的的体现。因此，将"融入社会""适应社会"和"服务社会"视为一个范畴，称其为"社会维度"。至此，对大学生社会化内涵的文本分析过程，提炼出了"知识和能力维度""心理维度""角色维度""人际维度""社会维度"五个范畴。

4. 对大学生社会化内容的提炼

在所选取的100篇样本学术论文中，有84篇文章对大学生社会化的内容进行了说明和解析。对这些文章进行文本计量，共获得2949个文本总量（以字为单位），采纳其中2200个有效文本字数（以字为单位），并将其归纳为387个文本字段（以词为单位）。对这些文本字段进行范畴提炼，将重复项和相近项进行合并，同样按照"项目选择非重复叠加"的原则，剔除作者重复的文本字段，做到一人一种观点，共筛选出80人的观点。

整理上述观点，从中剔除5个仅出现1次且较难归类的词汇（健康体质、自我认同、自我管理、处理矛盾、主动选择社会化）。通过概括和归纳剩余的382个文本内容，整理出15个出现频数较高的分类词组，如表2-4所示。其中，"知识与能力社会化"出现的频率最高，可以判断它是"大学生社会化"的基础。

表2-4 大学生社会化内容的提炼

	一级标题	二级标题	三级标题	四级标题	合计	百分比
知识与能力社会化	3	27	2	27	59	16.16%
政治社会化	6	21	2	24	53	14.52%
道德社会化	5	15	1	22	43	11.78%
角色社会化	4	24	3	12	43	11.78%
价值观念社会化	2	11	1	28	42	11.51%
人格社会化	3	7	1	10	21	5.75%
心理社会化	1	10	0	7	18	4.93%
人际社会化	1	6	2	7	16	4.38%

续表

	一级标题	二级标题	三级标题	四级标题	合计	百分比
职业意识社会化	1	3	0	11	15	4.11%
法律社会化	0	4	0	8	12	3.29%
生活社会化	0	7	0	5	12	3.29%
行为规范社会化	0	6	0	3	9	2.47%
理想社会化	0	2	0	6	8	2.19%
目标社会化	0	3	1	3	7	1.92%
性别社会化	1	1	0	5	7	1.92%
合计	27	147	13	178	365	100.00%

除了表2-4中出现频率较高的词外，还有人生责任社会化（3）[①]；劳动社会化（1）；经济社会化（1）；生态观念社会化（1）；信仰社会化（1）；消费社会化（1）；艺术社会化（1）；体育社会化（1）等8个出现率较低且仅出现在正文中的文本内容。虽然综合素质（4）和社会融入（1）这两个文本出现的频率也较少，但因其词性具有一定的概括和包含意义，具有一定的研究参考价值。

对关键要素归一定量。在15个备选项目中，将选择某项目的人数占总人数的百分比t（%）≥10（%）者作为入选项目，于是，剔除"目标社会化"和"性别社会化"两个项目。规定70≤t≤100的项目为第一重要性指标，则其平均值t_1=85；将40≤t<70的项目作为第二重要性指标，其平均值t_2=55；将10≤t<40的项目作为第三重要性指标，其平均值t_3=25。将t_1、t_2、t_3进行归一化处理，得到各项入选指标项目的权重系数，如表2-5所示。

在整合和分析上述13个范畴的具体概念时，发现一些范畴之间仍然有许多的共通之处和密切的联系，主要集中于道德、法律、规范、政治和价值观念等方面。例如，张德辉和王雷华认为："法律规范和道德规范是社会成员务必履行的行为准则。"[②] 也有学者提出了道德法律社会化的定义，要求大学生从理性的角度掌握道德法律规范。又有学者认为行为规范社会化具体表现在法律、道德、风俗等三个方面。由此可见，有待对上述13个范畴做进一步划分、总结。

[①] 备注：括号内数字为文本中出现的次数，下文如是。
[②] 张德辉，王雷华. 高校辅导员与大学生社会化研究[J]. 思想教育研究，2009（1）：69-71.

表 2-5　大学生社会化内容归一定量表

范畴	t（%）	t₁、t₂、t₃	归一化处理	取整后的权重系数
知识与能力社会化	73.8	85	85/505=1.17	0.20
政治社会化	66.3	55	55/505=0.11	0.10
道德社会化	53.8	55	55/505=0.11	0.10
角色社会化	53.8	55	55/505=0.11	0.10
价值观念社会化	52.5	55	55/505=0.11	0.10
人格社会化	26.3	25	25/505=0.05	0.05
心理社会化	22.5	25	25/505=0.05	0.05
人际社会化	20.0	25	25/505=0.05	0.05
职业意识社会化	18.8	25	25/505=0.05	0.05
法律社会化	15.0	25	25/505=0.05	0.05
生活社会化	15.0	25	25/505=0.05	0.05
行为规范社会化	11.3	25	25/505=0.05	0.05
理想社会化	10.0	25	25/505=0.05	0.05
合计		505	1	1

5. 两类文本分析的结论

以短文文本分析结果为前提，对学术论文文本分析的结果进行综合，可将与大学生社会化相关的要素归纳为学业、人际、心理、社会四个方面，体现为人与自我、人与人、人与环境之间的问题。

"人与自我"是大学生个性心理与其生活相互调适的内容，是社会心理内化为个体心理的过程。例如，将社会意识、社会情感、社会意志、社会价值和社会需要通过各种途径内化。利用个体内化和社会同化，大学生把价值、态度、技能等内化为自己在日常生活中习惯性的准则以及个人的能力，形成并不断完善自己的个性[①]。据此，可将这个维度命名为"心理调适"。这与短文文本分析中的"价值取向"和"个性心理"两个范畴对应，包含学术论文文本分析提炼出的13个范畴中的"政治社会化""道德社会化""人格社会化""价值观念社

---

① 李峰.论大学生心理社会化障碍的成因与对策[J].教育探索，2007（10）：120-121.

会化""法律社会化""理想社会化""心理社会化"等内容。

"人与人"涉及人际沟通、人际交往、解决人际关系等方面，故将其称为"人际调适"。大学生从对自我新的认知，走向对人际新的认知，其交往半径会扩大到室友、专业同学、班级同学、师生、社团和社会人际等不同层面。他们在不同的集体和团队中建立更亲密的人际关系，并在人际交往中获得成就与满足，良好的人际调适能力是大学生社会化的重要构成部分。"人际调适"与短文文本分析中的"人际交往"和"人际关系"相对应，包括学术论文文本分析所提炼范畴中的"人际社会化""道德社会化""生活社会化"和"行为规范社会化"。同时，它还可以具体分解为人际适应、人际交往意愿、人际交往能力和人际交往成果。

"人与环境"中的"环境"对于大学生而言，可分为校内的学业环境和校外的社会环境。其一，学习是学生的本职工作，这意味着大学生在校期间的社会化发展更多的是在学习过程中完成的。因此，将其称为"学业调适"。它具体可以分解为学业适应、学习过程和学业成就三个方面。包括短文文本分析中的"学习学业"和"个人能力"，以及从学术论文文本提炼出的"知识与能力社会化"。其二，大学生的日常社会人际交往、社会实践、实习活动等会更多地进入校外社会环境，将这个阶段的社会化称为"社会调适"或"社会融入"。它包括社会适应、就业意愿、就业能力、职业成就四个方面。短文文本分析中的"就业工作"和"社会适应"，学术论文分析中的"角色社会化""职业意识社会化""生活社会化""行为规范社会化"等均可归结到该范畴中来。

经历三次提炼，由繁至简最终形成了用来概括大学生社会化全过程的四个基本范畴：心理调适、人际调适、学业调适和社会调适。将提炼出的四个基本范畴与文本分析的过程对应，形成大学生社会化范畴提炼图谱，如图2-2所示。

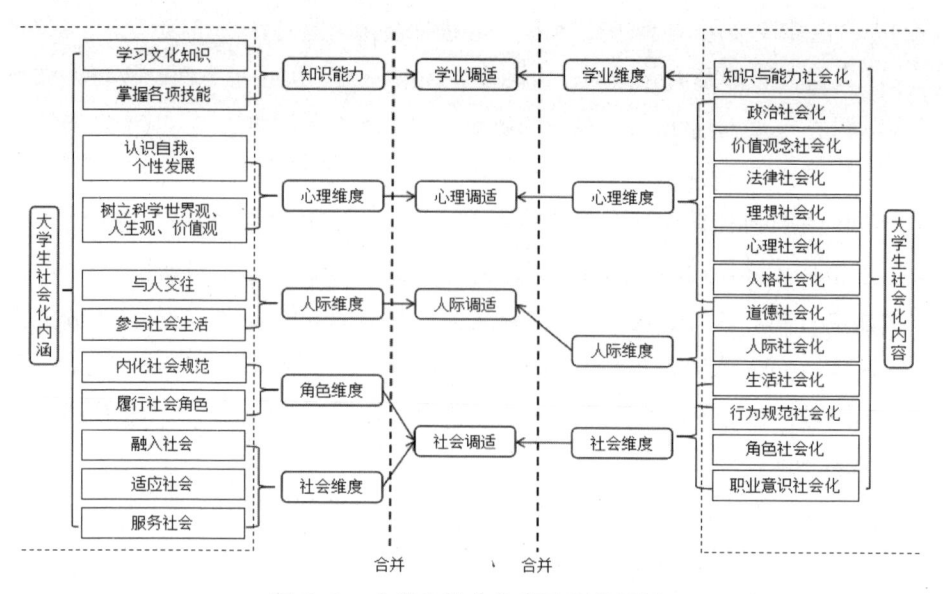

图 2-2　大学生社会化范畴提炼图谱

（三）大学生社会化范畴提炼：问卷调查分析

1. 研究设计及实施

（1）调研问卷编制

从范畴加流程的视角，研究通过对短文材料和学术论文的文本分析，提炼出了学业调适、心理调适、人际调适以及社会调适4个大学生社会化的基本范畴。为了进一步验证该划分的合理性，将4个基本范畴（学业调适、心理调适、人际调适、社会调适）作为一级维度，以短文材料文本分析和学术论文文本分析结果为参考分别设置二级维度，对应分别为学业适应、学习过程、学业成就；心理适应、观念形成、个性心理成熟；人际适应、人际交往意愿、人际交往能力、人际交往效果；社会适应、就业意愿、就业能力、职业成就，并进行初始问卷的编制。

（2）问卷实施阶段

本调查包括问卷编制、修订与发放，访谈共分为5个阶段。

第一阶段，在上述维度划分的基础上制定初始问卷，共设计67道题。

第二阶段，征求专家意见，对问卷进行修订。共删减了5题、合并了2题，剩余60道题。同时，为使问卷的题设能更准确地呈现本意，修改各题的表述。为提升问卷的科学性，变问卷中的20道题为反向题。除此之外，添加4道判断题，用于分析、验证4个一级维度。至此形成准测量问卷。

本问卷的目的是调查大学生的社会化过程，涉及大学生从入学到毕业全程。但是，大学一、二、三年级的学生尚未经历实习等阶段。大学四年级的学生在一定程度上又难以忆起刚入学时自己的学习、生活及人际关系状态。高校辅导员是集教学和管理责任于一身的老师，其职责范围包括学生思想政治教育、学生日常生活管理、学生就业规划指导、心理健康咨询、学生党团和学生干部队伍建设。由此可见，高校辅导员与学生联系紧密。大学生入学之后的第一课和毕业时的最后一课通常是辅导员主持的，辅导员通常伴随一个大学生四年校园生活的始终。他们与各年级学生充分接触，是最了解大学生的教师群体。因此，认为以高校辅导员作为本问卷发放的对象最为合适。

第三阶段，为保证正式调查的有效性，先在Z校进行预调查，并进一步修订问卷。共发放问卷50份，回收有效问卷45份。结合预调查的分析结果和被调查者对问卷修改的建议修订问卷。经预调查，发现问卷存在的主要问题是题量较多，且具备一定的难度。因此，分析题目的难易度，对其进行重新排序，并整合其中相关度较高的题目。经过对原问卷的60道题进行整合删减，剩余56道题，形成正式问卷。问卷包括三个部分。其一，人口学变量调查。主要是性别、任教时间、所在的高校类型。这部分主要是为了检验样本分布的均衡性。其二，判断题。调查辅导员对本研究所划分的4个一级维度的认可度。其三，问卷的主要量表部分，由基于4个一级维度和14个二级维度转变成的态度意向题构成，通过李克特五点式量表呈现。被调查者对描述大学生社会化因素的短语进行两端评价，平均分值越高，说明他们对其认可度越高，反向题则反之。

第四阶段，正式调查阶段。主要通过编制电子问卷进行线上收集，历时一个月时间，共回收问卷325份。剔除无效问卷，最终得到有效问卷295份，有效回收率达90.1%。

第五阶段，访谈。为了更全面地了解辅导员对于大学生社会化的观点，在正式调查完成后，结合分析结果设计访谈提纲，对10名高校辅导员进行访谈，以期更深入地了解相关问题。

（3）一级维度合理性检验

在正式量表开始前围绕文本分析提炼出的四个一级维度设置了四个判断题，答题结果如表2-6所示。大多数被试者对各维度的认可度较高，其中，对于心理成熟与大学生社会化之间的关系认可度最高，其次是学业方面大于人际方面大于社会方面。因此，认为关于大学生社会化调查一级维度的设置基本合理。

表 2-6 判断题统计表

一级维度	认可	不好说	不认可
学业成功对大学生社会化很重要	80.34%	10.85%	8.81%
大学生的心理成熟是其社会化的关键	96.27%	2.71%	1.02%
当前人际关系好坏直接影响着大学生社会化	58.64%	33.22%	8.14%
大学生毕业前后高度迷茫说明其社会化水平不高	41.36%	32.2%	26.44%

2. 数据管理与分析

（1）样本特征分析

被调查者中有男性119人，占40.34%；女性176人，占59.66%，男女分布较为均衡。被调查辅导员工作时间为1年以下的有45人，占15.25%，1~4年的有112人，占37.97%，4~8年的有68人，占23.05%，8年以上的有70人，占23.73%。被调查辅导员中，"原985"院校有39人，占13.22%，"211"或省属重点高校有90人，占30.51%，地方性或应用型本科有128人，占43.39%，高职高专院校有38人，占12.88%。可见，样本分布均匀，较为合理。

（2）信度效度与均值分析

调研问卷的信度分析是检测问卷的可靠性、标准性及稳定性。本书采用了Cronbach's Alpha 系数[①]来检验了调研问卷的内在可靠性程度，本问卷的信度检验抽取结果见表2-7所示：信度分析结果表明，学业调适、心理调适、人际调适及社会调适四个维度的信度系数值最低为0.783，均大于0.7，且问卷量表整体信度为0.941，说明问卷的信度较好。

内容效度方面，调查经历了预调查阶段，在线上发放了问卷，结合调查数据和被调查者及专家的反馈意见，及时修改和完善了调查问卷。在正式调查过程中极少出现被调查者对问卷产生分歧的情况。因此认为，本调研问卷的内容效度较高。在结构效度方面，本书采用 KMO 检验和巴特利特球体检验[②]分析。经检验，KMO值为0.912，大于0.80，巴特利特球体检验 x^2 统计值的显著性概率为0.000，小于0.05。由此，可认为问卷的结构效度较优。结果如表2-8所示。

---

① Cronbach's Alpha 系数取值在0.00~1.00，数值越高代表了调研问卷的可靠性程度越高，反之越低。表家的 Cronbach's Alpha 系数最好的效果是应大于0.80，当 Cronbach's Alpha 系数在0.70~0.80时，同样可以接受，而当 Cronbach's Alpha 系数在0.70以下时则应考虑重新修订该调研问卷。

② 当 KMO 检验系数大于0.50，巴特利特球体检验 x^2 统计值的显著性概率 P 值小于0.05时，调研问卷才有一定结构效度。

表2-7 量表信度检验表

分量表项目	项目数	Cronbach's Alpha 系数	
学业调适维度	14	0.783	0.941
心理调适维度	14	0.837	
人际调适维度	14	0.835	
社会调适维度	14	0.866	

表2-8 结构效度检验表

取样足够度的 Kaiser-Meyer-Olkin 度量		0.912
Bartlett 的球形度检验	近似卡方	8318.839
	df	1540
	Sig.	0.000

分别计算各题的得分均值,所有维度因子的均值都在3以上,均值最高为4.91,最低为3.55,认可度较高。因此,各题全部保留。

3. 研究结果与分析

(1)验证性因子分析

线性结构方程模型(LISREL)是结构方程模型(SEM)的一种方法,它能够同时处理潜在变量及其指标,也容许自变量和因变量均含有测量误差,还能同时处理多个因变量、估计因子结构与因子关系、估计整个模型的拟合程度,这种多变量的分析力法适合本研究在自设问卷的基础上进行模型的假设性验证。

①学业调适因素的验证性因子分析

基于学业调适因素,建立了14个因子的相关系数矩阵,然后建立结构方程模型,分析学业调适的模型拟合度。学业调适模型的拟合优度报告如表2-9所示。对该模型进行参数估计后,模型拟合的良好性检验如图2-3所示。从模型的拟合优度来看,近似误差均方(RMSEA)为0.060,赋范拟合指数(NFI)为0.90,非范拟合指数(NNFI)为0.91,比较拟合指数(CFI)为0.93,残差均方根(RMR)为0.060。而一般认为当 RMSEA 低于0.1,NFI、NNFI 及 CFI 大于0.9,RMR 小于0.05时,模型就是好的。[1] 自由度(df)和卡方(x^2)的大小很难说明

---

[1] 侯杰泰,温忠麟,成子娟.结构方程模型及其应用[M].北京:教育科学出版社,2004:20.

模型的好坏，但对比多个模型是有用的。综上所述，该模型是较为合理的。

表2-9 学业调适因素模型的拟合优度报告

维度及 参数标准	df	x^2	RMSEA < 0.08	NFI > 0.9	NNFI > 0.9	CFI > 0.9	RMR < 0.08
学业调适因素	74	210.56	0.079	0.90	0.91	0.93	0.060

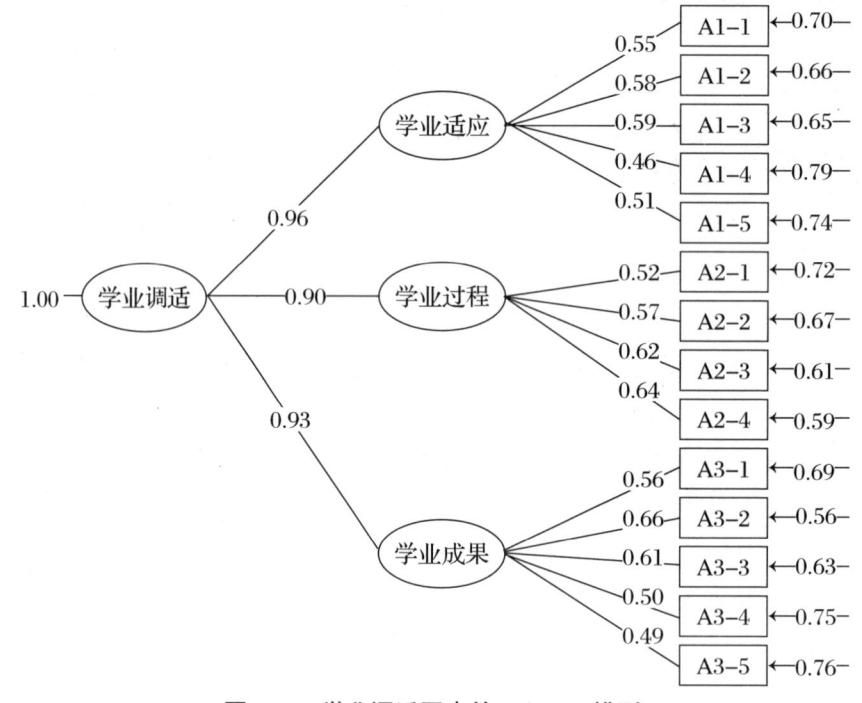

图2-3 学业调适因素的LISREL模型

在学业调适这个因素下划分了"学业适应""学业过程"以及"学业成果"三个维度，为了验证维度划分的合理性，在这三个维度下分别设计了5个、4个、5个因子，通过调查的数据结果作为进行验证划分合理性的依据，三个维度可以说是循序渐进的，也可以说是存在着并列关系。

【访谈实录】高中的时候学生每天要上很多课，学校和老师也抓得很紧，学生学习比较紧张，尤其是高三的那个时期，但我们大学的课程让学生有更多的自主权和选择权，我们学校也设置了很多选修课，让学生按照喜好上课。大一新生刚进来的时候，要调整好自己的心态，端正自己的学习态度，不需像高考的时候高度紧张，也不能一下子松懈下来，希望他们

能很快适应大学的学习方式，把握好度。（A-F-1-28）①

【访谈实录】我是我们学院学生会的负责老师，所以平时跟加入学生会的学生们接触的可能会比我担任辅导员的班级学生更多，我对于这些学生干部最基本的要求，是他们的学习是完全没有问题的，成绩要过关，不能有挂科的情况出现，先完成学习任务再来担任学生干部。（J-F-7-35）

【访谈实录】作为辅导员，在开学第一课中，我就会比较注意跟学生强调不能因为进入了大学就忽视了学习，学习是首要任务，我们学校基本上所有荣誉称号和奖励这些，都是跟学习成绩挂钩的，以学生的成绩绩点为基础。就算是已经大四的学生，我也会让他们抓住自己的学习，取得好的学习成果，也让学生可以进一步读研啊或者留学。（E-M-1-28）

【访谈实录】在学习方面的话，根据我的经验来看吧，大一的学生就是认认真真上课，然后到了大二一开学奖学金评选，我们学校是就以成绩绩点来排名分配奖学金的，很多学生这个时候开始意识到了，大二的时候原来认真的会更加努力争取好成绩，原来无所谓的多少也会努力争取一下。（G-M-5-34）

访谈中，辅导员们普遍认为大学生首先应该完成好自己的学业任务。学校内的各级学生组织对学生干部的成绩有基本的要求，在确保能够顺利地完成学习任务之后，大学生才能无忧地参与学生组织，或是加入社团培养自己的兴趣爱好，或是参加学校各类活动充实课余生活。良好的学业是大学生不断提升自己的综合能力和素质的重要保障。因此，引导大学生适应大学课堂，掌握学习大学课程知识的方法，提升驾驭学业的能力尤为必要，让大学生通过努力在学业上结成累累硕果，进而更坚定地走向社会。

②心理调适因素的验证性因子分析

基于心理调适因素，建立了14个因子的相关系数矩阵，然后建立结构方程模型，分析心理调适的模型拟合度。心理调适因素模型的拟合优度报告如表2-10所示，对该模型进行参数估计后，模型拟合的良好性检验结果如图2-4所示。各项指标均达到了精准拟合要求，该部分量表具有很好的结构效度。

---

① A代表受访者;F/M代表受访者的性别;数字代表辅导员的教龄和年龄，后续依次编号。

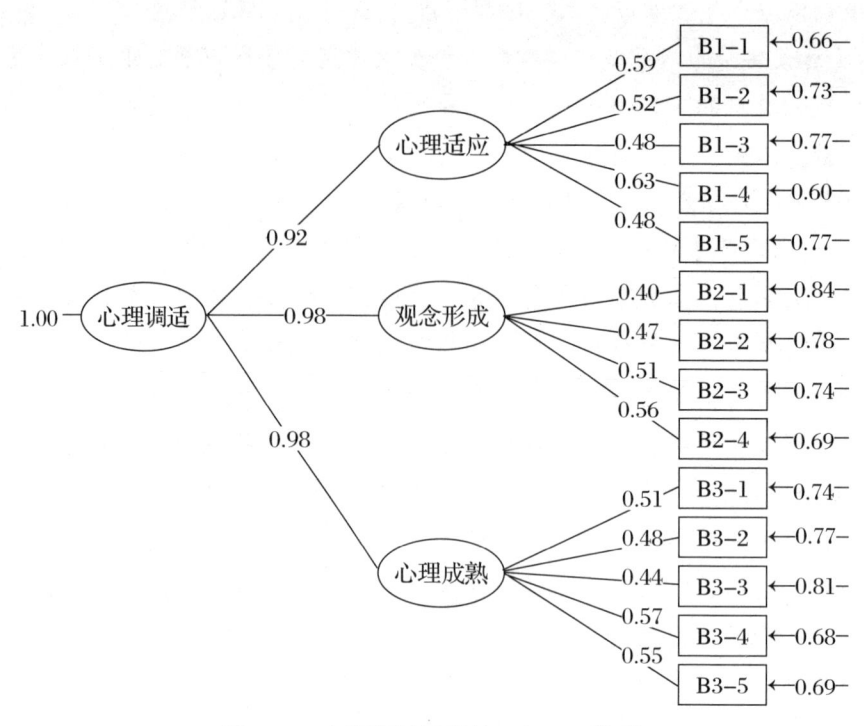

图 2-4　心理调适因素的 LISREL 模型

表 2-10　心理调适因素模型的拟合优度报告

维度及参数标准	df	x^2	RMSEA < 0.08	NFI > 0.9	NNFI > 0.9	CFI > 0.9	RMR < 0.08
心理调适因素	74	206.51	0.078	0.90	0.92	0.94	0.061

在心理调适这个因素下划分了"心理适应""观念形成"以及"心理成熟"三个维度。为了验证维度划分的合理性，在这三个维度下分别设计了5个、4个、5个因子。实证数据验证了维度划分的合理性，三个维度可以说是循序渐进的，也可以说是存在着并列关系。

【访谈实录】现在大四的学生，之前大一的时候参加学院的篮球赛，跟其他班级学生打起来了，最后都被取消资格。现场调解的时候，其实就是打球的时候有点小摩擦，这些都是正常的，结果学生就觉得对方故意的，然后两个人打起来其他人也帮忙，现场就都乱了，很多学生性格太冲动了，不成熟。（H-F-2-29）

【访谈实录】有一个班级发生过这样一件事情,当时正好是申报贫困生奖助学金,一个班级40多个学生,有20多个学生申请贫困生,然后了解之后发现学生在那里传,只要回家开个证明提交就能申请上,这个证明也不会有人去查,很多学生不是贫困生,甚至是家里条件比较好的,这直接反映出学生的价值观和诚信问题。(I-M-2-29)

【访谈实录】我担任辅导员7年了,带过学生比较多,我觉得吧,大学就像个小社会,很多学生都是第一次离开父母身边,对于大一的学生,我会更多地关注学生心理方面能否在短时间内就适应大学的整个环境和氛围。尤其现在网络这么发达,学生每天接触到的信息太多了。(J-F-7-35)

【访谈实录】我们这边大一的学生在另一个校区,封闭式管理,外出是要求学生请假的,大一的学生比较简单。大二到了这边校区,就是完全开放的,学生自己的想法会比较多,接触到的人和事也更多,有些学生会比较不适应,考虑不全面。大三的学生出国交换得挺多的,现在学校也很支持这一块工作,学生出去交流一个学期回来,眼界更开阔了吧。大四的学生就比较成熟了,不会有太多的问题出现。(B-F-5-33)

通过访谈可以发现,伴随着年级的增长,大学生在不断从懵懂走向成熟。他们从进入陌生环境之后的心理适应到后来观念的形成,最终成长为一个内心世界丰富和行为举止稳重的人。大学是大学生"三观"趋于完善与成熟的关键阶段,高校辅导员等主体更加需要对大学生的心理状态有及时地了解和准确的把握,发挥引导作用,这也是高校培育学生的关键任务。

③人际调适因素的验证性因子分析

同样的方式,人际调适因素模型的拟合优度报告如表2-11所示,对该模型进行参数估计后,模型拟合的良好性检验可见图2-5。数据显示各项指标均达到了精准拟合的要求,该部分量表具有很好的结构效度。

表2-11 人际调适因素模型的拟合优度报告

维度及参数标准	df	x^2	RMSEA	NFI	NNFI	CFI	RMR
			< 0.08	> 0.9	> 0.9	> 0.9	< 0.08
人际调适要素	73	205.03	0.078	0.94	0.95	0.96	0.053

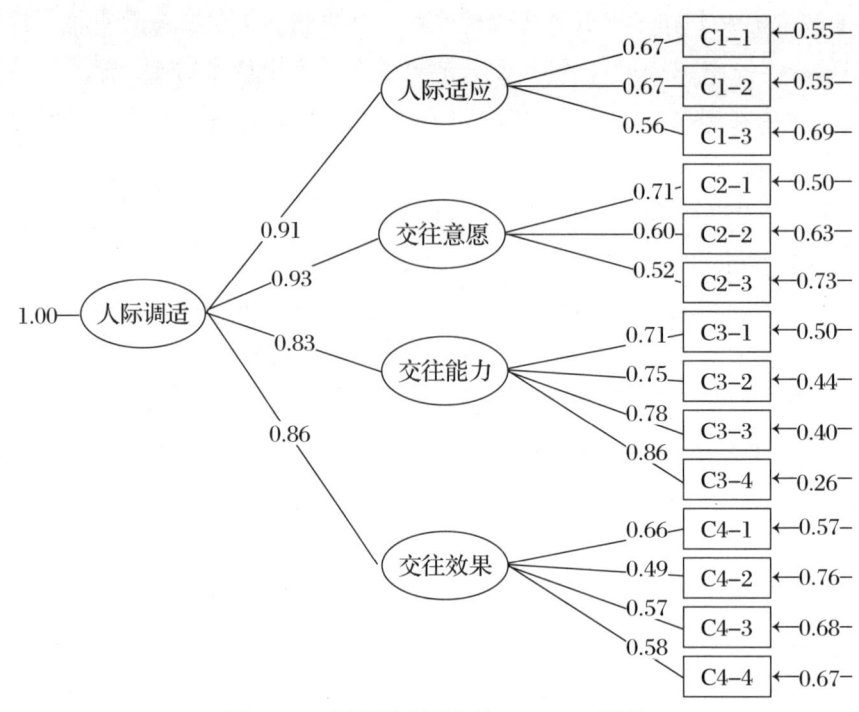

图 2-5 人际调适因素的 LISREL 模型

在人际调适这个因素下划分了"人际适应""人际交往意愿""人际交往能力"以及"人际交往效果"四个维度。为了验证维度划分的合理性，在这三个维度下分别设计了3个、3个、4个、4个因子，以实证调查的结果作为验证的依据。四个维度可以说是循序渐进的，也可以说是存在着并列关系。

【访谈实录】目前这个阶段吧，我接触到的许多孩子都是独生子女，个别家里的长辈们从小对他们过于溺爱和保护，什么事情都由着顺着，导致很多学生比较以自我为中心，不理解别人的一些生活习惯，很少有学生能够换位思考，寝室矛盾冲突比较多，有个寝室学生已经来找过我很多次，想要换寝室。(C-M-3-31)

【访谈实录】有些学生性格比较内向点，心理比较敏感点，其实他也是想能够融入集体，但就是有时候不知道怎么开口，班级里还是要让学生刚入学的时候就多组织一些集体活动，因为这个时候小圈子还没形成，能够帮助学生们更快地融入和适应。(D-M-4-32)

【访谈实录】在辅导员这个岗位，需要更加了解班级学生的整个状态吧，在我看来，在这个阶段学生的人际圈会对他们以后的就业产生一定

的影响,我带过的班级就有一个寝室男生一起创业的,也有一起考研的。(B-F-5-33)

【访谈实录】性格很活跃很外向的学生会主动和别人沟通,比较善谈,人际交往的意愿和能力很强,会发现这类学生朋友也比较多。(F-F-3-30)

大学于新生而言是一个全新的环境,在大学里将遇到全新的人和事。因此,快速地适应人际环境是非常重要的,其人际交往的意愿和能力往往决定了交往的效果,良好的人际交往成果将直接影响大学生进入社会后的工作和生活。人际交往意愿和能力偏弱的学生,辅导员老师需要给予其更多的帮助和引导,注重提升其人际交往的意愿。学校应当提供更多的机会和平台培养大学生人际交往的能力,帮助他们融入整个群体中。

④社会调适因素的验证性因子分析

基于社会调适因素,建立了14个因子的相关系数矩阵,然后建立结构方程模型,分析社会调适的模型拟合度。社会调适因素模型的拟合优度报告如表2-12所示,对该模型进行参数估计后,模型拟合的良好性检验可见图2-6。数据显示各项指标均达到了精准拟合要求,该部分量表具有很好的结构效度。

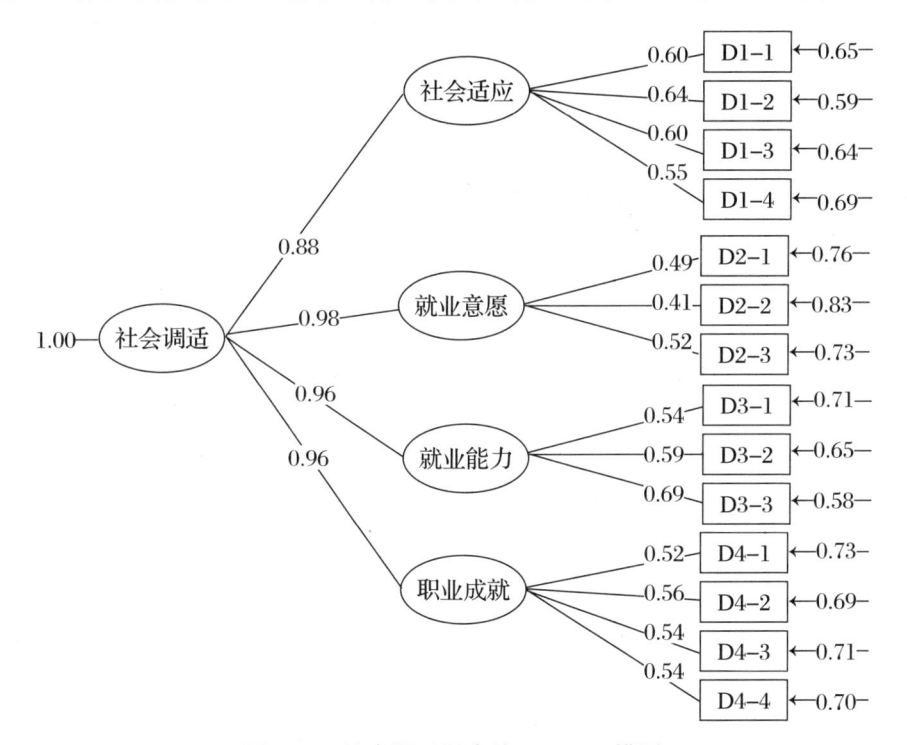

图2-6 社会调适因素的 LISREL 模型

表 2-12　社会调适因素模型的拟合优度报告

维度及 参数标准	df	x^2	RMSEA ＜0.08	NFI ＞0.9	NNFI ＞0.9	CFI ＞0.9	RMR ＜0.08
社会调适要素	73	206.63	0.079	0.92	0.93	0.94	0.06

在社会调适这个因素下划分了"社会适应""就业意愿""就业能力"以及"职业成就"四个维度。为了验证维度划分的合理性，在这三个维度下分别设计了4个、3个、3个、4个因子，以实证调查的数据结果作为验证划分合理性的依据。四个维度可以说是循序渐进的，也可以说是存在着并列关系。

【访谈实录】有些学生一入学有明确的就业目标，自己以后想从事什么工作已经想好了，一些有职业规划，就是自己比较有目标和想法的学生会经常来我聊一聊，问问我的想法和意见，我会根据自己对这个学生平时表现的了解，按照我自己的经验给他提供一些建议，希望能帮他尽快地适应从高校到社会、从学生角色到社会角色的这个跨越。（D-M-4-32）

【访谈实录】很多大四学生现在最大的问题就是没有规划未来比较迷茫，自己也不知道自己想做什么。所以，现在学生到了大三，学校会更多地安排一些就业指导课程，也有一些就业形式分析的讲座，学生听了会有一定的紧迫感和压力。（B-F-5-33）

大学生从在校的学习和生活到逐渐进入社会，完成校园角色到社会角色的转化。大学生由快速地适应新的环境，到不断提升就业意愿和培养就业能力，再到真正融入整个社会的发展，是一个循序渐进的过程。其中，融入社会也是大学生社会化的最终目标。高校尤其注重培养大三和大四年级学生的实践能力，如设立勤工助学岗位，又如根据专业性质有针对性地给学生安排暑期社会实践和实习工作，均是为了让大学生提早感受社会工作的环境。这类活动让大学生走出校园接触到更多的人和事，为其日后就业奠定了扎实的基础，逐渐提高其就业的意愿和能力，又进一步影响着大学生最终的职业成就的取得。

（2）各个因素的差异分析

①一级维度的差异分析

在四个一级维度中，差异结果如表2-13所示，分析如下：在学业调适、心理调适、人际调适以及社会调适四个维度中，整体均值为4.226275。通过单一样本 T 检验发现，心理调适的均值与其他维度的均值存在显著差异。在大学生社会化过程中，各因素的影响由大到小分别为心理调适、学业调适、人际调适、社会调适。因此，心理调适是大学生社会化内容的核心。

表 2-13　一级维度影响均值的差异表

因子	检验值 = 4.226275					
^	t	df	Sig.（双侧）	平均差异	差分的 95% 置信区间	
^	^	^	^	^	下限	上限
A 学业调适	−3.574	294	0.000	−0.08113	−0.1258	−0.0365
B 心理调适	4.702	294	0.000	0.10711	0.0623	0.1519
C 人际调适	−2.477	294	0.014	−0.06003	−0.1077	−0.0123
D 社会调适	1.349	294	0.178	0.03411	−0.0157	0.0839

②学业调适因素的单一样本 T 检验

学业调适因素方面，如表 2-14 所示：学业适应、学业过程以及学业成就三个二级维度的整体均值为 4.1451333。通过单一样本 T 检验发现，学业成就的均值与其他维度的均值存在显著差异。在学业调适这个因素中，各维度构成的影响由大到小为学业成就、学业适应、学业过程。

表 2-14　学业调适因素影响均值的差异表

二级维度	检验值 = 4.1451333					
^	T	df	Sig.（双侧）	平均差异	差分的 95% 置信区间	
^	^	^	^	^	下限	上限
A1 学业适应	3.354	294	0.001	0.09080	0.0375	0.1441
A2 学业过程	0.531	294	0.596	0.01504	−0.0407	0.0708
A3 学业成就	−3.878	294	0.000	−0.10581	−0.1595	−0.0521

③心理调适因素的单一样本 T 检验

心理调适因素方面，如表 2-15 所示：心理适应、观念形成以及个性心理成熟三个维度的整体均值为 4.3334。通过单一样本 T 检验发现，各维度的 P 值均大于 0.05。然而，在一级维度中，心理调适相对于其他因素对社会化影响最大，这说明心理适应以及个性心理成熟在大学生社会化的过程中均占据重要位置。

55

表 2-15　心理调适因素影响均值的差异表

二级维度	检验值 = 4.3334					
	t	df	Sig.（双侧）	平均差异	差分的 95% 置信区间	
					下限	上限
B1 心理适应	−1.243	294	0.215	−0.03425	−0.0885	0.0200
B2 观念形成	−0.439	294	0.661	−0.01137	−0.0623	0.0396
B3 个性心理成熟	1.863	294	0.063	0.04558	−0.0026	0.0937

④人际调适因素的单一样本 T 检验

人际调适因素方面，如表 2-16 所示：人际适应、人际交往意愿、人际交往能力以及人际交往效果四个维度的整体均值为 4.16625。通过单一样本 T 检验发现，人际交往效果的均值与其他存在显著差异。在人际调适这个因素中，各维度的影响由大到小分别为人际交往效果、人际交往能力、人际适应、人际交往意愿。

表 2-16　人际调适因素影响均值的差异表

二级维度	检验值 = 4.16625					
	t	df	Sig.（双侧）	平均差异	差分的 95% 置信区间	
					下限	上限
C1 人际适应	2.105	294	0.036	0.06991	0.0045	0.1353
C2 人际交往意愿	0.539	294	0.590	0.01680	0.0445	0.0781
C3 人际交往能力	7.317	294	0.000	0.21850	0.1597	0.2773
C4 人际交往效果	−10.055	294	0.000	−0.30523	−0.3650	−0.2455

⑤社会调适因素的单一样本 T 检验

社会调适因素方面，如表 2-17 所示：社会适应、就业意愿、就业能力以及职业成就四个维度的整体均值为 4.260375。通过单一样本 T 检验发现，就业能力的均值与其他存在显著差异。在社会融入这个因素中，各维度的影响由大到小分别为就业能力、职业成就、就业意愿、社会适应。

表 2-17 社会调适因素影响均值的差异表

二级维度	检验值 = 4.260375					
	t	df	Sig.（双侧）	平均差异	差分的 95% 置信区间	
					下限	上限
D1 社会适应	.774	294	.439	.02183	−.0337	.0773
D2 就业意愿	−1.242	294	.215	−.03665	−.0947	.0214
D3 就业能力	3.713	294	.000	.11251	.0529	.1721
D4 职业成就	−3.116	294	.002	−.09766	−.1593	−.0360

四、研究结论

基于上述分析结果，构建大学生社会化模型图，如图 2-7 所示。

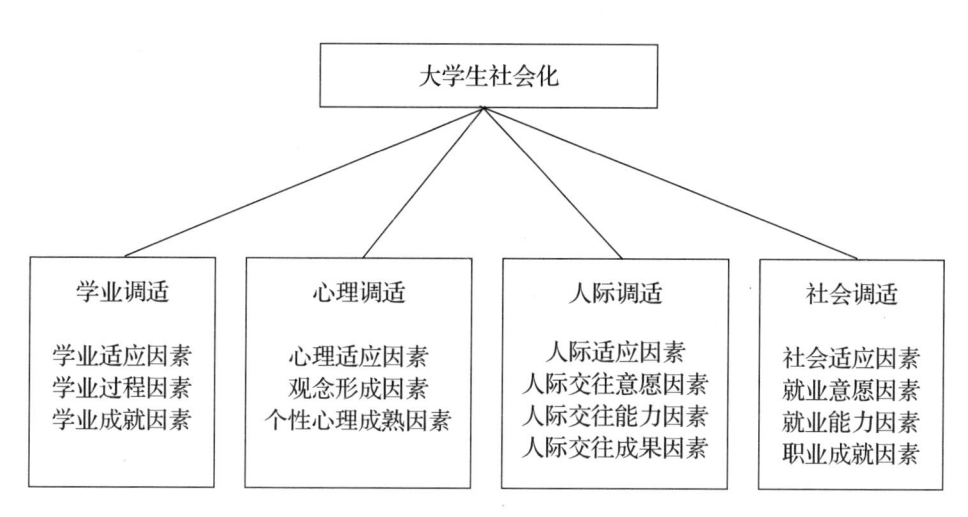

图 2-7 大学生社会化模型

通过对问卷数据的统计与分析，我们得出了以下研究结果：

首先，四个一级范畴对大学生社会化的影响由大及小分别为心理调适、学业调适、人际调适、社会调适。心理调适是大学生社会化的重点，高校的思政教育工作需要发挥更大的作用，引导大学生实现心理适应，帮助他们形成正确的观念，并实现个性成熟。

其次，对于4个一级范畴下的14个二级范畴的分析。第一，在"学业调适"中，各维度的影响由大到小为学业成就、学业适应、学业过程。无论是奖学金、各类奖项，还是交换学习、出国留学的机会，辅导员们需要更加注重大学生的学业成就。第二，在"心理调适"中，心理适应、观念形成以及个性心理成熟在大学生社会化过程中均占有重要地位。第三，在"人际调适"中，各维度的影响由大到小为人际交往成果、人际交往能力、人际适应、人际交往意愿。辅导员更多地关注大学生人际交往的成果，较难准确把握大学生人际交往的意愿。第四，在"社会调适"中，各维度的影响由大到小为就业能力、职业成就、就业意愿、社会适应。辅导员较难明晰学生的社会适应度，更易于了解学生的就业能力。

第三章 影响大学生社会化的阶层要素提炼[①]

从上一个章中，我们已经得出，大学生社会化是指大学生个体在新的认知系统、情境系统和行为系统中通过与周边环境的相互作用，凭借自身努力而进行的包括学业调适、人际调适、心理调适并逐步融入社会的过程与结果。而影响这个过程和结果的因素包括很多，本章节要探讨的便是影响大学生社会化的阶层要素。

一、阶层要素问题的缘由

以往研究发现，影响大学生社会化的要素有个体的态度与其努力程度、有现时性的高校环境因素、有高校内部同学、教师及所在城市与社区文化的因素，也有学生的身份即家庭环境及其成长史等因素。对于当下大学生社会化的分析，更多的是从学校内部、学生个体两个角度做功课，缺失了家庭背景、家庭文化和成长历程对其社会化的影响分析，这种研究和教育的缺失还是相当明显的。阶层要素作为影响大学生社会化的自变量，需要对其有一个明确且严谨的范畴限定，哪些阶层要素对大学生社会化能够产生影响，是本章研究的最主要问题。通过将影响大学生社会化的阶层要素进行提炼，能够为后期研究阶层要素与大学生社会化范畴之间的相关关系做进一步的铺垫。本章基于前人研究的基础，主要从本体性、历时性及即时性对阶层要素进行分析，且在历时性阶层要素中，

[①] 本章节由张天雪、马银琦共同完成。

通过设计"影响大学生社会化的阶层要素问卷量表",对我国不同类型高校的1326名大学生进行实证调查,量化提炼出阶层要素,为即时性研究做自变量基础。

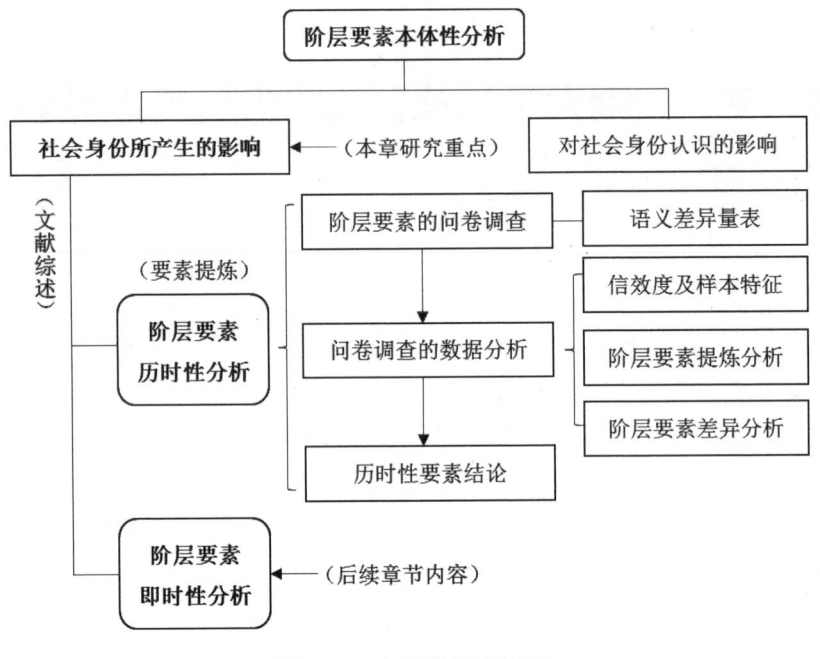

图 3-1 本章节思路框架

二、文献回顾

在数据选取上,我们通过中国知网(CNKI)数据库,在四大相关文献分类目录下,[①]以"阶层背景"为主要主题词形成关键词包,其中包括"家庭背景""家庭环境""学校环境""成长环境"等,并含"大学生社会化"为次要主题词形成关键词包,其中包括"大学生""社会化""影响因素"等,进行组合检索相关文献,并查找了有关专著作为我们整体知识论文献的数据信息。

---

① 分别是"基础科学""社会科学Ⅰ辑""社会科学Ⅱ辑""经济与管理科学"分先分类目录。

（一）阶层要素的结构效度综述

结构效度是指研究者在对"阶层要素"分类的过程中，侧重在研究角度上，一般主要分为横向角度、纵向角度以及混合的角度。

我们在文献资料中找出8篇国内文献，2篇国外文献较为典型的对结构效度层面上的分类，结果如表3-1所示。总体来说，在提炼阶层要素的过程中，诸多学者主要从横向的角度或横向与纵向角度交叉的方式进行分类，运用了定性研究与思辨研究的范式，其研究方法有一定的合理性及参考价值。而单独从纵向角度去分类的方式并不多见，并且基于大量的文献观察，对影响大学生社会化的阶层要素研究中通过实证调查的方法去提炼自变量因素，在前期研究中也相对较少，有很大的研究空间，这也是本研究综述的出发点。

表 3-1 阶层要素的结构效度分类

作者\因素	年份	篇名	横向	纵向	混合
周菲 等	2016	家庭背景对大学生学术性投入的影响及其作用机制	√	√	√
宋齐明	2014	凸显与分化：大学生的社会阶层意识	√		
徐丹华	2013	家庭教养方式对大学生成就动机的影响		√	
王伟宜	2011	高等教育入学机会研究	√	√	√
李晗蓉	2009	阶层背景对大学生学业成就影响的研究	√		
蒋逸民	2008	教育机会与家庭资本	√	√	√
Keeves	1972	教育环境与学生成绩	√	√	√
John	1984	学校经历与家庭环境对大学生职业选择的影响研究	√		
比例			87%	62%	50%

注：表中记"√"的项目为相应调查显示具有显著影响的结构。

（二）阶层要素的内容效度综述

内容效度主要是指研究者在对"阶层要素"分类的过程中将具体的影响因素进行横向分类，主要的影响因素有社会背景、家庭环境、学校环境、朋辈教育、成长经历及自然环境等方面，如表3-2所示。

表 3-2　阶层要素的分类指标

作者 \ 内容	年份	分类指标
钟佳荔	2015	（一）村落环境：1.宗族势力 2.自然环境；（二）政策环境；（三）社会环境：1.村民舆论 2.媒体宣传；（四）家庭环境：1.父母的支持 2.父母的职业声望
周华丽	2013	（一）学生个体特征；（二）学生校园地位：1.成绩排名 2.学生干部 3.学生党员；（三）大学期间发展目标期待；（四）院校教育活动；（五）学生校园人际互动
赵必华	2013	（一）个体层面：1.家庭社会经济地位 2.课内学习资源 3.家长学习期望与学习参与 4.参观文化场所等；（二）学校层面：1.学校社经地位 2.班级人数 3.师生关系 4.教师期望
周廷勇 等	2012	（一）大学生个体：1.家庭背景 2.学生背景 3.学习参与；（二）学校层面：1.学校类型 2.学术环境 3.实用环境 4.人机环境等
邵明英 等	2010	（一）智力因素；（二）非智力因素；（三）教学因素；（四）学习因素；（五）环境因素：1.家庭环境 2.学校校风 3.学校纪律 4.社会环境 5.物质环境 6.人际关系；（六）生理与健康因素
王云海 等	2006	（一）社会因素：1.网络发展 2.人际发展；（二）学校因素：1.学校风格和特色 2.学校学术氛围 3.教师学术水平 4.高校教学管理方式；（三）家庭因素：1.家庭重视程度 2.对子女的关心
Weidman	1989	（一）背景特征：1.社会经济地位 2.天资 3.职业偏好 4.抱负 5.价值观；（二）父母和同辈施压：（同伴、雇主及社区等）
Pace	1979	（一）学校因素：1.学校硬件设施 2.学校平台环境；（二）人际关系：1.父母相处 2.师生交往 3.同伴会谈 4.朋友认识

在高等教育中，学生享受到的教育机会和教育资源是不平等的，不同阶层背景的学生不能借由高等教育得到相同的竞争资本，大学生社会化差异仍然存在。因此，阶层要素是造成大学生社会化的主因，而高等教育则成为加强既有的不平等、将阶层资本复制、将不平等合理、合法化的工具。然而哪些阶层要素与大学生社会化有着密切相关的联系，关于这一点，诸多学者有着不同的分类。

为避免影响文本的信度，我们在筛选过程当中，除去了与因变量关系程度较密切的因素。总结得出，多数学者会将阶层要素划分为 3~4 个一级指标，并划分 2~3 个二级指标。同时我们将表 3-2 的分类指标进行大意归类，主要囊括了"社会背景""家庭环境""社区环境""学校环境"等七个方面，具体如表 3-3 所示。

表 3-3　阶层要素的效度内容

因素 作者	年份	社会背景	家庭环境	社区环境	学校环境	成长经历	朋辈教育	自然环境
钟佳荔	2015	√	√	√		√		√
周华丽	2013	√	√		√	√	√	
赵必华	2013	√	√		√	√	√	
周廷勇 等	2012		√		√	√	√	
邵明英 等	2010	√	√		√	√	√	
王云海 等	2006	√	√		√	√	√	
Pace	1989	√	√	√	√	√		
Weidman	1979		√		√	√	√	
比例		87.5%	100%	25%	87.5%	100%	75%	12.5%

注：表中记"√"的项目为相应调查显示具有显著影响的要素。

阶层要素中，"家庭环境"及"成长经历"因素影响占比最大，其次是"学校环境""社会背景""朋辈教育""社区环境"，而"自然环境"的占比最小。根据文献计量的分析，由此我们总结得出，一方面，学者在研究阶层要素与因变量关系的层面上，由于各自的因变量上有所差异，所以在阐述阶层要素的涵盖内容方面会有所不同。另一方面，从整体趋势上看，不管因变量如何变，"家庭环境"、"社会背景"及"学校环境"都是主要的影响因素。

但是在对影响大学生社会化发展的阶层要素研究中，不应仅仅局限在上述三大主要影响因素当中。如何通过适当的研究方法去定义阶层要素，并提炼出有关大学生社会化发展的阶层要素指标维度，将是本研究后续所要开展的方向。

三、大学生社会化的阶层要素：本体性分析

人的社会化是从自然走向自在、自知、自我，再经过自失到自立、自强、自为、自由的过程。这个过程是人与自我、人与社会、人与自然交互作用的结果。如果说幼儿阶段是启蒙教育的话，那么小学阶段和初中前半段则是养成教育，而初中后半段至高中阶段则是人格形成的关键期，至于大学阶段，主要是

以"三观"为核心的社会化集结期。人的社会化主导因素是个体对自我的认知和对周围环境的把控能力，但由于地域、家庭、身份等阶层要素的不同，使个体在权利、机会和规则方面的事实不公平明显地影响着他们的社会化的进程。

从已有研究来看，国外谈论阶层对个体发展影响的理论概括起来有布朗芬布伦纳的"社会生态理论"、韦伯的"地位群体理论"、布迪厄的"社会资本理论"和科尔曼的"教育公平理论"，这些理论中对中国教育学者影响最大的是后两者。中国学者在研究社会分层对个体发展的影响，主要集中在两个范畴，一个是作为自变量的阶层（多以家庭资本为代表），一个是作为因变量的教育各范畴，如入学机会[1][2]、学业成绩[3][4]、课外阅读[5][6]、专业选择[7]、影子教育[8]、人格养成[9]等。

分析阶层要素对大学生社会化（学业调适、人际调适、心理调适和社会融入等）的影响可从两个方面分析：一是社会身份所产生的影响，即从社会阶层变化的客观角度看其如何影响大学生社会化进程；二是对社会身份认知的影响，即大学生对社会阶层的认知和相应的行为选择的主观角度分析。也就是布迪厄所言的"场域"和"惯习"（"场域"代表外部世界，"惯习"通过"对客观可能性的主观预期"和对实践的行动发挥作用）[10]，这种分析也符合当下社会学阶层研究的主流范式。

从社会身份影响的角度来研究阶层对大学生社会化的影响的前提是要了解

---

[1] 杨东平．高等教育入学机会：扩大之中的阶层差距[J]．清华大学教育研究，2006，(1)：19-25．

[2] 谢作栩，王伟宜．高等教育大众化视野下我国社会各阶层子女高等教育入学机会差异的研究[J]．教育学报，2006，(2)：65-74．

[3] 李忠路，邱泽奇．家庭背景如何影响儿童学业成就？——义务教育阶段家庭社会经济地位影响差异分析[J]．社会学研究，2016，(4)：121-144．

[4] 钟云华．阶层背景对大学生学业成就影响的实证分析[J]．高教发展与评估，2012，(2)：108-115．

[5] 王卫霞．家庭背景对大学生阅读影响的实证研究[J]．中国出版，2015，(17)：70-72．

[6] 温红博，梁凯丽，刘先伟．家庭环境对中学生阅读能力的影响：阅读投入、阅读兴趣的中介作用[J]．心理学报，2016，(3)：248-257．

[7] 张杨波．社会分层与农村学生受教育机会不平等——家庭经济、社会背景对农村考生高考填报志愿的影响[J]．青年研究，2002，(11)：20-26．

[8] 薛海平．家庭资本与教育获得：影子教育的视角[J]．教育科学研究，2017，(2)：31-41．

[9] 王挺，肖三蓉，徐光兴．人格特质、家庭环境对中学生道德判断能力的影响[J]．心理科学，2011，(3)：664-669．

[10] 皮埃尔·布迪厄，华康德．实践与反思——反思社会学导论[M]．北京：中央编译出版社，1998：133-138．

哪些要素会影响到大学生社会化的起点、进程和结果。理解此前提要注意两点：一是既要回归到阶层划分的依据上去；二是又不能单纯地套用社会学划分阶层的标准，要用教育自身的视角来解读这个社会学问题。阶层划分是社会学重要的研究命题，传统的社会分层主要基于两大流派——马克思主义和韦伯主义及其各自追随者所形成的新马流派和新韦流派。当下对阶层问题研究的方法论也从结构主义和经济决定论转向经济结构与社会行动互动。对影响社会分层的要素分析也从经济、权力、声誉三个维度拓展到了文化资本、经济资本、社会资本、符号资本、政治资本，新近研究又增加了公民资源和人力资源两个维度，使影响阶层划分的要素增加到了七个[①]。那么，这些要素如何介入到教育语境中，如何植入大学生社会化这个命题呢？

教育研究以"人的发展"为核心，其自变量一般是从学校、家庭、社会三个维度进行探索，但这仅是个笼统的划分，是分析任何教育问题的"箩筐"。若要具体到个体社会化的外在变量上，可将其细分为"家庭、同伴、社区、学校和经历"五个要素。前四个要素，特别是家庭要素还可从经济资本、文化资本、社会资本、符号资本来加以概括，"经历"这个要素可从关键事件（危机性事件和荣誉获得）影响及成长体验两个维度进行分析。

对社会身份认知的影响属于大学生自我调控的范畴，包括身份顺从和身份重塑两个方面，本身就是社会化的体现。身份顺从是指学生从原有阶层要素中继承下优势或劣势，对身份的改造无意愿、无机会、无能力和无效果。其组合方式又很多元，比如有意愿，但无机会；有意愿，有机会，但无能力；有意愿、有机会，有能力，但努力失败，等等。这些都会回归到原有身份当中，成为身份顺从的体现。身份重塑就是大学生不愿接受原有阶层要素的劣势或优势，而意欲通过自身努力，完成阶层更迭或阶层自造，形成不同于父辈的生存方式。故对社会身份的认知属于大学生社会化本身，不属于我们探讨的自变量范畴，我们的重点还是放在社会身份（阶层要素）施加的影响层面上。而这种影响分为历时性和即时性影响。

---

① 高宣扬. 布迪厄的社会理论[M]. 上海：同济大学出版社，2004：148-154.

四、大学生社会化的阶层要素：历时性分析

所谓个体社会化的历时性分析是指既往经历对其对现如今发展的影响。人的社会化终其一生，不是朝夕之功。大学生社会化是其社会化过程中最关键的一环，是其开始走向自立和自强的起点，是前期社会化的结果，前期社会化亦因此成为这种跃级的土壤。

本节主要对历时性的阶层要素做实证提炼，为在即时性分析过程当中进一步明确课题自变量做筛选。

（一）影响大学生社会化的阶层要素模型初步构建

1. 模型初步构建

本研究课题充分借鉴了阶层的相关学术理论，通过前期文献计量学（知识论）的方法，初步归类六大维度的阶层要素，以此指标分类为主线，探讨大学生社会化的历时性阶层要素。我们据此初步构建了影响大学生社会化的阶层要素模型。如图3-2所示。

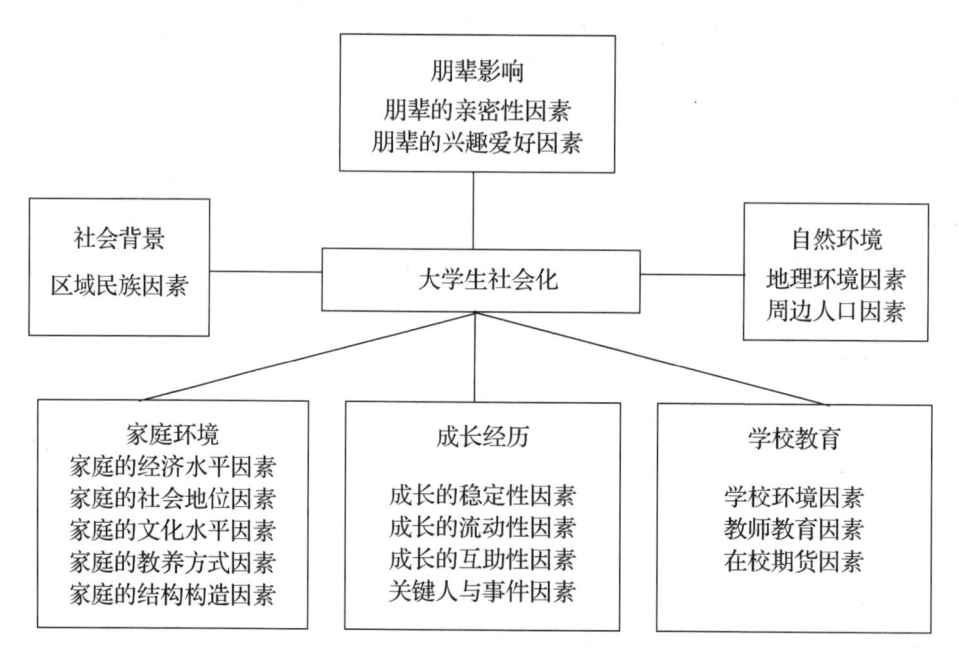

图3-2 影响大学生社会化的阶层要素的初建模型

此模型只是基于相关理论研究及对文献计量分析后构建的，模型中所涉及的各个阶层要素对大学生社会化的发展影响还需要进一步通过问卷调查进行实践检验。本研究课题设计了一套影响大学生社会化的阶层要素调查问卷，收集大学生对各个影响其社会化发展的要素的认同度，从定性及定量方面去分析各个过程因素的影响程度，并为后续提出相关教育建议提供实证支持。

2. 提出相应假设

依照上述所构建的阶层要素模型，本研究课题提出以下几点可能会影响到大学生社会化发展的要素假设：

H1：社会背景，即社区（村落）要素对大学生社会化的发展影响显著；

H2：家庭环境（家庭的经济水平、社会地位、文化水平、教养方式及结构的稳定）对大学生社会化的发展影响显著；

H3：成长经历（成长环境的稳定性、流动性、互助性及关键人与事件）对大学生社会化的发展影响显著；

H4：学校教育（学校环境、教师教育等）对大学生社会化的发展影响显著；

H5：朋辈关系（亲密性及兴趣爱好）对大学生社会化的发展影响显著；

H6：自然环境（地理环境及周边人口）对大学生社会化的发展影响显著。

（二）影响大学生社会化的阶层要素的实证调查

1. 问卷设计与调查实施

（1）调研问卷设计内容

根据本研究课题的影响大学生社会化的阶层要素初步模型假设，对调研问卷的主要内容和相关题目进行了细致设计。调研问卷主要分为三个部分。

第一部分是被调查者的人口学变量。主要涉及被调查者的性别、生源所在地、入学前的户籍及就读的高校。

第二部分是本次调研问卷的主要核心部分。如表3-4所示：采用"语义差异量表"，对描述其因素的短语进行两端评价。

表 3-4 语义差异量表题

维度指标			题数
维度划分及指标体系建构	A 社会背景	A1 区域民族因素	4
	B 家庭环境	B1 家庭的经济水平因素	3
		B2 家庭的社会地位因素	3
		B3 家庭的文化水平因素	3
		B4 家庭的教养方式因素	5
		B5 家庭结构的稳定因素	4
	C 成长经历	C1 成长环境的稳定性因素	2
		C2 成长环境的流动性因素	2
		C3 成长环境的互助性因素	3
		C4 关键人物与事件因素	2
	D 学校教育	D1 学校环境因素	5
		D2 教师教育因素	3
		D3 在校其他因素	3
	E 朋辈影响	E1 朋辈的亲密及爱好因素	4
	F 自然环境	F1 地理环境因素	2
		F2 周边人口因素	2

第三部分为重要性选择题，主要涉及主变量的影响因素重要性排序及各个主变量中的次变量的重要性因素排序，主要是为量化因素做进一步的佐证。

（2）问卷调查实施情况

第一阶段，主要是完成关于影响大学生社会化的阶层要素调研问卷的设计，并明确本次调查的目的、对象、方式，设计影响因素指标等。

第二阶段为预调查阶段。通过线上发放调研问卷的形式，试测了120份调研问卷，并联系了10位大学生，通过线下访谈的形式，结合反馈意见及调查数据进一步完善调研问卷。通过修改部分问题的排序，整合相关度较高的题目最终完成调研问卷。

第三阶段是正式调研阶段，从2017年3月份至5月份，通过两个月的时间进行线上收集，获得1495份调研问卷，对无效问卷进行剔除后，得到最终有效问卷为1326份，有效回收率达88.7%。

第四阶段是数据分析阶段，通过SPSS19.0软件对回收的问卷进行录入分析。

2. 信度效度检验及样本特征分析

（1）样本特征分析

如表3-5所示：被调查者男性为304人，占比22.9%，女性为1022人，占比47.2%。被调查者入学前户籍为农村的有870人，占比65.6%，城市的有456人，占比34.4%。被调查者在原985院校上学的有70人，211或省属重点的有225人，地方性或应用型本科的有785人，高职高专院校的有246人。

表3-5 样本基本特征分析表

特征		频率	百分比	累积百分比	百分比 Bootstrap[a]			
					偏差	标准误差	95% 置信区间	
							下限	上限
性别	男	304	22.9	22.9	0.0	1.1	20.7	25.2
	女	1022	77.1	100.0	0.0	1.1	74.8	79.3
城乡	农村	870	65.6	65.6	0.0	1.3	63.0	68.0
	城市	456	34.4	100.0	0.0	1.3	32.0	37.0
院校	原985院校	70	5.3	5.3	0.0	0.6	4.1	6.5
	原211或省重点	225	17.0	22.2	0.0	1.0	15.0	18.9
	地方应用本科	785	59.2	81.4	−0.1	1.4	56.3	61.8
	高职高专	246	18.6	100.0	0.1	1.1	16.5	20.7

其中城乡选取结果比例与第五次人口普查的城乡人口比重基本相符，虽与第六次人口普查的城乡人口比重相比欠佳，但不影响整体分析效果；院校选取结果比例与教育部发布的《2016年全国高等学校名单》院校比例基本相符，高职高专的比例欠佳，但不影响总体分析效果。

（2）信度分析

调研问卷的信度分析是检测问卷的可靠性、标准性及稳定性。本研究论文采用了Cronbach's Alpha系数来检验了调研问卷的内在可靠性程度。Cronbach's Alpha系数取值在0.00~1.00，数值越高代表调研问卷的可靠性程度越高，反之越低。量表的Cronbach's Alpha系数最好的效果是应大于0.80，当Cronbach's Alpha系数在0.70~0.80时，同样可以接受，而当Cronbach's Alpha系数在0.70以下时则应考虑重新修订该调研问卷。本调研问卷的信度检验抽取结果见表3-6。

表3-6 量表信度检验表

分量表项目	项目数	Cronbach's Alpha 系数	
社会背景要素	4	0.756	0.933
家庭环境要素	18	0.828	
成长经历要素	9	0.821	
学校教育要素	11	0.840	
朋辈影响要素	4	0.743	
自然环境要素	4	0.714	

对问卷进行的信度分析结果表明,社会背景要素、家庭环境要素、成长经历要素、学校教育要素、朋辈影响要素及自然环境要素的信度系数值均大于0.7,且问卷量表整体信度为0.933,这说明编制的问卷具有良好的信度。

(3) 效度分析

效度指的是一个测验或量表实际能测出其所要测的特质的程度值。本研究课题从内容效度、结构效度、验证性效度三个方面进行了效度检验。

在内容效度方面,本课题研究在影响大学生社会化的阶层要素的调查问卷设置上参阅了大量的学者文献,进而建立了一个测量指标体系。为了被调查者在填写时的方便性,问卷设置主要为量表选择题及少数的多项选择题。经历了预调查阶段,在线上发放了问卷,结合调查数据和被调查者及专家的反馈意见,及时修改和完善了调查问卷。在正式调查过程中极少出现被调查者对问卷产生分歧的情况。因此得出结论,本调研问卷的内容效度较高。

在结构效度方面,本研究课题采用了KMO检验和巴特利特球体检验,当KMO检验系数大于0.50,巴特利特球体检验x^2统计值的显著性概率P值小于0.05时,调研问卷才有一定结构效度。如表3-7所示。

表3-7 结构效度检验表

取样足够度的 Kaiser-Meyer-Olkin 度量		0.953
Bartlett 的球形度检验	近似卡方	27369.274
	df	1225
	Sig.	0.000

本次调研问卷检验 KMO 值为 0.953，大于 0.80，呈现为良好标准，巴特利特球体检验 x^2 统计值的显著性概率为 0.000，小于 0.05，所以得出结论为问卷具有一定结构效度。

3.影响大学生社会化的阶层要素提炼分析

（1）阶层要素的原始变量均值分析

通过量表的使用，得出了阶层要素原始变量的均值数据，如表3-8所示。

表 3-8 阶层要素的影响均值表

维度及因子		绝对均值及标准差		维度及因子		绝对均值及标准差	
		|M|	SD			|M|	SD
社会背景	A1-1	0.53	1.706	家庭环境	B1-1	0.62	1.729
	A1-2	1.07	1.839		B1-2	0.85	1.617
	A1-3	0.61	1.556		B1-3	1.22	1.708
	A1-4	0.66	1.729		B2-1	0.69	1.502
学校教育	D1-1	0.91	1.539		B2-2	0.23	1.728
	D1-2	1.06	1.514		B2-3	1.07	1.509
	D1-3	0.93	1.660		B3-1	0.75	1.816
	D1-4	0.73	1.857		B3-2	1.22	1.678
	D1-5	0.81	1.688		B3-3	1.27	1.704
	D2-1	1.29	1.480		B4-1	0.94	1.843
学校教育	D2-2	1.27	1.604		B4-2	1.24	1.509
	D2-3	1.14	1.580		B4-3	1.34	1.526
	D3-1	0.36	1.630		B4-4	0.45	1.704
	D3-2	1.43	1.485		B4-5	0.08	1.749
	D3-3	0.9	1.526		B5-1	1.64	1.559
朋辈影响	E1-1	0.86	1.784		B5-2	1.75	1.497
	E1-2	0.59	1.876		B5-3	0.65	1.689
	E1-3	1.01	1.669		B5-4	1.15	1.946
	E1-4	0.67	1.590	成长经历	C1-1	1.25	1.646
自然环境	F1-1	0.61	1.474		C1-2	1.27	1.539
	F1-2	0.67	1.427		C2-1	1.44	1.472
	F2-1	0.57	1.414		C2-2	1.31	1.861
	F2-2	0.46	1.494		C3-1	1.41	1.368

71

续表

维度及因子	绝对均值及标准差		维度及因子		绝对均值及标准差	
	|M|	SD			|M|	SD
			成长经历	C3-2	0.84	1.498
				C3-3	1.35	1.475
				C4-1	1.44	1.608
				C4-2	1.18	1.694

从表3-8中可以看出，大部分维度因子的绝对均值在0.3以上，唯有2项在0.5以下，其分别是：

B2-2：家中是否有权势，其属于家庭社会经济地位因素的一部分，由于被调查者属于大学生，其在大学学习生活过程中对于家中的权势因素影响确实不大，所以该因素在调查时影响均值较低。但是通过专家访谈，认为大学生的社会化发展过程中包含了社会融入方面，家庭中父母及其他亲戚的社会人脉关系能间接帮助到大学生在社会融入中更好的就业，其次在诸多文献[1][2]中也表明家庭中的社会资本越高，越有利于大学生今后的就业发展。所以B2-2因素仍保留。

B4-5：入大学后父母是否指导子女发展，其属于家庭教养方式因素的一部分。由于被调查者在入大学前所经历的更多的是在父母引导下的学习与生活，而在入大学后诸多父母辈的学历及学识远不及大学生，所以在入大学后父母对子女的指导影响因素不大。故B4-5因素剔除。

（2）阶层要素的六大变量均值差异分析

基于上述的原始变量的均值分析，笔者将原始变量分别合并，产生了六个新变量，即社会背景变量、家庭环境变量、成长经历变量、学校教育变量、朋友影响变量及自然环境变量。对于阶层要素的六大新变量进行均值比较，结果如表3-9所示。

---

[1] 郑洁.家庭社会经济地位与大学生就业——一个社会资本的视角[J].北京师范大学学报（社会科学版），2004，(3)：111-118.

[2] 尉建文.父母的社会地位与社会资本——家庭因素对大学生就业意愿的影响[J].青年研究，2009，(2)：11-17，94.

表 3-9　各阶层要素均值表

	社会背景	家庭环境	成长经历	学校教育	朋辈影响	自然环境
M	0.7175	1.0047	1.2767	0.9655	0.7825	0.5775
SD	0.24102	0.40996	0.18655	0.38490	0.18927	0.08846

从表3-9中可以看出各个因素均值依次从大小排列分别为成长经历（1.28）、家庭环境（1.00）、学校教育（0.97）、朋辈影响（0.78）、社会背景（0.72）及自然环境（0.58），总体均值为0.9661。且通过调查"在大学生的成长过程中，对自己影响最大的因素"的重要性选择中，如表3-10所示：发现自然环境要素个案百分比仅为2.6%。

表 3-10　重要性排序（影响最大的因素）表

		响应 N	百分比	个案百分比
主体因素	（社会背景）	291	7.3%	21.9%
	（家庭环境）	1154	29.0%	87.0%
	（成长经历）	1092	27.5%	82.4%
	（学校教育）	986	24.8%	74.4%
	（朋辈教育）	353	8.9%	26.6%
	（自然环境）	102	2.6%	7.7%
总计		3978	100.0%	300.0%

故对自然环境要素做单一样本T检验分析，来判断自然环境要素与其他各要素之间是否存在影响均值差异，如表3-11所示。

表 3-11　各阶层要素的主体均值样本T检验表

	检验值 = 0.9661			
	t	df	Sig.（双侧）	均值差值
社会背景	−2.063	1325	0.131	−0.20486
家庭环境	0.388	1325	0.703	0.03861
成长经历	4.994	1325	0.001	0.31057
学校教育	−0.006	1325	0.996	−0.00065
朋辈影响	−1.940	1325	0.148	−0.18360
自然环境	−8.786	1325	0.003	−0.38860

从表3-11中我们可以发现单样本T检验的结果，结果显示自然环境统计量t=-8.786，P值=0.003＜0.05，因此认为自然环境影响均值与其他均值存在显著差异。且自然环境均值在其他均值中最小，表明自然环境影响均值与其他均值相比较，对大学生社会化影响效果不显著，原假设H6不成立，将其剔除。

成长经历统计量t=4.994，P值=0.001＜0.05，因此认为成长经历影响均值与其他均值存在显著差异。且成长经历均值在其他均值中为最大，表明成长经历影响均值与其他阶层要素均值相比较，对大学生社会化影响效果最为显著，原假设H3成立。其他统计量P值均＞0.05，因此社会背景、家庭环境、学校教育及朋辈影响均值不存在显著差异，且这些均值均大于自然环境的影响均值，所以原假设H1、H2、H4、H5成立。

4. 阶层要素模型调整及验证性因子分析

根据上述的提炼分析，对于阶层要素模型进行调整如表3-12所示。对"社区环境""家庭资本"等五个要素分别建立其因子相关系数矩阵，然后建立结构方程模型，分析其各自的模型拟合度，如表3-13所示。

表3-12 阶层要素模型量表调整

	维度指标		因子
阶层要素划分维度	A 社会背景	A1 区域民族因素	4
	B 家庭环境	B1 家庭的经济水平因素	3
		B2 家庭的社会地位因素	3
阶层要素划分维度	B 家庭环境	B3 家庭的文化水平因素	3
		B4 家庭的教养方式因素	4
		B5 家庭结构的稳定因素	4
	C 成长经历	C1 成长环境的稳定性因素	2
		C2 成长环境的流动性因素	2
		C3 成长环境的互助性因素	3
		C4 关键人物与事件因素	2
	D 学校教育	D1 学校环境因素	5
		D2 教师教育因素	3
		D3 在校其他因素	3
	E 朋辈影响	E1 朋辈的亲密及爱好因素	4

表 3-13　各阶层要素模型的拟合优度报告

维度及 参数标准	df	x^2	RMSEA < 0.08	NFI > 0.9	NNFI > 0.9	CFI > 0.9	RMR < 0.08
社会背景要素	2	12.21	0.062	0.98	0.94	0.98	0.024
家庭背景要素	114	890.06	0.078	0.93	0.93	0.94	0.059
成长经历要素	23	201.07	0.076	0.97	0.95	0.97	0.039
学校教育要素	41	387.25	0.078	0.96	0.95	0.96	0.042
朋辈影响要素	2	5.03	0.034	0.99	0.98	0.99	0.014

根据模型的拟合优度来看，一般认为当RMSEA低于0.1，NFI、NNFI及CFI大于0.9，RMR小于0.05时，模型就是好的。[①] 自由度（df）和卡方（2）的大小很难说明模型的好坏，但对比多个模型是有用的。各要素指标均达到了精准拟合要求，综合考虑，各量表具有很好的结构效度。

基于阶层要素主体影响均值分析及前期的信度与验证性结构效度分析，将本研究课题的阶层要素模型做出调整，如图3-3所示。

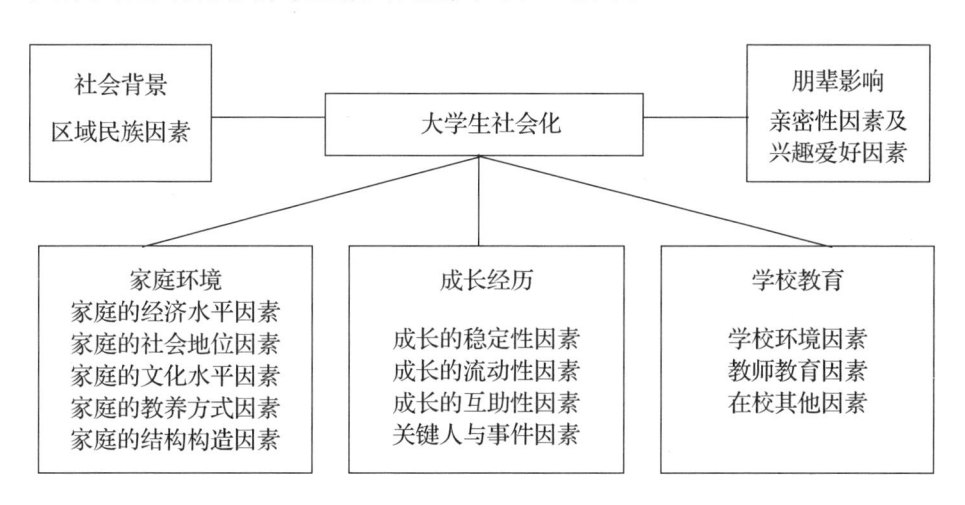

图 3-3　影响大学生社会化的阶层要素的调整模型

5. 影响大学生社会化的阶层要素差异分析

（1）各个阶层要素内的因素差异分析

在对六大阶层要素进行差异分析后，对各个阶层要素之间也同样进行因素差

[①] 侯杰泰，温忠麟，成子娟 等. 结构方程模型及其应用[M]. 北京：教育科学出版社，2004：20.

异分析，由于家庭资本要素、个体经验要素及教育经历要素设置了二级维度，所以在分析前将这些原始变量进行合并，各自形成新的变量。结果如表3-14所示。

表3-14 各个阶层要素内的因素差异表

社区环境要素	检验值=0.7175			
	t	df	Sig.（双侧）	均值差值
A1-2 入学前城乡因素	8.323***	1325	0.000	0.356
学校教育要素	检验值=0.9655			
	t	df	Sig.（双侧）	均值差值
D2 教师教育因素	5.696*	1325	0.029	0.269
朋辈影响要素	检验值=0.7825			
	t	df	Sig.（双侧）	均值差值
E1-3 与自己兴趣相投的朋友数量	4.859***	1325	0.000	0.223

注：***$p<0.001$；**$p<0.01$；*$p<0.05$。

由于家庭资本及个体经验要素内部间的因素差异不明显，表中只呈现社区环境、教育经历及朋辈影响内部间的显著差异因素。

在社区环境要素方面：因在社区环境中只涉及一级维度，在4个因子里，入学前城乡因素其影响均值大于社区环境要素整体均值0.356，且t=8.323，P值=0.000<0.05，该因素的影响程度最为显著。分析原因在于城乡的差异反映了一定的经济差异，能够提供的教育经济基础投入也就有所差异，进而城市社区与农村村落文化能够很大程度影响到人的社会化。同时通过调查"社区环境"的重要性选择中，以62.7%的最大占比选择了"城乡差异"，同样佐证了这一点。

在家庭资本要素方面：主要存在五个子维度，结果发现各维度的P值均>0.05，表示各维度之间的影响均值不存在显著差异，且与其他要素相比，家庭资本均值整体较高，可以说明家庭经济水平、家庭社会地位、家庭文化水平、家庭教养方式及家庭结构的稳定因素都对大学生社会化的发展产生了较大的影响。而通过调查"家庭资本"的重要性选择中，"家庭教养方式"因素占比最大，为73.3%。分析原因在于良好的教养方式能够对子女今后的大学发展产生观念上的巨大变化，如学习方式，人生观价值观，等等，而这些观念一旦形成且根深蒂固后，就很难改变。

在个体经验要素方面：主要存在四个子维度，其结果与家庭资本要素大同小异，各维度的 P 值均＞0.05，表示各维度的影响均值之间不存在显著差异，且与其他要素相比，成长经历的整体影响均值为各要素中最大，说明个体环境稳定性、个体环境流动性、个体环境互助性及关键人物与事件因素也同样都对大学生社会化发展产生了巨大的影响。通过调查"个体经验"的重要性选择中，各个因素的重要性占比也都相差甚微。分析主要原因，改革开放以来，我国的社会结构发生了根本性的变化，社会环境的改变随之引起生长环境的变化，这些生长环境具体表现在家庭是否出现重大事故，居住地是否经常变更，曾经是否为留守儿童，邻里亲戚关系是否和谐等，进而影响到大学生社会化进程。

在教育经历方面：存在三个子维度，其中教师教育因素影响均值比学校教育要素整体均值大 0.268，且 t=5.696，P 值 =0.029＜0.05，该因素的影响程度最为显著。分析原因在于在学校教育的大环境中，教师是学生成长成才的主要导向人，对其社会化发展起着助推作用。根据科尔曼的研究，在学校教育要素中对学生的影响强度是按教师、课程、学校文化和学校设施依次递减的。通过调查"学校教育"的重要性选择，"教师教育水平"这一选项占比79.0%，同样佐证了这点。

在朋辈影响方面：在朋辈影响要素中，存在四个主要因子，其中兴趣相投的朋友数量因素影响均值比社会背景要素整体均值大 0.223，且 t=4.859，P 值 =0.000＜0.05，该因素的影响程度最为显著。分析原因：作为历时性的朋辈因素，既是大学生个体成长的动力，又会成为其日后发展的人脉。传统研究也证明，同伴间在成长过程中的认同度要高于学生对于教师和家长的认同。同时通过调查"朋辈影响"的重要性选择，"朋友间的兴趣爱好"这一选项占据了 61.2% 的比例，也佐证了上述观点。

（2）阶层要素均值的城乡差异分析

因为本研究课题的主要研究对象是农村籍的大学生，所以通过独立样本 T 检验的方式对阶层要素均值影响进行城乡之间的差异分析，将数据按"入学前所在生源地"分组，将农村设定为"1"，将城市设定为"2"。结果如下所示。

①社会背景影响均值的城乡差异

从表3-15中可以看出，A1-1与A1-2的 Levene 统计量分别为7.199及37.934，显著性 P 值均小于0.05，说明城乡两组数据之间差异不相等。故两组数据方差相等假设不成立，假设方差不相等所在组的显著性（双尾）值均为0.000小于0.05，说明不同城乡的大学生在 A1-1 及 A1-2 的影响均值上存在显著差异。表中的 T 值均为负数，说明农村籍大学生判断的影响均值比城市籍大学生要低。

A1-1及A1-2两者直接与间接地显示着当地的经济水平背景，城市籍大学生认为当地的经济发展水平越高，愈利于大学生的社会发展。而农村籍大学生在认同度上稍弱。通过专家访谈，究其原因在于农村籍大学生相较同等地区的城市籍大学生而言，生活条件更加艰苦，自力更生的农村籍大学生会认为在经济水平相对不发达的条件下，能够培养吃苦耐劳的精神，也能利于其社会化发展。

表3-15 社会背景要素影响均值的城乡差异表

		方差方程的Levene检验		均值方程的t检验				
		F	Sig.	t	df	Sig.（双侧）	均值差值	标准误差值
A1-1 生活地区发达情况	假设方差相等	7.199	0.007	−3.603	1324	0.000	−.354	0.098
	假设方差不相等			−3.690	987.93	0.000	−.354	0.096
A1-2 生活在农村/城市	假设方差相等	37.934	0.000	−9.018	1324	0.000	−.931	0.103
	假设方差不相等			−9.648	1110.95	0.000	−.931	0.096

但从整体上看，不管是农村籍还是城市籍大学生，大部分被调查者还是认为当地经济水平越发达，给予当地的教育投入就会越多，就越利于大学生的社会化发展。

②家庭环境影响均值的城乡差异

从表3-16中可以看出，B1-1、B1-3、B2-1、B3-1、B3-2、B5-3的Levene统计量分别为29.005、22.252、10.579、42.515、11.634及7.576，显著性P值均小于0.05，说明城乡两组数据之间差异不相等，故两组数据方差相等假设不成立。在假设方差不相等所在组显著性（双尾）值均小于0.05，说明城乡两组大学生在这些家庭环境因素的影响均值上存在显著差异。其中，B1-1、B1-3、B2-1、B3-1、B3-2的T值为负数，说明农村籍大学生判断的该影响均值要比城市籍大学生低，而B5-3的T值为正数，说明农村籍大学生判断的该影响均值要比城市籍大学生高。纵观B1-1、B1-3、B2-1、B3-1、B3-2的影响因素都直接或间接地反映着一个家庭的经济、文化及社会地位。城市籍大学生认为一个家庭的经济文化及社会地位越高，越利于大学生的社会发展。而农村籍大学生在认同度上稍弱。从B5-3的因素上看，农村籍大学生认为非独生子女的家庭更有利于大学生的社会化。

表3-16 家庭环境要素影响均值的城乡差异表

		方差方程的Levene检验		均值方程的t检验				
		F	Sig.	t	df	Sig.（双侧）	均值差值	标准误差值
B1-1家庭经济条件	假设方差相等	29.005	0.000	-4.695	1324	0.000	-0.466	0.099
	假设方差不相等			-4.910	1046.5	0.000	-0.466	0.095
B1-3家庭教育投资	假设方差相等	22.252	0.000	-4.166	1324	0.000	-0.409	0.098
	假设方差不相等			-4.375	1058	0.000	-0.409	0.093
B2-1父母职业地位	假设方差相等	10.579	0.001	-3.235	1324	0.001	-0.280	0.087
	假设方差不相等			-3.378	1041.6	0.001	-0.280	0.083
B3-1父母文化程度	假设方差相等	42.515	0.000	-4.043	1324	0.000	-0.422	0.104
	假设方差不相等			-4.257	1065.2	0.000	-0.422	0.099
B3-2家庭学习资源	假设方差相等	11.634	0.001	-3.481	1324	0.001	-0.336	0.097
	假设方差不相等			-3.622	1031.1	0.000	-0.336	0.093
B5-3是否独生	假设方差相等	7.576	0.006	4.582	1324	0.000	0.444	0.097
	假设方差不相等			4.630	950.8	0.000	0.444	0.096

通过对专家及个别农村籍大学生的访谈，我们了解到，农村籍大学生相对于同等地区的城市籍大学生来讲，家庭的经济、文化及社会地位还是有所差距，一些农村籍大学生认为，在一个家庭环境相对艰苦的条件下成长，更加有利于自身良好品格的塑成。相较于城市籍大学生，诸多农村籍大学生并不是独生子女，他们会认为非独生子女家庭的家庭经济承担能力弱，但更加能够培养他们与兄弟姐妹的亲情关系处理和责任担当。

但从整体上看，不管是农村籍还是城市籍大学生，大部分被调查者还是认为家庭环境优越，能够给予子女更好的教育条件，就越能够有利于大学生的社会化发展。

③成长经历影响均值的城乡差异

从表3-17中可以看出，C1-1、C2-2、C4-1、C4-2的Levene统计量显著性P值均小于0.05，故两组数据方差相等假设不成立。在假设方差不相等所在组中显著性值均小于0.05，说明城乡两组大学生在这些成长经历因素的影响均值上存在显著差异。假设方差不相等所在组这四项的T值均为负数，说明农村籍大学生判断的该影响均值要比城市籍大学生低。通过对专家及个别农村籍大学生的访谈，分析认为C1-1与C2-2的差异性与家庭环境要素中的差异性类似，都直接归因于部分农村大学生对艰苦家庭环境的乐观认知，认为出现过变故的家庭更能让自身锻炼出坚毅的品格，如留守儿童由于长期不在父母身边，自己逐渐养成了独立自主的习惯，这种习惯的养成更加有利于其社会化的发展。而C4-1与C4-2的差异则是由独立自主的习惯间接影响而成，部分农村大学生认为失利时独立走出困境，更加能锻炼抗压能力。

表3-17 成长经历要素影响均值的城乡差异表

		方差方程的 Levene 检验		均值方程的 t 检验				
		F	Sig.	t	df	Sig.（双侧）	均值差值	标准误差值
C1-1 家庭是否有过变故	假设方差相等	7.56	0.006	−2.257	1324	0.024	−0.214	0.095
	假设方差不相等			−2.339	1020.33	0.020	−0.214	0.092
C2-2 留守儿童	假设方差相等	18.52	0.000	−3.506	1324	0.000	−0.376	0.107
	假设方差不相等			−3.662	1042.42	0.000	−0.376	0.103
C4-1 是否有榜样引领	假设方差相等	5.43	0.006	−2.188	1324	0.029	−0.203	0.093
	假设方差不相等			−2.220	962.11	0.027	−0.203	0.092
C4-2 失利是否有人相助	假设方差相等	7.85	0.005	−3.349	1324	0.001	−0.327	0.098
	假设方差不相等			−3.468	1018.62	0.001	−0.327	0.094

但从整体上看，不管是农村籍还是城市籍大学生，大部分被调查者还是认为成长经历愈稳定，在成长过程中有关键人物的及时引导等，能够给其创造良好的成长环境，就越能够利于大学生的社会化发展。

④学校教育影响均值的城乡差异

如表3-18所示，D1-3的Levene统计量显著性P值为0.053，大于0.05，故原假设成立，说明城乡两组数据之间不存在显著差异。在假设方差相等所在组中显著性（双尾）值为0.033，小于0.05，说明城乡两组大学生在这个因素的影响均值上存在显著差异。D1-1、D1-5、D2-1、D2-2的Levene统计量显著性P值均小于0.05，说明城乡两组数据之间差异不相等，故原假设不成立。在假设方差不相等所在组中显著性（双尾）值均小于0.05，说明城乡两组大学生在这些因素的影响均值上存在显著差异。该组中这五项的T值为负数，说明农村籍大学生判断的该影响均值要比城市籍大学生低。纵观影响因素都直接与间接地反映着学校环境与教师教育水平。城市籍大学生认为学校环境质量越高，教育水平越好，越利于大学生的社会化发展，而农村籍大学生在此认同度上稍弱。

表3-18 学校教育要素影响均值的城乡差异表

		方差方程的 Levene检验		均值方程的t检验				
		F	Sig.	t	df	Sig.（双侧）	均值差值	标准误差值
D1-1 所读中小学规模	假设方差相等	8.01	0.005	−2.343	1324	0.019	−0.208	0.089
	假设方差不相等			−2.406	994.77	0.016	−0.208	0.087
D1-3 是否在重点中学就读	假设方差相等	3.73	0.053	−2.138	1324	0.033	−0.205	0.096
	假设方差不相等			−2.169	962.86	0.030	−0.205	0.094
D1-5 中小学时学习硬件设施	假设方差相等	21.13	0.000	−3.984	1324	0.000	−0.387	0.097
	假设方差不相等			−4.143	1029.67	0.000	−0.387	0.093

续表

		方差方程的Levene检验		均值方程的t检验				
		F	Sig.	t	df	Sig.（双侧）	均值差值	标准误差值
D2-1中小学受老师重视程度	假设方差相等	9.89	0.002	−2.161	1324	0.031	−0.185	0.085
	假设方差不相等			−2.254	1038.66	0.024	−0.185	0.082
D2-2中小学教师教学水平	假设方差相等	7.36	0.007	−2.850	1324	0.004	−0.264	0.092
	假设方差不相等			−2.945	1012.60	0.003	−0.264	0.089

通过对专家及个别农村籍大学生的访谈，分析得出农村籍大学生相对于同等地区的城市籍大学生来讲，所接受的学校环境与教师教育水平稍落后，因此一部分农村籍大学生认为更应该努力学习来弥补硬件上的不足，进而促进其社会化的发展。

但从整体上看，不管是农村籍还是城市籍大学生，大部分被调查者还是认为学校硬件设施及教师教育水平越高，能够为其提供良好的校园学习环境，就越有利于大学生的社会化发展。

⑤朋辈要素影响均值的城乡差异

不管是假设方差相等所在组还是假设方差不相等所在组，其显著性P值均大于0.05，说明城乡两组大学生在朋辈要素的影响均值上不存在显著差异，说明朋辈要素对大学生社会化的影响在态度上具有一致性。（表格不再具体呈现）

五、大学生社会化的阶层要素：即时性分析

所谓个体社会化的即时性分析是指当下周边环境、人物对其社会化进程的显性或隐性的影响。当个体脱离了原有的阶层空间而进入新的发展平台——大学后，阶层要素又是如何影响个体社会化的呢？随着人的主体性的日益彰显，

影响大学生社会化的阶层要素确实在弱化。但在阶层流动趋缓，"阶层固化"渐显的情况下，高等教育"大而不众，普而不惠"的现实并没有改变，反而有向精英阶层、城市阶层转移阶层红利的倾向。阶层要素对大学生，特别是对相对弱势的农村籍大学生群体的影响并未降低。我们姑且不论入学机会这个起点要素，单纯从过程要素上看，从学业适应到人际适应，从心理调适到社会融入，这种对过程和结果的平等性呼求仍是许多底层学子的奢求。国内诸多学者，以及当下国家出台的政策多是集中于入学机会这个层面上，而在过程上仅有"贫困大学生资助""勤工助学"等经济扶持，且对大学生社会化其他环节（学业调适、人际调适、心理调适和社会融入）未给予过多的关注。这种关注还有很多缺位，还无助于大学生社会化教育的全程化。

阶层要素对大学生社会化的影响是全程的，在起点、过程和结果影响的广度和深度也不尽相同。据我们对各级各类高校不同年级和毕业生调研[①]，发现阶层要素在大学生学业适应学业成就、人际调适、心理调适和社会融入上有着不同的影响。不同的阶层要素及其下的子维度和具体观测点，对上述五个范畴二十二个子维度的影响又不尽相同，形成犬牙交错的排列组合，构成大学生社会化身份要素的全景。

图3-4为阶层要素对大学生社会化影响的整体结构。

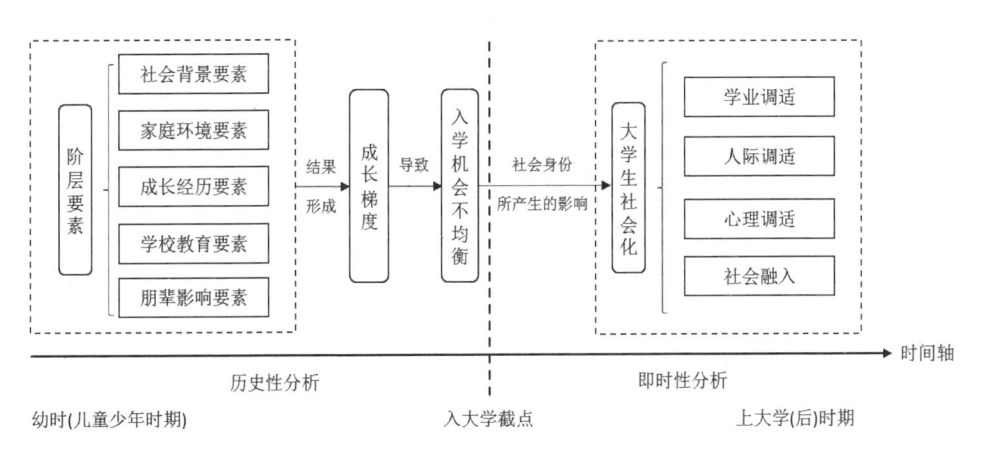

图3-4 阶层要素对大学生社会化的影响结构图

---

① 本调研依次为《阶层要素对大学生学业适应的调查》《阶层要素对大学生学业成就的调查》《阶层要素对大学生人际影响的调查》《阶层要素对大学生价值倾向的调查》和《阶层要素对大学生社会融入的调查》等五个调查，样本总量5000多份，涉及原985高校、原211高校和省属重点高校、普通本科和独立学院、高职高专五个类别，样本省份涵盖东中西和东北地区．

六、研究结论

本章节在文献综述的基础上，将阶层要素（历时性）的维度进行了基本划分，主要包括"社会背景""家庭环境""成长经历""学校教育""朋辈影响"以及"自然环境"，以提出研究问题和假设得以产生的模型。

在大学生社会化的阶层要素（本体性）分析上，认为对社会身份认知的影响属于大学生自我调控的范畴，包括身份顺从和身份重塑两个方面，本身就是社会化的体现。故对社会身份的认知属于大学生社会化本身，不属于我们探讨的自变量范畴，章节重点还是放在对社会身份（阶层要素）施加影响的层面上。而这种影响分为历时性影响和即时性影响。

在大学生社会化的阶层要素（历时性）分析上，即本章节的主体内容。其中主要结论如下：

第一，通过对影响大学生社会化的阶层要素模型的初步构建与分析提炼，发现其影响均值由大到小依次为"成长经历（1.28）""家庭环境（1.00）""学校教育（0.97）""朋辈影响（0.78）""社会背景（0.72）"及"自然环境（0.58）"，通过单一样本T检验，对均值主体进行差异分析，发现"社会背景""家庭环境""成长经历""学校教育"与"朋辈影响"对大学生社会化的影响显著，而"自然环境"并不显著，故将这一维度剔除。同时剔除了在"家庭环境"中影响均值较小的因子（入大学后父母是否指导子女发展因素）。

第二，将阶层要素模型调整为"社会背景""家庭环境""成长经历""学校教育""朋辈影响"五个维度后，进行结构化验证性因子分析，发现分量表模型的 RMSEA 值分别为 0.062、0.078、0.076、0.078 及 0.034，各项指标均达到了精准拟合要求，说明各个分量表具有很好的结构效度。

第三，对各个阶层要素的指标差异分析中，发现"社会背景"中的 A1-2（入学前生活在农村/城市）因素影响最为显著；"家庭环境"中 B1（家庭经济水平）、B2（家庭社会地位）、B3（家庭文化水平）、B4（家庭教养方式）、B5（家庭结构稳定）维度的影响均值之间不存在显著差异，且整体均值相较于其他要素较高，说明其各个维度都对大学生社会化的发展产生了较大影响；"成长经历"中 C1（成长环境稳定性）、C2（成长环境流动性）、C3（成长环境互助性）及 C4（关键人物与事件）各个维度的影响均值不存在显著差异，且整体均值相较于其他要素最高，说明各个维度对大学生社会化的发展都产生了巨大的影响；"学校教育"中 D2（教师教育因素）影响均值在该要素主体中最为显著；"朋辈影响"中 E1-3（与自己兴趣相投的朋友数量）因素影响均值在要要素主体中最为显著。同时对此部分通过重要性选择进行互相验证，其结果基本相符。

第四，在阶层要素均值的城乡差异分析上，通过独立样本 T 检验的方式，发现"社会背景"中不同城乡背景的大学生对 A1-1（生活地区发达情况）及 A1-2（生活在农村/城市）因素的影响均值差异较为显著；"家庭环境"中 B1-1（家庭经济条件）、B1-3（家庭教育投资）、B2-1（父母职业地位）、B3-1（父母文化程度）、B3-2（家庭学习资源）、B5-3（是否独生）因素的影响均值差异较为显著；"成长经历"中 C1-1（家庭是否有过变故）、C2-2（是否是留守儿童）、C4-1（是否有榜样引领）、C4-2（失利时是否有人相助）因素的影响均值差异较为显著；"学校教育"中 D1-1（所读中小学规模）、D1-3（是否在重点中学就读）、D1-5（中小学学习硬件设施）、D2-1（中小学受老师重视程度）、D2-2（中小学教师教育水平）因素的影响均值差异较为显著。且大部分的 T 值为负数，说明农村籍大学生判断的该影响均值要比城市籍大学生低。

这些变量因素直接与间接地反映着一个学生所在的生活环境、家庭环境、学校环境的好坏情况。通过对个别农村籍大学生的访谈，发现农村大学生相较于同等地区的城市籍大学生来讲，生活环境、家庭环境与学校环境的质量会有一定差距，特别是贫困的农村籍大学生，他们认为在一个相对艰苦的条件下成长，更加有利于自己吃苦耐劳、坚持不懈、敢于担当等优良品质的塑成。但从整体上看，不管是农村籍还是城市籍大学生，大部分被调查者还是认为阶层要素越优越，能够拥有更好的教育条件与环境，就越能够利于大学生的社会化发展。

在大学生社会化的阶层要素（即时性）分析上，阶层要素对大学生社会化的影响是全程的，在起点、过程和结果的不同阶段影响的广度和深度也不尽相同。据我们对各级各类高校不同年级和毕业生的调研，发现阶层要素在大学生学业适应（学习动机和态度、学习方法和能力、自我认知与心理、学校教学与管理、学习环境与社交）学业成就（知识、技能、态度）、人际调适（人际经营、人际维持、人际发展）、心理调适（政治、经济、社会、信仰、审美、科学）和社会融入（经济、人际、跨文化、身份）上有着不同的影响。其中阶层资本越丰富且历时性阶层要素越优越的学生在学业适应、人际融入和交往能力、世界观拓展和价值倾向多元化及成功就业方面越有优势，而在学业过程、学业成就、交往能力和效果、人生观的深刻性和个性品质及创业与社会适应等方面差异并不显著。而不同的阶层要素及其下的子维度和具体观测点，对上述五个范畴二十二个子维度的影响又不尽相同，形成犬牙交错的排列组合，构成大学生社会化身份要素的全景，而这些恰是我们进行大学生思政工作时思考上的缺位。

第四章　阶层要素与农村籍大学生学业适应的实证研究[①]

在上述两个章节中，已经通过实证研究提炼了大学生社会化的具体范畴及影响大学生社会化的阶层要素。阶层要素对大学生社会化的影响是全程的，在起点、过程和结果中影响的广度和深度也不尽相同。在明确了本书的因变量及自变量后，便要具体分析两者具体维度的关系，学业适应是大学生社会化的起点，因此本章节具体探讨阶层要素对农村籍大学生学业适应的影响。

一、研究缘由及问题

随着我国高等教育进入大众化阶段并慢慢趋于普及化，在校生规模地不断扩大，大学生群体在学业适应能力上也出现了较大的两极分化。大学生社会化的起点是学业适应，其适应的好坏直接关系到他们在大学阶段的学业成就及社会融入。影响农村籍大学生学业适应的因素有许多。对于他们来说，尽管他们已经渐渐远离父母，但家庭环境仍然影响着其学业适应过程乃至社会化进程。以往的研究发现，家庭教养方式和家庭社会经济地位能够直接预测学生的学业适应，但事实上，家庭教养方式并不能对所有大学生起到相同的预测作用。尤其是家庭社会经济地位不同的大学生，家庭教养方式不同，其对学业适应起到

---

① 本章节由张天雪、马银琦共同完成。

的预测作用也就不同。基于上述研究背景，本章节拟探讨以下几个问题：大学生学业适应性、父母教养方式及其家庭社会经济地位的基本现状如何，他们各自都存在何种显著的差异；父母教养方式、大学生学业适应性及其家庭社会经济地位之间是否存在相关关系，关系强弱如何；家庭社会经济地位在父母教养方式与大学生学业适应之间是否具有预测及调节作用。

二、文献回顾

（一）关于学业适应的维度划分综述

在国外，学业适应性早已成为一个相对成熟且重要的研究领域。对"学业适应性"的概念定义有的是以中小学为对象进行建构的，有的则是针对大学生的特质进行阐述的。学业适应性包括了外部及内部特点，具体表现为个体对整体学习情境的主动"适应"或被动的"顺应"，也体现为个体在动态的学习状态下提升"获取知识"及"社交关系"的能力，以保持较好的学习效能。

从1990年之后，国内也开始进行了大量关于学业绩效类的研究（如综述类、实证类等研究类型）。在研究过程中，通过对各研究者划分的构面成分的分析总结，发现其主要囊括了"学习动机与态度""学习方法与能力""自我认知与心理""学校教学与管理""学习环境与社交"及"自身身体与健康"六个构面。

如表4-1所示：在学业适应性中，身体健康因素相较其他因素而言，对学业适应性的影响较小，且存在不稳定性。在整个学业适应过程中，身体是否健康影响的是整个学业，不仅仅是适应性，还有学业成就、社会融入等，故不将其作为学业适应的组成部分。但不管学者怎么划分构面，可发现其都有一些共通之处。首先，学者都基本认同"学业适应性"是一种学习者与外在环境交互过程中以期达到动态平衡的能力；其次，它涉及个体要素及环境要素。具体而言，是以个体为中心，主要对个体的"学习动机与态度""学习方法与能力""自我认知与心理""学校教学与管理""学习环境与社交"五个维度进行测量。

表 4-1　学业适应性的结构效度

作者 \ 维度	年份	学习动机与态度	学习能力与方法	学习环境与社交	学校教学与管理	自我认知与心理	自身身体与健康
Baker 等	1984		√	√	√	√	
周步成	1991	√	√	√	√	√	√
Simon 等	1995	√	√	√	√		
李坤崇等	1996	√	√	√	√	√	
张宏如	2004	√	√	√	√		√
王华容	2006	√	√	√	√	√	
冯廷勇等	2010	√	√	√	√	√	
刘培军	2015	√	√	√	√	√	
权重		87%	100%	100%	87%	75%	37%

注：表中记"√"的项目为相应调查显示具有显著影响的要素.

（二）关于学业适应影响因素的综述

1. 父母教养方式与学业适应性的相关研究

如表4-2所示，近几年来研究父母教养方式对学业适应性关系的成果并不少，且大量研究都采用了问卷调查的方式。但是对于研究对象的选定，大部分相关研究集中在中小学生群体，对于大学生群体的研究关注度较少。且诸多研究表明，父母教养方式能够预测学生的学业适应性，但这些研究都只考察了变量的直接预测作用，而家庭社会经济地位水平是否会影响父母教养方式与学业适应性的关系效应，这一问题并未得到验证，也是现有研究中所欠缺的。

表 4-2　父母教养方式与学业适应性相关研究表

作者/年份	研究设计	研究结论
李蕊（2007）	用《AAT》量表和岳东梅的 EMBU 量表对昆明 8 所普通中学的 800 多名高一年级学生进行学习适应性和父母教养方式的实证调查。	父母越表现出"情感与温暖"，学生整体的学习适应性越好，但父母越表现出"偏爱被试"，学生在"学习情境"和"身心健康"的发展水平越差。
刘磊（2010）	采用教养方式量表和 AAT 量表对 300 多名流动儿童的教养行为和学习适应性进行问卷调查。	父母"情感与理解"与儿童的学习适应力呈正相关性；反之，父母对待孩子过分严厉或冷漠，越不利于其的适应能力提升。

续表

作者/年份	研究设计	研究结论
刘培军（2015）	该研究针对广西15所普通本科大学，采用分层随机抽样的方法抽取了3700名同学，访谈对象为学生、一线辅导员、科任教师。	受民主型教养的大学生学业适应水平显著高于受专制型和放任型教养的大学生。表明大学生所受的教养方式不同，学业适应性差异明显。
仲亚琴（2016）	采用了分层整群抽样的方式抽取某市2所综合性院校2014年秋季入学的新生，并于开学后3个月左右开展问卷调查与收集。	放任型的家庭教养方式对大一新生的学习适应有负向预测作用。放任型的新生，学习适应状况总体较差，对学习适应的不同维度，主要体现在学习态度较差。

2. 家庭社会经济地位与学业适应性的相关研究

从收集的文献来看，单独将家庭社会经济地位与学业适应性作相关研究的成果较少，通常都是将家庭社会经济地位、父母教养方式及其他资本共同融入于家庭环境与学业适应中做相关研究。Brian 和 Eleanor 对儿童行为与学习能力进行结合研究，认为父母收入变化与孩子外化表现和学习能力的变化具有相关性。[1] 刘培军在研究大学生学业适应性上，将父母的学历水平、家庭经济水平、父母职业声誉等方面分别与大学生学习适应性进行了差异性分析。结果发现，大学生学习适应性在其父母学历上差异性并不显著，而大学生学习适应性在家庭经济条件下差异性十分显著，具体表现为富裕、小康家庭的大学生，其学习适应性明显高于基本温饱家庭的大学生；并且，该群体的学习适应性在其父母职业上也有显著差异。[2] 段兴利用思辨范式分析影响大学新生入学适应问题时，认为家庭的影响是一个重要因素。在动态的家庭环境中，父母的受教育程度、家庭经济水平、家庭氛围等，对大学生尤其是大学新生的行为特征都产生着潜移默化的影响。具体而言，她认为来自城市抑或农村家庭经济条件较好的大学新生，在人际交往的信心程度及主动示好性都要明显高于来自农村经济条件较差的新生。[3]

---

[1] Brian, P., Eleanor, D., Brawn and Carroll, E. The Relations between Contextual Risk, Earned Income, and the School Adjustment of Children from Economically Disadvantaged Families[J]. Developmental Psychology, 2004, 40（2）: 204-216.

[2] 刘培军. 大学生学习适应性研究[D]. 上海：上海师范大学，2015：33-36.

[3] 段兴利，叶进，权丽华. 大学新生入学适应问题浅析[J]. 思想理论教育导刊，2008（4）：68-70.

基于以上综述，本章会增加家庭社会经济地位作为一个调节变量，进行大学生学业适应性的相关研究，在了解家庭经济地位、父母教养方式与大学生学业适应性之间的内部关系的基础上，探索合理的教育对策，有助于强化或削弱家庭社会经济地位带来的效应，有利于帮助大学生更好地适应学业生活，也可为合适的家庭教育和学校始业教育提供一定的指导。

三、研究设计与实施

（一）研究目的及假设

在充分查阅分析相关文献资料的基础上，对本研究提出以下假设：

假设 H1：大学生的学业适应性存在显著的人口统计学差异。

假设 H2：家庭教养方式存在显著的人口统计学差异。

假设 H3：家庭社会经济地位存在显著的人口统计学差异。

假设 H4：家庭教养方式与大学生学业适应性显著相关。

假设 H5：家庭社会经济地位与大学生学业适应性显著相关。

假设 H6：家庭教养方式、SES 对大学生学业适应有显著的预测作用。

假设 H7：家庭社会经济地位在家庭教养方式与大学生学业适应之间有显著调节作用。

（二）研究工具的开发

1. 研究样本限定

本研究所选取的调查对象主要是 2017 级在校大一学生，院校分为双一流高校、省属重点高校、地方或应用类本科、高职高专院校。并且将性别、户籍、是否为独生子女一并纳入限定范围作为人口学变量。问卷发放范围按照东中西部划分为浙江、安徽、湖北、山东、内蒙古等地，并按照比例进行网络随机抽样调查。

2. 研究变量限定

（1）自变量限定

由于本研究是父母教养方式对大学生学生适应的影响，因此自变量为父母教养方式。对父母教养方式的测量主要有三种：

一是 Schaefer 及其项目团队在1959年开发的父母行为评价表（Children's Report of Parental Behavior Inventory，CRPBI），其量表对象不是直接针对父母，而是面向其子女对父母的客观行为陈述进行测量。主要包括了"接受—否定""心理民主—心理操控""严苛—放任"三个维度。①

二是瑞典大学 C.Perris 研究团队在 Schaefer 学者的量表基础上，重新编制了 EMBU 问卷，目的是为了测量父亲与母亲的教养态度与行为。这份量表主要测量了父母15种教养行为，并从中提炼了4个主成分，即约制、行为取向及归因行为，情感善意、鼓舞行为—冷漠和拒绝行为，溺爱被毁者，极度控制与保护。②由于中西方文化差异，我国学者岳冬梅及其团队基于该量表修订了 EMBU 中文版，更适合于国内的测量，该量表涉及父亲58个因子，母亲57个因子。③

三是 Parker、Tupling 与 Brown 在1979年编制的 PBI 问卷。其量表主要由关心构面、冷漠构面、控制构面及民主构面组成。④该量表在近40年的时间被国内外研究者广泛使用，成为了测量父母教养行为及方式的重要工具，具有良好的推广价值。在2009年，为了检测出何种模型相对最优化，学者蒋奖、许燕在国内施测后进行了信度及效度检验，分析结果表明，PBI 的四构面模型比较令人满意，修订后四个构面模型的版本内部一致性信度都在0.74~0.85之间。⑤

（2）因变量限定

本研究的因变量为大学生的学业适应性，国外对大学生的学业适应性的测评研究起始于20世纪90年代。但是，起初仅仅把学业适应维度囊括在大学生整体学校适应中，并没有独立成个体变量。Pascarella 研究团队编制了 ITS 适应性

---

① Schaefer, E. S. A circumflex model for maternal behavior [J].The Journal of Abnormal and Social Psychology, 1959, 59 (2), 226.

② 李悦. 家庭教养方式与学业成绩的关系：心理素质、学业行为的中介作用 [D]. 重庆：西南大学，2016：10-11.

③ 岳冬梅, 李鸣杲, 金魁和, 丁宝坤. 父母教养方式：EMBU 的初步修订及其在神经症患者中的应用 [J]. 中国心理卫生杂志，1993（3）：97-101+143.

④ Parker G, Tupling H, Brown LB. A Parental bonding instrument [J]. British Journal of Medical Psychology, 1979 (52): 1-10.

⑤ 蒋奖, 许燕, 蒋菁, 于生凯, 郑芳芳. 父母教养方式问卷（PBI）的信效度研究 [J]. 心理科学，2009，32（1）：193-196.

问卷,从学习目标、学习行为、学习效果多维度对大学生进行综合测评。[①]Zitow 则编制了 CARS 适应性水平问卷,目的是考察大学生是否具备生活抗压能力。[②] 而 Baker 和 Siryk 编制的 SACQ 适应性问卷,从学业适应、社会适应、情绪适应等多构面进行了测评。[③] 由于该问卷具有良好的信度及效度,随着时间的推移,被证明具有良好的时间跨度性,成为了国外使用最为广泛的大学生适应(包含学业适应)问卷之一。但是,大部分的这类测量工具不仅仅局限于大学生的学业适应性问题。为此,Simon 研究团队率先编制了 TRAC 问卷,即大学生反应与适应性问卷,该量表是针对新晋大学生的学业适应量身打造,且该量表将变量划分为信念价值、情感价值和行为方式三个构面。

由于我国的特殊国情,国内高校的育人模式、学生的学习思维方式与国外大学大相径庭,所以国外这些工具都未能较好地被国内学者利用,即使将这些测评工具大量引入,也存在跨文化的隔阂,导致其信度和效度存在明显问题。因此,在 2000 年以后国内学者借鉴国外量表经验,也逐步探索出富有中国特色的大学生学业适应性测验量表。冯廷勇学者及其团队率先在 2002 年采用实证调查法研究出了国内大学生学业适应的主要构面,主要包括学习动机、学习能力、学习环境、学习态度及教学方式。[④] 在 2006 年,冯廷勇再次对大学生进行施测,此次施测对象具体到了不同类型的院校,施测效果良好并顺利开发成了国内首套"大学生学习适应性问卷量表"。此后,刘培军[⑤]、李文琦[⑥]等人在此量表的基础上对其进行了修订并逐步加以完善。

(3)调节变量限定

Veenstra 学者在测量家庭社会经济地位时,将用家庭资产及父母受教育程度作为衡量指标,考察了家庭社会资本对整体健康状况的影响程度。[⑦] 心理学家

[①] Pascarella, E .College Environmental Influences on Learning and Cognitive Development: A Critical Review and Synthesis [J] .Higher Education: Handbook of theory and research, 1985, 1: 1–66.

[②] Zitow D .The College Adjustment to College [J].Journal of College Student Personnel, 1984, 25: 160–164.

[③] Baker, R. W., Siryk, B. Measuring adjustment to college [J]. Journal of Counseling Psychology, 1984(31): 179–189.

[④] 冯廷勇.李红.当代大学生学习适应的初步研究 [J]. 心理学探新, 2002, 22 (1): 44–48.

[⑤] 刘培军.大学生学习适应性研究 [D]. 上海: 上海师范大学, 2015: 89–90.

[⑥] 李文琦.大学一年级学生学习适应性研究 [D]. 南京: 南京师范大学, 2016: 55–57.

[⑦] Veenstra, G., Social capital, SES and Health: an Individual Analysis [J]. Social Science & Medicine, 2000 (50): 619–629.

Piko 和 Kevin 则用父母的职业地位和受教育水平来衡量 SES。[1]Elley 和 Irving 起先在衡量社会经济指数时,主要将职业地位作为衡量标准,并将其划分六个等级,后来又将父母受教育水平和收入也纳入其中,成为综合 SES 水平。[2]纵观国内,相关研究把"家庭社会经济地位"亦称之为"家庭背景""家庭地位""家庭资本"。总之,大多学者对家庭 SES 的衡量指标争议较小,且较为客观。

3. 研究工具设计

本研究需要测量大学生学业适应性状况,主要是和家庭教养方式及家庭社会经济地位之间的关系。首先,大学生学业适应性量表必不可少;其次,家庭教养方式量表及家庭社会经济地位量表也是必要的,加上常规的人口统计学变量,主要包括四个部分。

第一部分:人口统计学变量,主要包括了被试者的性别、户籍、是否为独生子女、家庭是否离异、是否有留守经历、学校类型及专业等问题。

第二部分:父母教养方式量表,主要采用 Parker、Tupling 与 Brown 等人编制的 Parental Bonding Instrument 问卷,简称(PBI),从关怀维度、冷漠维度、控制维度、民主维度四个方面进行测量。

第三部分:大学生学业适应性量表,主要采用刘培军的《大学生学习适应性量表》进行测量,主要包括学习动机与态度、学习方法与能力、自我认知与心理、学校教学与管理及学校环境与社交五个维度。

第四部分:家庭社会经济地位量表,笔者主要基于家庭文化水平、父母职业及家庭收入三个指标来进行测量。

(三)实施方法与步骤

第一阶段,明确本研究的调查目的、对象及方式,并完成关于"大学生学业适应性测量及家庭影响因素研究"的调研问卷初稿设计。

第二阶段为预调查阶段。通过线上发放调研问卷的形式,试测了120个样本,并联系了15位大学生,通过线下交流形式,结合反馈意见及调查数据进一步完善调研问卷。经过修改部分问题的排序,整合相关度较高的题目,完成问

---

[1] Piko, B. and Kevin, M., Does Class Matter. SES and Psychosocial Health among Hungarian Adolescents [J]. Social Science & Medicine, 2001 (53): 817–830.

[2] Elley, W.B., Irving, J.C.A Socio-economic Index for New Zealand Based on Levels of Education and Income from the 1966 Census[J]. New Zealand Journal of Educational Studies, 1972, 2(2): 153–157.

卷修订。

第三阶段，形成正式问卷并进行大规模施测。从2018年6月份至7月份，经过两个月的时间进行线上收集，共计获得2217份调研问卷，对无效问卷进行剔除后，最终得到有效问卷1856份，有效回收率达83.75%。

第四阶段为数据分析阶段，通过LISERL 8.80软件对相关量表进行结构效度分析，并通过SPSS 19.0统计软件对回收的问卷进行系统分析。

（四）数据管理与分析

1. 信度分析

本调研问卷的信度检验抽取结果见表4-3。对问卷进行信度分析结果表明，在父母教养方式量表中，各项维度的信度系数均大于0.8，且问卷量表整体信度为0.757；在大学生学业适应性量表中，各项维度信度系数均大于0.7，且问卷量表整体系数为0.882，这说明两份量表具有良好的信度。

表4-3　量表信度检验表

量表	分量表	项目数	Cronbach's Alpha 系数	
父母教养方式量表	关怀维度	10	0.846	0.757
	冷漠维度	10	0.855	
	控制维度	10	0.804	
	民主维度	10	0.888	
大学生学业适应性量表	学习动机与态度	5	0.750	0.882
	学习方法与能力	5	0.728	
	自我认知与心理	5	0.765	
	学校教学与管理	5	0.744	
	学校环境与社交	6	0.743	

2. 效度分析

效度指一个测验或量表实际能测出其所要测的特质的程度值。本研究主要从内容效度、验证性结构效度两个方面进行了效度检验。

在内容效度方面，一方面本研究的量表主要参考Parker等人的PBI家庭教养方式量表及刘培军的"大学生学习适应性量表"，其本身具有一个良好的效度，对量表题量进行适当删减后，进行预调查，结合调查数据和被调查者及专家的反馈意见,及时修订和完善了调查问卷。在正式调查过程中极少出现被调查者对问卷题目产生歧义的情况。因此得出结论,本调研问卷的内容效度较高。

在验证性效度方面,对相关量表建立了因子关系矩阵,然后建立了结构方程模型,分析量表的结构效度。

(1)父母教养方式量表验证性因子分析

将父母教养方式各自量表的20×20双变量相关矩阵导入LISREL 8.80软件,建立结构方程模型,分析父母教养方式模型拟合度。

父母教养方式模型的拟合优度报告如表4-4所示。根据模型的拟合优度来看,一般认为当RMSEA<0.08,NFI、NNFI及CFI>0.9,RMR<0.05时,模型效度良好。[①]自由度(df)和卡方(x^2)的单一数值很难说明其模型的好坏,但对比多个模型是有用的。总体来说,父母教养方式模型是可以被接受的。

表4-4 父亲教养方式模型的拟合度报告

维度及参数标准	df	χ^2	χ^2/df < 2.00	RMSEA < 0.08	NFI > 0.9	NNFI > 0.9	CFI > 0.9	RMR < 0.08
父亲教养方式	264	453.98	1.72	0.065	0.91	0.94	0.96	0.077
母亲教养方式	264	393.75	1.87	0.061	0.92	0.93	0.94	0.076

(2)大学生学业适应性量表验证性因子分析

将大学生学业适应性量表的26×26双变量相关矩阵导入LISREL 8.80软件,建立结构方程模型,分析学业适应性模型拟合度。如表4-5所示,各项指标均达到了精准拟合要求,综合考虑,该部分量表具有很好的结构效度。

表4-5 学业适应性模型的拟合度报告

维度及参数标准	df	χ^2	χ^2/df < 2.00	RMSEA < 0.08	NFI > 0.9	NNFI > 0.9	CFI > 0.9	RMR < 0.08
学业适应性	289	481.21	1.66	0.070	0.90	0.91	0.93	0.078

[①] 侯杰泰,温忠麟,成子娟,等.结构方程模型及其应用[M].北京:教育科学出版社,2004:12.

四、研究结果与分析

（一）样本特征及差异性分析

1. 人口统计学主要特征

样本基本信息如下表4-6所示，调查对象选择的是东北、东南、中部、西北等地高校的2017级新生，调研期间，他们处正于大学一年级下学期，对大学整体学习环境和自己的适应状态已有了较为清晰的认识与反思。

在"生源地""是否为独生子女"上的样本分布较为均匀，不存在较大偏差，故有利于后期的数据分析。由于采用线上调研，且通过学脉散播时，大多局限在师范类院校，所以导致"性别""就读高校"及"就读专业"的样本分布不均匀，但其都属于具体客观事实，不影响后期分析。此外，"父母是否离异""是否有留守经历"的样本分布属于正常样本频数差异范围。

表4-6 样本基本信息（N=1856）

分类项	条目	频数（人）	百分比
性别	男	517	23.9
	女	1339	72.1
生源地	（欠发达）农村	790	42.6
	（发达）农村	366	19.7
	城市	700	37.7
是否为独生子女	是	897	48.3
	否	959	51.7
父母是否离异	是	168	9.1
	否	1688	90.9
是否有留守经历	是	366	19.7
	否	1490	80.3
就读高校	双一流大学	191	10.3
	省属重点院校	709	38.2
	地方或应用类本科	762	41.1
	高职高专	194	10.5

续表

分类项	条目	频数（人）	百分比
就读专业	人文社科类	1244	67.0
	理工农医类	612	33.2

2. 大学生学业适应性的主要特征及差异性

（1）大学生学业适应性的主要特征

在大学生学业适应性现状这一模块中，共设置了五个维度，共计26道题目。本研究的"学业适应性量表"采用的是李克特（Likert）5点计分的方式，即"完全不符合"计1分，"较为不符合"计2分，"不确定"计3分，"较符合"计4分，"完全符合"计5分，因此大学生学业适应性的五个维度每个题目理论上的中值为3分。

如表4-7、表4-8所示：大学生学业适应性各维度均值都大于3.0，且学业适应性的总得分为3.2。各维度均值从高到低排序分别是"学校环境与社交""学校教学与管理""学习方法和能力""学习动机与态度""自我认知与心理"。总体学业不适应学生占比26.6%，最容易使大学生感到不适的两个因素是"学习动机与态度"（32.8%）及"自我认知与心理"（33.6%）。

表4-7　大学生学业适应性的描述性统计

	样本量（N）	均值（M）	标准差（SD）
学习动机与态度	1856	3.0459	0.7021
学习方法和能力	1856	3.2324	0.6972
自我认知与心理	1856	3.0138	0.7098
学校教学与管理	1856	3.3085	0.6112
学校环境与社交	1856	3.4388	0.5884
学业适应性	1856	3.2079	0.5342

表4-8　大学生学业适应性各维度占比统计（单位：人）

	完全不适应	比较不适应	适应	比较适应	完全适应
学习动机与态度	148（7.9%）	462(24.9%)	582(31.4%)	486(26.1%)	178（9.5%）
学习方法与能力	96（5.2%）	339(18.2%)	629(33.9%)	623(33.6%)	169（9.1%）

续表

自我认知与心理	156（8.4%）	469(25.2%)	593(32.0%)	471(25.4%)	167（9.0%）
学校教学与管理	98（5.3%）	315(17.0%)	612(33.0%)	576(31.0%)	255(13.7%)
学校环境与社交	97（5.2%）	286(15.4%)	522(28.2%)	606(32.7%)	345(18.5%)
学业适应性	119（6.4%）	375(20.2%)	588(31.7%)	552(29.8%)	222(12.0%)

（2）大学生学业适应性各维度在生源地上的差异

单因素方差分析结果表示不同生源地的大学生，其在学业适应性总得分及各维度上具有显著差异。由于数据符合方差齐性假定，使用LSD法进行事后检验，如表4-9所示：从整体上看，不同生源地的大学生在学业适应性维度上存在显著差异，且城市生源的大学生比农村大学生学业适应性强。

表4-9　大学生学业适应性各维度在生源地上的差异[①]

	农村¹（790）	农村²（366）	城市（700）	F	P
学习动机与态度	2.99ᵃ ± 0.69	3.00ᵃ ± 0.68	3.12ᵇ ± 0.72	6.348**	0.002
学习方法和能力	3.16ᵃ ± 0.66	3.26ᵇ ± 0.71	3.29ᵇ ± 0.72	6.772**	0.001
自我认知与心理	2.94ᵃ ± 0.69	3.07ᵇ ± 0.69	3.05ᵇ ± 0.73	6.006**	0.003
学校教学与管理	3.27ᵃ ± 0.58	3.32ᵃ ± 0.63	3.34ᵇ ± 0.62	2.172*	0.048
学校环境与社交	3.37ᵃ ± 0.56	3.45ᵇ+0.58	3.50ᶜ ± 0.61	8.713***	0.000
学业适应性	3.15ᵃ ± 0.51	3.22ᵇ ± 0.52	3.26ᶜ ± 0.53	7.994***	0.000

注：***$p < 0.001$；**$p < 0.01$；*$p < 0.05$。

从不同经济程度的农村层面上看，经济发达农村生源的大学生比经济不发达农村生源的大学生，在"学习方法和能力""自我认知与心理""学习环境与社交"及整体学业适应性存在较大差异。对于农村生源大学生来说，由于家庭中获取的经济支持与心理辅导较为匮乏，与城市生源的大学生相比，农村大学生的家庭经济条件及受教育基础都会劣于城市大学生，他们更容易面临教学、学习及人际等方面的适应性问题。[②]

（3）大学生学业适应性各维度在就读高校上的差异

---

① 农村1指经济欠发达农村，农村2指经济发达农村．a、b、c是多重比较的结果：字母相同，说明没发现平均分存在显著差异；字母不同，说明存在显著差异；平均分高低排列为a＜b＜c。
② 潘迎．高校农村生源学生的入学适应性问题及其对策研究[J]．中国成人教育，2017（9）：85-87．

研究使用单因素方差分析法对不同高校大学生的学业适应性进行了差异性检验。数据的方差齐性检验显示p值均大于0.05，即组间方差齐性。

单因素方差分析结果表示不同高校的大学生，其在各维度上具有显著差异。由于数据符合方差齐性假定，使用LSD法进行事后检验，如表4-10所示：从整体上看，不同高校的大学生在学业适应性维度上存在显著差异，且双一流高校、省属重点高校、地方及应用高校、高职高专的大学生学业适应性得分依次递减。

表4-10　大学生学业适应性各维度在就读高校上的差异 ①

	双一流（191）	省属重点（709）	地方应用（762）	高职高专（194）	F	P
学习动机与态度	3.16^a±0.74	3.13^a±0.69	2.98^b±0.67	2.90^c±0.77	10.189***	0.000
学习方法和能力	3.30^a±0.67	3.28^a±0.69	3.21^b±0.71	3.15^c±0.70	5.928**	0.001
自我认知与心理	3.06^a±0.76	3.05^a±0.70	2.96^c±0.70	3.03^b±0.70	2.771*	0.046
学校教学与管理	3.37^a±0.63	3.34^a±0.61	3.27^b±0.60	3.31^b±0.60	2.564*	0.049
学校环境与社交	3.53^a±0.62	3.46^b±0.59	3.40^c±0.56	3.36^d±0.60	3.912**	0.008
学业适应性	3.29^a±0.58	3.25^b±0.53	3.17^c±0.51	3.14^d±0.53	5.595**	0.001

注：$^{***}p<0.001$；$^{**}p<0.01$；$^*p<0.05$。

（4）大学生学业适应性各维度在就读专业上的差异

表4-11　大学生学业适应性各维度在就读专业上的差异

	专业	样本量	均值（M）	标准差（SD）	T	P
学习动机与态度	人文社科类	1244	3.0535	0.6774	0.645	0.519
	理工农医类	612	3.0304	0.7502		
学习方法和能力	人文社科类	1244	3.2461	0.6811	1.207	0.228
	理工农医类	612	3.2046	0.7299		
自我认知与心理	人文社科类	1244	3.0428	0.6856	2.431*	0.015
	理工农医类	612	2.9549	0.7539		
学校教学与管理	人文社科类	1244	3.3273	0.5932	1.839	0.066
	理工农医类	612	3.2703	0.6449		

---

① a、b、c、d是多重比较的结果，对比方法与表4-9一致，平均分高低排列为a＞b＞c＞d。

续表

	专业	样本量	均值（M）	标准差（SD）	T	P
学校环境与社交	人文社科类	1244	3.4385	0.5738	−0.036	0.972
	理工农医类	612	3.4395	0.6176		
学业适应性	人文社科类	1244	3.2217	0.5115	1.582	0.114
	理工农医类	612	3.1799	0.5770		

注：***p＜0.001；**p＜0.01；*p＜0.05。

从表4-11中可以看出，在"学校环境与社交"方面，理工农医类的比人文社科类的适应性要强，而在其余维度的适应性得分上，人文社科类高于理工农医类。对其进行独立样本T检验：人文社科类与理工农医类的大学生只有在"自我认知与心理"层面有显著差异性。由于学科自身特点，能够反映出大学生不同层面的思维方式，"自我认知与心理"相较于其他维度反映的是内驱因素，因此学科专业维度对该方面的影响较大。其他学者也在调查中得出了相同的结论。[1]

另外，由于大学生学业适应性各维度在性别、是否独生、是否有留守经历层面虽有一定差异，但没有显著性，即无统计学意义。

3. 父母教养方式的主要特征及差异性

（1）大学生父母教养方式的主要特征

在父母教养方式现状这一模块中，如表4-12所示：对大学生父母教养方式进行描述性统计，可以发现4个因子中民主维度及关怀维度因子得分均比较高，冷漠维度和控制维度得分较低。

表4-12　大学生父母教养方式的描述性统计

	样本量（N）	均值（M）	标准差（SD）
关怀维度	1856	2.8838	0.5385
冷漠维度	1856	2.0046	0.5657
控制维度	1856	1.9085	0.4857
民主维度	1856	3.2153	0.5564

---

[1] 冯廷勇，刘雁飞，等. 当代大学生学习适应性研究进展与教育对策[J]. 西南大学学报（社会科学版），2010（2）：135.

（2）大学生父母教养方式各维度在父母上的差异

对父母教养方式的原始数据进行配对样本T检验，可了解两者在教养方式上的差异，如表4-13显示：父亲与母亲在各维度上均存在显著差异，具体表现为母亲在关怀维度与控制维度的得分明显高于父亲。父亲在冷漠维度及民主维度上的得分明显高于母亲。这结论显然与"虎父无犬子""儿行千里母担心"之类的传统观念不谋而合。在中国，母亲在抚养子女过程中给予了更多情感的温暖、支持和保护。[①]而父亲在整个家庭中更多扮演着严厉或民主信任的角色，使得整个家庭氛围维持一定的平衡，他们会给予孩子更多学业要求或者自由发挥的学业空间。

表4-13 大学生父母教养方式各维度在父母上的差异

	父亲（M±SD）	母亲（M±SD）	T	P
关怀维度	2.78±0.62	2.98±0.55	−17.740***	0.000
冷漠维度	2.08±0.63	1.92±0.58	14.997***	0.000
控制维度	1.82±0.53	1.99±0.51	−17.847***	0.000
民主维度	3.24±0.60	3.18±0.57	6.882***	0.000

注：***$p<0.001$；**$p<0.01$；*$p<0.05$。

（3）大学生父母教养方式各维度在性别上的差异

如表4-14所示，在关怀维度及民主维度上，其因子得分女生高于男生，而在冷漠维度及控制维度上，男生高于女生。对其进行独立样本T检验，发现在父母冷漠维度方面，男生高于女生且差异性显著，在母亲关怀维度方面，男生低于女生。说明冷漠拒绝型的父母在对待子女上有所差异，父母会对男孩更加放任；关怀维度型的母亲在对待子女上有所差异，母亲会对女孩更加关心。

表4-14 大学生父母教养方式各维度在性别上的差异

	男（517）（M±SD）	女（1339）（M±SD）	T	P
F关怀维度	2.75±0.61	2.79±0.62	−1.381	0.168

[①] 蒋奖，鲁峥嵘.简式父母教养方式问卷中文版的初步修订[J].心理发展与教育，2010（1）：95-97.

续表

M 关怀维度	2.89 ± 0.56	3.01 ± 0.55	−4.180***	0.000
F 冷漠维度	2.16 ± 0.64	2.05 ± 0.63	3.408**	0.001
M 冷漠维度	2.04 ± 0.58	1.87 ± 0.57	5.379**	0.001
F 控制维度	1.84 ± 0.60	1.81 ± 0.49	0.758	0.449
M 控制维度	2.03 ± 0.57	1.97 ± 0.49	1.936	0.053
F 民主维度	3.23 ± 0.64	3.25 ± 0.58	−0.694	0.488
M 民主维度	3.15 ± 0.63	3.19 ± 0.55	−1.225	0.221

注：***$p < 0.001$；**$p < 0.01$；*$p < 0.05$。

（4）大学生父母教养方式各维度在生源地上的差异

数据的方差齐性检验显示 p 值均大于 0.05，即组间方差齐性。方差分析结果表示不同生源地的大学生，其父母在关怀维度、冷漠维度、民主维度上具有显著差异。由于数据符合方差齐性假定，使用 LSD 法进行事后检验，如表 4-15 所示：从整体上看，城市籍大学生其父母关怀维度教养方式及民主维度教养方式得分比农村籍大学生高，而父母冷漠维度教养方式的得分比农村籍的大学生要低。说明了城市生源的大学生，他们的父母较多的在用关心、民主的教养方式，农村生源的大学生，他们的父母更倾向于用冷漠拒绝的教养方式。

表 4-15　大学生父母教养方式各维度在生源地上的差异①

	农村¹（790）	农村²（366）	城市（700）	F	P
F 关怀维度	2.72ᵃ ± 0.61	2.78ᵃ ± 0.59	2.85ᵇ ± 0.63	8.438***	0.000
M 关怀维度	2.89ᵃ ± 0.56	2.98ᵇ ± 0.53	3.08ᶜ ± 0.55	19.339***	0.000
F 冷漠维度	2.15ᵃ ± 0.62	2.11ᵃ ± 0.62	1.99ᵇ ± 0.65	12.212***	0.000
M 冷漠维度	2.02ᵃ ± 0.60	1.93ᵇ ± 0.55	1.81ᶜ ± 0.55	24.566***	0.000
F 控制维度	1.83ᵃ ± 0.51	1.82ᵃ ± 0.55	1.81ᵃ ± 0.53	0.195	0.823
M 控制维度	1.97ᵃ ± 0.50	1.99ᵃ ± 0.52	2.00ᵃ ± 0.53	0.432	0.649
F 民主维度	3.21ᵃ ± 0.59	3.21ᵃ ± 0.61	3.30ᵇ ± 0.60	5.035**	0.007
M 民主维度	3.14ᵃ ± 0.58	3.16ᵃ ± 0.55	3.24ᵇ ± 0.57	6.070**	0.002

注：***$p < 0.001$；**$p < 0.01$；*$p < 0.05$。

---

① 农村¹指经济欠发达农村，农村²指经济发达农村。a、b、c 是多重比较的结果：对比方法与表 4-9 一致，平均分高低排列为 a < b < c。

在经济发达与不发达农村生源的大学生之间，他们的母亲在关怀维度及冷漠维度的得分也有所差异。经济发达农村生源的大学生的母亲更倾向用关心的方式去教养，而经济不发达农村生源的大学生的母亲更倾向用冷漠的方式去教养。

（5）大学生父母教养方式各维度在是否为独生子女上的差异

通过独立样本T检验，结果如表4-16所示：父母关怀维度、父母冷漠维度及母亲控制维度上的因子差异性显著。是否为独生子女影响了父母照料子女时的精力分配及关爱程度。[①] 相较于非独生子女而言，关怀维度及控制维度型的父母更容易集中精力关爱甚至过度关爱独生子女，而冷漠维度型的父母，他们会对非独生子女更加冷漠，缺乏关心。控制维度型的母亲，相较非独生子女而言，对独生子女会会产生更多的溺爱，甚至试图控制他们的生活。

表4-16 大学生父母教养方式各维度在是否为独生子女上的差异

	是独生（897）(M±SD)	非独生（959）(M±SD)	T	P
F关怀维度	2.82 ± 0.62	2.74 ± 0.61	3.006**	0.003
M关怀维度	3.03 ± 0.57	2.93 ± 0.54	3.958***	0.000
F冷漠维度	2.03 ± 0.65	2.13 ± 0.62	−3.337**	0.001
M冷漠维度	1.85 ± 0.58	1.98 ± 0.57	−4.968**	0.001
F控制维度	1.84 ± 0.54	1.81 ± 0.51	1.318	0.188
M控制维度	2.02 ± 0.54	1.95 ± 0.49	2.969**	0.003
F民主维度	3.26 ± 0.61	3.22 ± 0.59	1.299	0.194
M民主维度	3.19 ± 0.59	3.17 ± 0.56	0.845	0.398

注：***$p<0.001$；**$p<0.01$；*$p<0.05$。

4. 家庭社会经济地位的主要特征及差异性

本研究在参考国内外统计学和社会学专家提出的指标基础上，将各因子维度赋值，再将得分标准化，采用因子分析法[②]加权得出家庭社会经济地位量化数值。如表4-17所示：对父母文化程度、职业地位、总经济月收入进行因子分析，获取家庭SES的综合指标。结果得到一个特征根大于1的主因子，其解释了64.56%

[①] 李悦.家庭教养方式与学业成绩的关系：心理素质、学业行为的中介作用[D].重庆：西南大学，2016：22.

[②] 任春荣.学生家庭社会经济地位（SES）的测量技术[J].教育学报，2010（10）：77-81.

的方差。据此，因子符合矩阵仅呈现主因子1的系数。最终获得公式如下：

SES=（0.78×父母文化程度+0.87×父母职业+0.76×父母总月收入）/0.65

表4-17 家庭社会经济地位描述统计

	均值（M）	标准差（SD）	极小值	极大值
父母文化程度	1.6067	0.7240	1.00	4.00
父母职业	2.6048	0.7447	1.00	5.00
父母总月收入	2.0313	0.9624	1.00	5.00
SES	7.7894	2.4026	3.71	17.34

单因素方差分析结果表示不同生源地的大学生，其在家庭社会经济地位上具有显著差异。由于数据符合方差齐性假定，使用LSD法进行事后检验，如表4-18所示：从整体上看，大学生家庭社会经济地位在生源地上存在显著差异，其中城市生源大学生显著高于农村生源大学生，在家庭社会经济地位的分维度上也有所体现；经济发达农村生源的大学生与经济不发达农村生源的大学生，其家庭社会经济地位也存在显著差异，生活在经济发达农村的大学生其家庭社会经济地位得分显著高于经济不发达农村的大学生。

表4-18 家庭社会经济地位各维度在生源地上的差异[①]

	农村¹（790）	农村²（366）	城市（700）	F	P
父母文化程度	$1.24^a \pm 0.43$	$1.41^b \pm 0.53$	$2.12^c \pm 0.76$	430.298***	0.000
父母职业	$2.24^a \pm 0.57$	$2.27^b \pm 0.59$	$3.00^c \pm 0.77$	246.153***	0.000
父母总月收入	$1.65^a \pm 0.77$	$2.27^b \pm 0.96$	$2.34^b \pm 0.99$	123.199***	0.000
SES	$6.42^a \pm 1.61$	$7.86^b \pm 1.86$	$9.30^c \pm 2.47$	376.679***	0.000

注：***$p<0.001$；**$p<0.01$；*$p<0.05$。

（二）阶层要素与学业适应的相关分析

1. 父母教养方式与学业适应性的相关性分析

（1）父亲教养方式与学业适应性的相关性分析

在考察父亲教养方式与学业适应性之间的相关性时，由于两个变量都为连

[①] 农村1指经济欠发达农村，农村2指经济发达农村.a、b、c是多重比较的结果：对比方法与表4-13一致，平均分高低排列为a＜b＜c。

续变量，研究采用 Pearson 系数表达其相关性及相关强度。结果如表4-19所示。

父亲教养方式各维度与学业适应性总分的 Pearson 相关系数分别为 r（1856）0.324、-0.260、-0.154、0.211，且 p 都＜0.01。根据相关系数的一般系数，即系数低于0.2或0.3表示低相关，系数为0.3~0.6表示中相关，系数为0.6~0.8表示强相关，[1] 父亲关怀维度与学业适应性具有显著正向中度相关性，父亲冷漠维度及控制维度与学业适应性具有显著负向低度相关性，父亲民主维度与学业适应性具有显著正向低度相关性。依据柯亨经验法则，r 值之小、中、大效应量分别在 ±0.10、±0.30、±0.50，[2] 故父亲冷漠维度及民主维度与学业适应性的相关性也接近中度效应量。

表 4-19　父亲教养方式与大学生学业适应性的相关性

	F 关怀维度	F 冷漠维度	F 控制维度	F 民主维度
学习动机与态度	0.234**	-0.165**	-0.049*	0.127**
学习方法与能力	0.303**	-0.205**	-0.111**	0.182**
自我认知与心理	0.240**	-0.199**	-0.076**	0.113**
学校教学与管理	0.266**	-0.215**	-0.157**	0.198**
学校环境与社交	0.265**	-0.279**	-0.253**	0.247**
学业适应性	0.324**	-0.260**	-0.154**	0.211**

注：** 在0.01水平（双侧）上显著相关，* 在0.05水平（双侧）上显著相关。

数据还显示，父亲关怀维度中与学业适应性中的"学习方法与能力"具有显著正向中度相关性，r 值为0.303（p＜0.01）；父亲冷漠维度及父亲控制维度与学业适应性中的"学校环境与社交"的负相关系数最高，r 值分别为 -0.279、-0.253（p＜0.01），且此相关性也接近中度的效应量；父亲民主维度与学业适应性中的"学校环境与社交"的正相关系数最高0.247（p＜0.01），且此相关性也接近中度的效应量。该数据也说明了，父亲教养方式越倾向于关心、民主，其孩子的学业适应性就越强；而父亲教养方式越倾向于冷漠、过度保护，其孩子的学业适应性就越弱；并且父亲教养在大学生的"学习方法与能力"适应及"学校环境与社交"适应的影响较大。

---

[1] 彼得·M. 纳迪. 如何解读统计图表：研究报告阅读指南[M]. 汪顺玉, 等, 译. 重庆：重庆大学出版社, 2009. 67.

[2] 陈正昌. SPSS与统计分析[M]. 北京：教育科学出版社, 2015：412.

（2）母亲教养方式与学业适应性的相关性分析

同样采用Pearson系数表达其相关性及相关强度，统计结果如表4-20所示。

表4-20 母亲教养方式与大学生学业适应性的相关性

	M关怀维度	M冷漠维度	M控制维度	M民主维度
学习动机与态度	0.237**	-0.169**	-0.067**	0.138**
学习方法与能力	0.314**	-0.200**	-0.137**	0.198**
自我认知与心理	0.237**	-0.185**	0.122**	0.133**
学校教学与管理	0.237**	-0.185**	-0.122**	0.133**
学校环境与社交	0.273**	-0.227**	-0.174**	0.189**
学业适应性	0.297**	-0.309**	-0.254**	0.255**

注：** 在0.01水平（双侧）上显著相关，* 在0.05水平（双侧）上显著相关。

在整体上，母亲教养方式与父亲教养方式如出一辙，母亲关怀维度及民主维度与学业适应性呈正相关，母亲控制维度及冷漠维度与学业适应性呈负相关。进一步分析发现，母亲关怀维度及民主维度与学业适应性具有显著正向低度相关性（r=0.297，r=0.255），此相关性接近中度的效应量；母亲冷漠维度与学业适应性具有显著负向中度相关性（r=-0.309），母亲控制维度与学业适应性具有显著负向低度相关性（r=-0.254），此相关性接近中度的效应量。

母亲关怀维度中与学业适应性中的"学习方法与能力"具有显著正向中度相关性，r值为0.314（p＜0.01）；母亲冷漠维度及母亲控制维度与学业适应性中的"学校环境与社交"的负相关系数最高，r值分别为-0.227、-0.174（p＜0.01），母亲民主维度与"学校环境与社交"的正相关系数最高0.189（p＜0.01）。该数据同样表明，母亲教养方式越倾向于关心、民主，其孩子的学业适应性就越强；而母亲教养方式越倾向于冷漠、过度保护，其孩子的学业适应性就越弱；且母亲教养在大学生的"学习方法与能力"适应及"学校环境与社交"适应的影响较大。

2. 家庭社会经济地位与学业适应性的相关性分析

此外，本研究对家庭社会经济地位的三个指标（父母文化程度、父母职业和家庭收入）与大学生学业适应的五个维度进行了相关性分析。结果如表4-21所示：家庭SES与大学生学业适应性呈显著正向低度相关性r=0.214（p＜0.01），其具体的三个指标与学业适应性也呈现显著正向低度相关性，其r值分别为

0.104，0.197，0186，而父母文化程度与"学校教学与管理"不具有显著相关性，父母总收入与"学习方法与能力""学校教学与管理"也不具有显著相关性。相较于父母教养方式而言，家庭社会经济地位与学业适应性的相关性系数不高，总体而言，家庭社会经济地位越高，能够对学业适应性产生一定积极影响，但并非能对学业适应各方面都产生较大影响。

表4-21　家庭社会经济地位与大学生学业适应性的相关性

	父母文化程度	父母职业	父母总收入	SES
学习动机与态度	0.123**	0.192**	0.166**	0.177**
学习方法与能力	0.183**	0.170**	0.040	0.081**
自我认知与心理	0.183**	0.188**	0.169**	0.100**
学校教学与管理	0.034	0.046*	0.039	0.049*
学校环境与社交	0.191**	0.195**	0.186**	0.113**
学业适应性	0.104**	0.197**	0.174*	0.214**

注：** 在0.01水平（双侧）上显著相关，* 在0.05水平（双侧）上显著相关。

（三）阶层要素对学业适应预测作用中的调节分析

1.SES在父亲教养方式对学业适应预测作用中的调节作用

本研究将父亲教养方式作为自变量，大学生学业适应性作为因变量，家庭社会经济地位作为调节变量，因前两者为连续变量，后者为有序类别变量，因此可采用层次回归分析方法进行调节作用分析。根据调节效应检验程序，首先将自变量、因变量及调节变量中心化，再将自变量（父亲教养方式四个维度）和调节变量（SES）放入第一层回归，然后将前两者及二者乘积（F教养维度×SES）放入第二层回归，考察家庭社会经济地位可能的调节作用。

结果发现，仅在父亲控制维度和父亲民主维度两个构面上出现了家庭SES在自变量和因变量之间的调节作用。如表4-22所示：家庭SES在父亲控制型、民主型教养方式与大学生学业适应性的关系之间发挥调节作用（$\beta_{F控制维度 \times SES}=-0.030$，$p<0.01$）、（$\beta_{F民主维度 \times SES}=0.024$，$p<0.01$）。

表 4-22 家庭 SES 在学业适应性与父亲教养维度之间的调节作用

因变量	自变量	ΔR^2	β	t
学业适应性	第一层	0.035		
	F 控制		−0.150	−6.507***
	SES		0.023	4.616***
	第二层	0.005		
	F 控制		−0.144	−6.266***
	SES		0.022	4.425***
	F 控制 ×SES		−0.030	−3.244**

因变量	自变量	ΔR^2	β	t
学业适应性	第一层	0.053		
	F 民主		0.179	8.878***
	SES		0.021	4.108***
	第二层	0.004		
	F 民主		0.180	8.942***
	SES		0.019	3.787***
	F 民主 ×SES		0.024	2.941**

注：***$p<0.001$；**$p<0.01$；*$p<0.05$.

本研究的关注点是家庭 SES 如何调节父亲教养方式对大学生学业适应性的影响，为此，采用了简单斜率法（simple slope analysis）对家庭 SES 进行分组。[①] 分析在不同家庭 SES 水平下父亲控制维度和父亲民主维度对大学生学业适应性的预测作用。

其回归方程如下：Y 代表学业适应性，M 代表家庭 SES，X_1 为父亲控制维度，X_2 为父亲民主维度。

$Y_1 = -(0.144+0.03M) \times X_1 + 0.022M - 0.002$

$Y_2 = (0.180+0.024M) \times X_2 + 0.019M - 0.003$

从图 4-1 与图 4-2 的简单效应检验结果可知，直线斜率衡量了控制型父亲教养方式或父亲民主型教养方式的变化与大学生学业适应性变化的关系。

---

① 简单斜率分析法是由 Aiken 和 West 所提出，即按照均值加减一个标准差对 SES 进行分组，高 SES 组 ≥ M+SD，低 SES 组 ≤ M-SD，其余为中 SES 组。

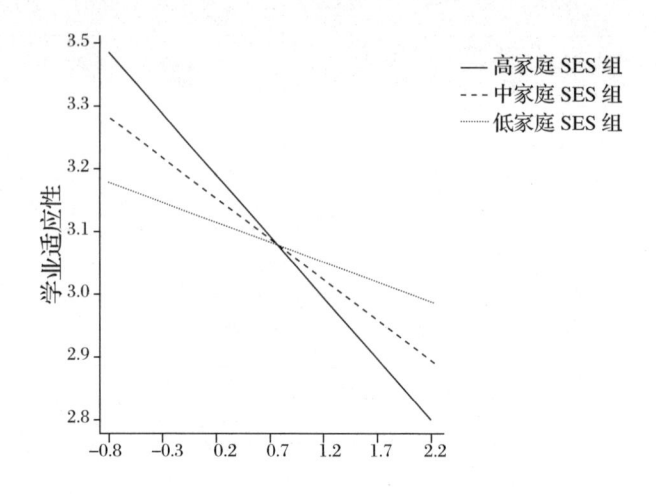

图 4-1 家庭 SES 在父亲控制维度对大学生学业适应性中的调节效应

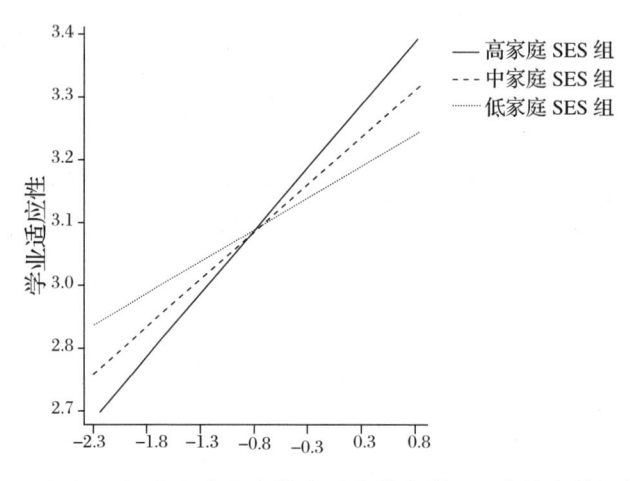

图 4-2 家庭 SES 在父亲民主维度对大学生学业适应性中的调节效应

父亲控制型角度：在 SES 水平较低时，随着父亲控制力的增加，大学生学业适应性下降幅度略微明显（Simple Slope$_{低}$=−0.07，t$_{低}$=−2.12*）；当 SES 水平为高组时，随着父亲控制力的增加，大学生学业适应性下降幅度非常显著（Simple Slope$_{高}$=−0.22，t$_{高}$=−7.01***）。说明相比低 SES 家庭，高 SES 家庭会增强父亲控制教养对大学生学业适应性的负向预测作用。

父亲民主型角度：在 SES 水平较低时，随着父亲民主力的增加，大学生学业适应性上升幅度较为明显（Simple Slope$_{低}$=0.12，t$_{低}$=4.32***）；当 SES 水平处在高组时，随着父亲民主力的增加，大学生学业适应性上升幅度非常显著（Simple Slope$_{高}$=0.23，t$_{高}$=8.36***）。说明相比低 SES 家庭，高 SES 家庭会增强父亲民主教养对大学生学业适应性的正向预测作用。

2.SES 在母亲教养方式对学业适应预测作用中的调节作用

以同样方法进行调节分析，发现在母亲教养方式各维度均出现了家庭 SES 在自变量和因变量之间的调节作用。如表4-23所示：家庭 SES 在母亲关怀型、冷漠型、控制型及民主型与学业适应性的关系之间发挥调节作用（β$_{M关怀维度×SES}$=0.025，$p<0.01$）、（β$_{M冷漠维度×SES}$=−0.021，$p<0.05$）、（β$_{M控制维度×SES}$=−0.024，$p<0.05$）、（β$_{M民主维度×SES}$=0.031，$p<0.001$）。

笔者同样采用 Aiken 和 West 提出的简单斜率法（simple slope analysis），按照均值加减一个标准差对 SES 进行分组，高 SES 组≥M+SD，低 SES 组≤M−SD，剩下为中 SES 组。然后代入回归方程，分析在不同家庭 SES 水平下母亲各维度教养方式对大学生学业适应性的预测作用。

表 4-23　家庭 SES 在学业适应性与母亲各教养维度之间的调节作用

因变量	自变量	ΔR^2	β	t
学业适应性	第一层	0.116		
	M 关怀		0.311	14.710***
	SES		0.013	2.726**
	第二层	0.004		
	M 关怀		0.311	14.712***
	SES		0.012	2.343*
	M 关怀 ×SES		0.025	3.009**
	第一层	0.045		
	M 控制		−0.184	−7.866***
	SES		0.024	4.730***
	第二层	0.003		
	M 控制		−0.180	−7.679***
	SES		0.023	4.573***
	M 控制 ×SES		−0.024	−2.582*

续表

因变量	自变量	ΔR²	β	t
学业适应性	第一层	0.075		
	M冷漠		−0.232	−11.177***
	SES		0.015	3.034**
	第二层	0.003		
	M冷漠		−0.232	−11.190***
	SES		0.014	2.850*
	M冷漠×SES		−0.021	−2.411*
	第一层	0.058		
	M民主		0.198	9.429***
	SES		0.020	4.046***
	第二层	0.007		
	M民主		0.200	3.675***
	SES		0.019	3.655***
	M民主×SES		0.031	3.655***

注：***$p<0.001$；**$p<0.01$；*$p<0.05$.

其回归方程如下：

Y代表大学生学业适应性，M代表家庭SES，X_1为母亲关怀维度，X_2为母亲冷漠维度，X_3为母亲控制维度，X_4为母亲民主维度。

$Y_1=(0.311+0.025M)\times X_1+0.012M-0.005$

$Y_2=-(0.232+0.021M)\times X_2+0.014M-0.005$

$Y_3=-(0.180+0.024M)\times X_3+0.023M-0.001$

$Y_4=(0.200+0.031M)\times X_4+0.019M-0.004$

针对简单效应检验结果如图4-3至图4-6所示。对于高、中、低SES组来说，母亲各维度教养方式均能显著预测大学生学业适应性。母亲关怀型角度：SES水平较低时，随着母亲关怀力的增加，学业适应性上升幅度较为明显（Simple Slope$_{低}$=0.24，t$_{低}$=8.49***）；当SES水平处在高组时，随着母亲关怀力的增加，学业适应性上升幅度非常显著（Simple Slope$_{高}$=0.37，t$_{高}$=12.76***）。母亲冷漠型角度：SES水平较低时，随着母亲冷漠力的增加，学业适应性下降幅度略微明显（Simple Slope$_{低}$=−0.18，t$_{低}$=−6.23***）；当SES水平为高组时，随着母亲冷漠力的增加，学业适应性下降幅度非常显著（Simple Slope$_{高}$=-0.28，t$_{高}$=-9.64***）。母亲控制型角度：在 SES 水平较低时，随着母亲控制力的增加，学业适应性下降幅度略微明显（Simple Slope$_{低}$=-0.12，t$_{低}$=-3.67***）；当 SES 水平为高组时，随着母亲控制力的增加，学业适应性下降幅度非常显著（Simple Slope$_{高}$=-0.23，t$_{高}$=-7.62***）。母亲民主型角度：在 SES 水平较低时，随着母亲民主力的增加，学业适应性上升幅度较为明显（Simple Slope$_{低}$=0.12，t$_{低}$=4.40***）；当 SES 水平处在高组时，随着母亲民主力的增加，学业适应性上升幅度非常显著（Simple Slope$_{高}$=0.27，t$_{高}$=9.29***）。

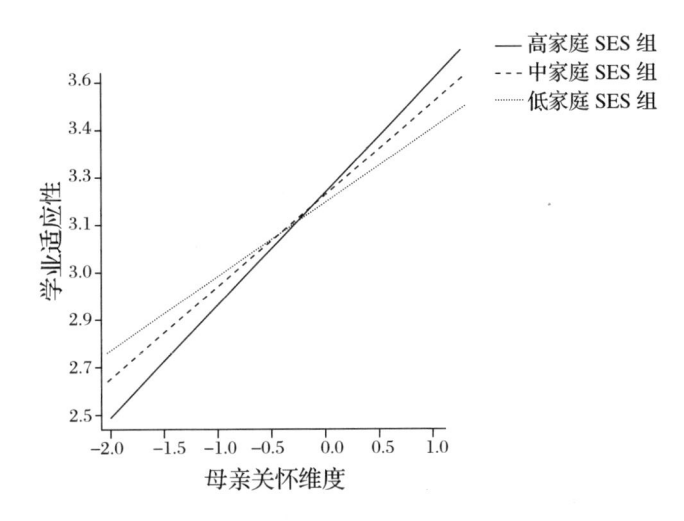

图 4-3　家庭 SES 在母亲关怀维度对大学生学业适应性中的调节效应

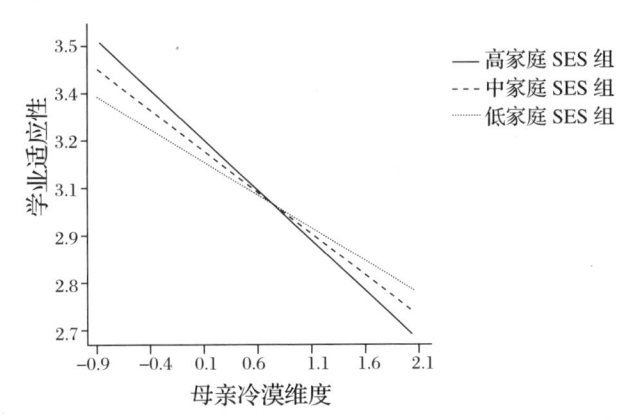

图 4-4　家庭 SES 在母亲冷漠维度对大学生学业适应性中的调节效应

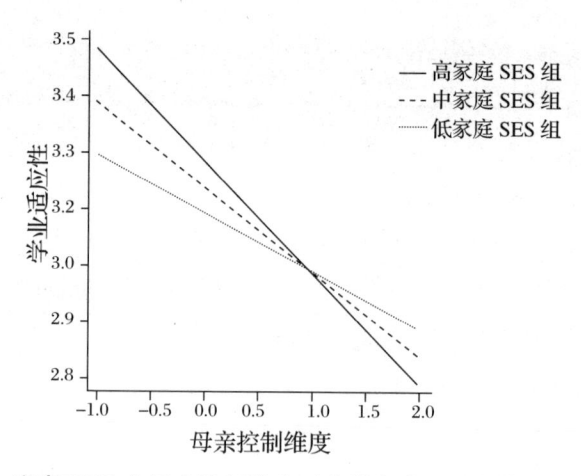

图 4-5　家庭 SES 在母亲控制维度对大学生学业适应性中的调节效应

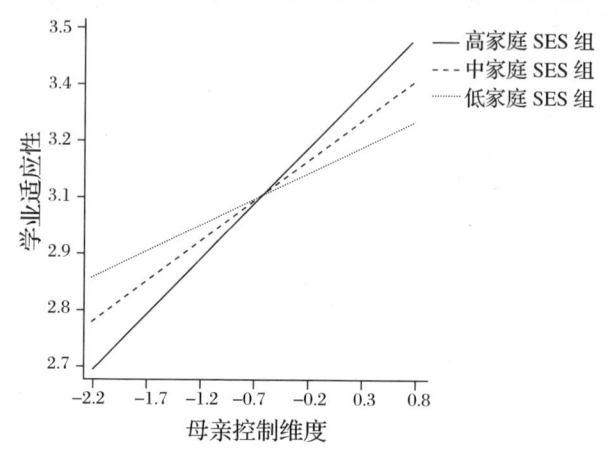

图 4-6　家庭 SES 在母亲民主维度对大学生学业适应性中的调节效应

也就是说，相比低 SES 家庭，高 SES 家庭会增强母亲关怀教养、民主教养对学业适应性的正向预测作用；同时也会增强母亲冷漠教养、控制教养对学业适应性的负向预测作用。

3.SES 在父母教养方式对学业适应影响中的调节模型的验证

研究发现家庭 SES 会在父母教养方式与学业适应性之间产生调节作用。在各自教养方式中，调节作用存在一定差异。在父亲教养方式中只有控制型教养及民主型教养出现了家庭 SES 在自变量和因变量之间的调节作用，在母亲教养方式中各教养维度均出现了家庭 SES 在自变量和因变量之间的调节作用。

五、结论及教育支持建议

（一）结论及其讨论

1. 学业适应性、父母教养方式及家庭社会经济地位的现状及差异

（1）大学生学业适应性现状及差异的讨论

本研究显示，大学生学业适应性整体处于中等偏上水平，但仍有部分学生适应情况不佳，尤其在"学习动机与态度"及"自我认知与心理"方面。分析原因：大学生自入学后便如释重负，没有了巨大的升学压力，拖延的学习现象也就日益增多。同样地，他们会因失去学业生涯目标而迷惘，也会因陌生环境而感到孤立无援，产生极度不舒适感。[1] 此外，学业适应性状况存在显著的来源地及高校差异。它具体表现为，农村大学生比城市大学生的学业适应能力弱，对于农村生源大学生来说，他们能够从家庭中获取的经济或非经济的教育支持极为有限，他们的家庭经济条件及受教育经历普遍劣于城市生源，更易面临学习、生活等方面的适应性问题[2]；双一流、省属重点、地方高校、高职的大学生学业适应能力依次递减，能被双一流或原985及211名校录取的学生大多亦是高中时期的"学霸"级人物，在学习技能、人际交往等方面拥有良好的习惯实属必然。

（2）父母教养方式现状及差异分析

研究发现，多数的父母会采取积极的教养方式对待子女，充分地给予他们自由，鲜有父母会采取极端的教养如溺爱、专制或放任的方式。同时，教养方式在父母、性别、是否为独生子女上具有显著差异，父亲比母亲会更偏向于冷漠型或民主型教养，母亲则会给予孩子更多的溺爱或关怀。这个结论显然与"虎父无犬子""儿行千里母担忧"等看法不谋而合。在关怀维度及民主维度，女生得分高于男生，而在控制维度与冷漠维度，男生得分高于女生。之所以会出现这种差异，要考虑到自古以来我国社会文化赋予了人们对各种性别的不同期望，男人相比女人要承担更重的社会责任，随之演变成"重男轻女"的思想，进而可能导致父母在教养方式上对男生过度的保护与溺爱。独生子女得分在控

---

[1] 段兴利, 叶进, 权丽华. 大学新生入学适应问题浅析 [J]. 思想理论教育导刊, 2008（4）: 68-69.

[2] 潘迎. 高校农村生源学生的入学适应性问题及其对策研究 [J]. 中国成人教育, 2017（9）: 85-87.

制及民主维度上都要比非独生子女要高，而非独生子女在冷漠维度上得分高于独生子女，且在关怀、控制及冷漠维度上，其得分差异显著。对于独生子女的父母而言，由于家中只有一个孩子，自然对孩子关怀备至，甚至有的家庭会把全部精力都投注在孩子身上，进而产生过度保护的行为；而对于非独生子女的父母而言，由于孩子数量较多，他们可能无暇顾及家中每个孩子的感受，便会对孩子表现出更多的忽视行为[①]。

（3）大学生家庭社会经济地位现状及差异的讨论

从辩证的角度看，家庭社会经济地位这一概念同时体现了具体性及抽象性。其具体性表现在它可以通过指标进行量化测评；说其抽象性，是因为它不能被人们客观地感受到。在研究中发现，最低的 SES 与最高的 SES 相差 13.63 分。随着经济体制的改革和城乡结构的变迁，人民的生活水平在快速提升的同时，阶层的分化也日渐凸显。在生源地上，这种城乡差异可能是由于我国地域差异所造成。我国教育资源分布不均匀已经成为既定的现实问题，就同一地域的城乡而言，城市的经济体较为庞大，发展较为迅速，吸引了更多的人才涌向城市，相应地带动了教育资源的投入，故城市籍的大学生受教育经历更为丰富；而在农村，人口较为分散且教育资源配置不高，所以普遍受教育程度低。同样，就同一地区的经济体而言，经济发达的农村，相对人口较为集中，居民有能力支付一定的教育费用，而经济不发达的农村，所能提供的教育资源是有限的，居民也难以支付教育费用，所以这就很好地解释了为何不同生源地的大学生家庭社会经济地位的差异性显著。

2. 父母教养方式、家庭社会经济地位与学业适应性的相关关系

本研究发现，父母越倾向于民主型、关怀型教养方式，其孩子学业适应性就越强；而家长越倾向于控制型及冷漠型教养方式，其孩子学业适应性越弱。一般来说，民主型及关怀型家庭的父母，倾向于培养孩子独立自主的人格，尤其是入大学后，他们认为孩子不是家庭的附属品，而是一个家庭完整的标志。这些教养风格为大学生的学业适应乃至学业发展建立了一个良好的环境，这个软环境会鼓励孩子发挥和锻炼逻辑思维能力，有助于帮助他们形成较高的分析问题的能力，他们进而也将具有较强的优胜动机和内部学习动机，对知识本身满怀好奇心，使得学习目标更加明确；控制型教养方式影响下的子女，由于他

---

① 蒋奖，鲁峥嵘.简式父母教养方式问卷中文版的初步修订[J].心理发展与教育，2010（1）：95-97.

们长期在父母的过分溺爱与保护下，极易形成放纵娇惯的行为，进而成为一个"精致"的利己主义者，成年后对自己的社会责任模糊不清，无法适应多变的高校学习环境，学习的自控能力也较为薄弱；冷漠型家庭的父母，在角色扮演中本身就存在问题，他们或性格内向或责任感较差或缺乏一定的社交能力，在这种家庭教养方式下成长起来的大学生往往对学业没有责任心，行为放纵，进而染上一些不良嗜好，如抽烟喝酒等，进而影响学业进步。

本研究还发现，家庭SES与大学生学业适应性总体呈现显著低度正相关，即家庭SES越高，大学生学业适应性能力就越好。家庭SES越高，说明家庭能够给予孩子的学习教育条件也就越好，他们能够在刚进大学期间，很快适应大学课程的学习，掌握课程学习的方法，当然他们在一个良好的家庭氛围环境下，更容易养成独立自主、团结合作等品格，让他们在大学学习生活中交到更多志同道合的朋友。而对于家庭SES较低的家庭，在父母的文化程度、职业及收入上都相对逊色一等，这本质上给孩子的学习及生活带来了诸多不利，他们在初高中阶段接受不了更优质的教育，父母没有能力给予他们更加丰厚的知识来源，使得他们在初入大学时更容易惶恐，陌生的环境使得他们极易产生抗拒及自卑的心理，进而影响到他们整个大学期间的社会化发展。

3. 家庭SES在父母教养方式与学业适应性之间的调节作用

本研究表明，家庭SES越高，他们的教养方式对大学生学业适应性起到的作用就越明显。在高SES家庭背景下，对于父亲而言，由于其固有素质就相对更高，教育资本投入多，且倾向于用民主型教养，给予了孩子更多学习的空间与专业选择的权利，并适当加以学业引导，那么该大学生的学业适应性就更强。但可怕的是，若在此家庭背景下，父亲倾向于控制型教养，把经济资本没有合理转换成教育投入资本，反而出现投入偏差，一味地满足他们子女的物质虚荣心，会使子女更加容易养成放纵骄横、自私自利的性格，在学业上遇到挫折也极易放弃，对家庭过度依赖，对自己的学业目标乃至社会责任认识不清，严重者可能会产生厌学甚至辍学心理。对于母亲而言，不仅在民主型及控制型教养方式上产生了与父亲同样的作用，其关怀型及冷漠型教养方式也产生了一定效应。合理利用家庭SES带来的优势，母亲越倾向于用关怀型的教养方式，当然也会提升大学生学业适应性。但是高SES家庭的母亲，由于职业地位较高，工作事务愈加繁忙，承担的社会责任也就越大，相对父亲而言，在世俗背景下她们承受了更多的家庭压力、职业压力乃至社会压力，若母亲在此处境下越对孩子置之不顾,将导致她们的孩子在学业适应上更加缺乏心理上的疏导及学业上的指导,同样也会造成严重后果。

与此同时,家庭 SES 越低,他们的教养方式对大学生学业适应性起到的作用就越弱。这种劣势更多表现在民主型及关怀型教养方式上。在低 SES 家庭背景下,对于父亲而言,因为教育水平受限,知识素养较为欠缺,父亲越倾向于使用民主型教养方式,他们能与孩子探讨的内容也只能局限在人际交往等日常生活话题中,而对孩子的专业课程选择、学业生涯规划等深层次内容的商讨就显得十分无力。因此,这类低 SES 家庭的父亲对孩子的学业适应帮助相较于高 SES 家庭的父亲而言,影响效果甚微。对于母亲而言,这种劣势效应也表现在了关怀型教养方式上。在低 SES 家庭中,因为母亲受教育水平普遍较低,其教育能力水平有限,而大学课业本身存在一定难度,因此在与孩子交流学业心得上,越倾向于民主型教养方式,对大学生的关心也仅仅只能局限在"是否吃饭了?""与大学室友相处可好?""家里目前的情况……"等家常话语当中,虽然这些日常关心能够缓解孩子心理压力,并带来一定家庭归属感,但这类父母对孩子的学业适应帮助效果并没有像高 SES 家庭组那么显著。

(二)教育支持建议

面对本科培养中的农村籍大学生学业适应问题,社会、学校、家庭三大主体应通力合作,共同发挥联动作用。

1. 特别关注大学生自我认知与心理的适应问题

父母要及时关注孩子的学业情绪,切勿认为过了高考的"独木桥"便可松懈。与此同时,高校也要为学生开设始业教育课程,动员学生提前做好学业生涯规划,帮助他们较早适应大学学习环境。在教学层面,建立导师制度,使得学生能有更多机会参与专业教师的科研任务当中,锻炼学术能力,教师也应指导学生更多可操作性的学习方法,来提高他们的学业适应能力。在德育层面,辅导员要时刻关注大学新生,尤其是贫困新生的心理健康问题,时刻关心他们的人际生活。当然在其他适应能力方面,学校也要积极改善,如创造良好的学习环境,包括图书馆资源、宿舍条件等硬件设施,满足学生的学习需求,改善管理方式,真正从维护学生利益的角度出发制定规章制度,实现人性化的管理。

2. 积极采用关怀类型及民主类型的父母教养方式

建议父母采取积极的教养方式,如民主型、关怀型,关心孩子在大学中的学习及生活状况，鼓励孩子在大学中积极探索，让他们无拘无束地同父母谈论自己的学业问题并做出决定，适当加以引导。避免采用冷漠型或者控制型的教养方式，父母对子女若采取不闻不问，放任自流的态度，任由孩子在大学自由发展，孩子在学业上受挫，也不及时教育和正确引导，会造成更多学业压力；当然，父母若对子女过分监护与关注，一味地满足，一味地迁就，他们就会丧失在大学独立自主的能力，也会在人际关系或处事能力上，遇到诸多困难。所以，父母要采用积极的关怀型及民主型教养方式来提高大学生的学业适应能力。

3. 不同家庭水平下的父母要在教养上择善而从

通过调节作用发现，高 SES 与低 SES 家庭的父母教养方式对学业适应性影响程度并不相同，其实父母在采用教养方式时，不免会在这四种类型中夹杂混合，而对于高 SES 家庭来说，要充分利用现有教育资本优势，积极通过民主型及关怀型的方式来教养，并且尽可能地避免使用控制型及冷漠型的教养方式，不可过度溺爱孩子，不可对孩子的任何要求都有求必应，否则就会让他们虚荣心加重，沉溺于生活的攀比，而在学业上分了大半心思。也不能放任孩子自由发展，家长在工作之余也要多与孩子交流情感，适当加以大学生活、学业或者人际上的引导，使得他们能在本身优质的教育环境下，在社会化过程中有进一步的突破与收获。

对于低 SES 家庭来说，在尽量避免采取控制型及冷漠型的教养方式的同时，本身对孩子学业适应性的帮助效果相较于高 SES 家庭要弱一些。故低 SES 家庭的父母，尤其是低 SES 农村籍家庭的父母，更加需要端正自己的育孩意识，主动学习教育理论和沟通技巧，了解相关家庭教育的知识。若父母想更多地参与学生的学业过程但"有心无力"，也可以与孩子共同学习相关专业知识。这个过程既是家长和孩子共同成长的过程，也是家长与孩子增进感情的过程。

4. 发挥家校合作平台的作用来提升学生的学业适应性

高校辅导员在处理德育工作时，应充分发挥家校合作的效用，引导家长积极地参与孩子的大学学业生活。针对家长群体，考虑到一般家长与孩子所上大学的实地距离较远，学校可以有针对性地在线上平台开展如"父母如何陪伴孩子度过'第二次断乳期'"的教养培训课程，切实帮助家长提高家庭教育的水平，同时学校应提供相关政策性支持，来保障辅导员能够有更加充分的精力与时间投入家校合作的德育建设中。与此同时，也需要改善学校在家校沟通方面的工作机制，目前大学期间的家校沟通信息焦点往往只集中在有严重心理疾病或者身体疾病的特殊学生群体，学校应在新媒体平台上定期发布时事讯息，让家长及时了解学校的教学及生活管理活动，或者通过记录电子成长档案向家长综合汇报孩子在大学时期的阶段表现，帮助父母清晰、及时地了解孩子在大学期间的学业进展。此外，建议家长也可以通过线上平台、家校练习册等方式了解孩子的学业习惯、社会行为等方面的基本信息，也可以对学校的相关规划及其重大事项进行讨论与决策，并进行监督。

5. 教育补偿提升弱势家庭大学生的学业适应性

就大学生本身而言，其家庭社会经济地位代表着他所属家庭在社会分层中所处的阶层位置，而现如今家庭社会经济地位水平存在差异已成为既定的现实。研究中发现，家庭SES水平越低的大学生，其父母的积极型教养方式对他们学业适应性起到的促进作用就越弱。要特别关注不同家庭社会经济地位水平差异对大学生学业适应性的影响，尤其是处于弱势地位的学生，相关教育部门及学校要积极采取干预措施，削弱阶层地位因代际传递产生的恶性循环。所谓教育补偿，是一种针对弱势群体的、基于公平理念的"肯定性行动（Affirmative Action）"。[①] 本研究的学生教育补偿，指政府及大学为提高家庭SES弱势的本科生学业适应性而采取的经济和非经济补偿措施。

比如，政府及高校应对贫困本科生实施经济资助，为提高其学业适应性提供充分的物质条件。政府及高校应为弱势大学生提供经济资助，高校要不断优化"奖、勤、助、补、贷"资助体系的执行工作，为弱势本科生提供多渠道的精准资助，充分发挥经济资助的效用。当然，也要辅之相应的心理健康及思想教育，避免弱势大学生产生额外的心理负担或者过度依赖经济补偿。

---

① 肖地生. 美国肯定性行动政策探源及其发展[J]. 南京师范大学学报（社会科学版），2016（1）：89-97.

第五章　阶层要素与农村籍大学生学业成就的实证研究[①]

大学生社会化事实上就是个体与大学组织各要素之间相互调适的过程，这些要素包括学业、人际、心理、社会四个方面，分别解决人与自我、人与人、人与环境三个方面的问题。其中在人与环境之间的针对大学生的学业调适，则由学业适应、学业成就等要素组成。上一章已经研究了关于学业适应方面的问题，本章所研究的学业成就是大学生在学业调适中的另一重要环节。

一、研究缘由及问题

本章节的研究重点是探索农村籍大学生社会化过程中的阶层要素与其学业成就之间的相关关系。为什么要选择这两者作为研究切入点呢？首先，我国城乡间教育资源的分配不均现象明显，这在很大程度上会影响农村籍大学生，即出身于相对弱势阶层的大学生的教育公平、代际流动和社会化进程。在现阶段，我们所说的教育公平具体到高等教育领域就是入学机会公平、培养过程公平和就业公平。本章节所研究的学业成就正处在培养过程公平这一阶段。第二，大学阶段已经成为人生中重要的承上启下的时期。一方面，大学阶段的学习与之前的受教育经历息息相关，中小学阶段是否接受了高质量的公平教育很大程度

[①] 本章节由张天雪、曹美琦共同完成。

上影响了其所上高校的教学质量以及在大学阶段的学习水平。另一方面，大学生在校期间所做的一切都是在为适应大学生活和未来承担的社会角色做准备，大学阶段作为大学生由校园走向社会的重要阶段，其能否通过大学期间的学习和实践，掌握专业的知识和相应的技能，其社会化程度如何，都将直接关系到大学生跨入社会后的人生和事业的成败。基于上述背景，本章节拟提出以下问题：大学生学业成就的现状如何，是否在其阶层要素中存在差异；阶层要素与大学生学业成就是否存在相关；阶层要素对大学生学业成就是否存在影响。

二、文献回顾

国内外很多学者对家庭阶层背景与学生学业成就之间的关系进行了研究。科尔曼在1966年指出学生家庭背景与其学业成绩显示很强的相关性，特别是经济地位是教育成就最重要的决定因素。报告表明：父亲受教育年限、职业和社会经济地位与孩子的逻辑推理、语文、计算和空间想象能力有关。马特海斯提出母亲职业地位对教育有显著的正效应。[①]此外，我国学者也进行了大量研究。

（一）关于学业成就维度划分的综述

通过查阅文献，发现我国学者对学业成就的维度划分已有了相对权威的标准。多数的研究者都将中国科学院王雁飞的工作绩效量表进行适当地改编，使之成为测量学业成就的有效量表。另外有小部分的学者按照学业成就的定义，将其维度分为可以量化的学习成绩和不可量化的综合素质成绩。下面将选取几篇有代表性的文章进行列表分析。

根据表5-1的罗列，对学业成就的维度进行了归纳整理，可列出以下几点作为统计依据，分别为学习成绩、专业技能、学习态度、社会实践、社会发展核心能力、人际交往和综合能力等，如表5-2所示。

---

① 高耀等.家庭资本对大学生在校学业表现影响研究 [J]. 高教探索，2011（1）：137-143.

表 5-1　"学业成就"的分类指标

作者	维度划分
刘莎莎	1. 学习成绩；2. 非学习成绩，即综合能力和整体素质（在校期间获得的奖项或资格证书、是否担任干部信息）
谭英	以学校教务秘书处提供的学生专业课程的学年加权平均成绩为准
蒋承等	1. 知识视野；2. 核心能力；3. 专业技能；4. 综合素养
方攀	1. 学业成绩（由学业总分衡量）；2. 操行成绩（由操行总分衡量，包含德育素质、社会实践、诚信分和其他奖惩）
杨娜	1. 学习认知能力；2. 沟通能力；3. 团队合作能力；4. 自我管理能力；5. 解决问题的能力
唐银	1. 学习成绩；2. 知识技能；3. 获奖情况；4. 政治面貌；5. 沟通、组织和管理能力；6. 社会实践能力
陆莹莹	采用中国科学院王雁飞于2002年修订的绩效量表（包括工作奉献、任务绩效、人际促进和总绩效）

表 5-2　"学业成就"的效度内容

作者	学习成绩	专业技能	学习态度	社会实践	社会发展核心能力	人际交往	综合素质
刘莎莎	√	√		√			
谭英	√						
蒋承等	√	√			√		√
方攀	√			√			
杨娜	√				√	√	
唐银	√	√		√		√	
陆莹莹						√	√

学界对于学业成就的测量最主要的是依据学生的学习成绩，在此基础上，通过学习态度、社会实践、各项技能和人际交往等进一步补充和完善学业成就。这是因为学业成就作为教育结果之一，有狭义和广义之分。狭义的学业成就指的是学习成绩，广义的学业成就指的是教育的综合结果。广义的学业成就既是一定学习完成后通过测验所得出的学生所取得的学习结果，也是学生学习成果的重要体现。

前者包括知识、技能方面，后者包括兴趣、态度、习惯等诸多方面。在实践中，做量化研究以及实际的教育教学时，一般以学业成绩来代表学生的学业成就。而在理论研究层面上，近年来国内研究者多倾向于补充和扩展传统的学业成就内涵，认为学业成就比单纯的学生成绩的内涵要丰富，它包含学习成绩，但它还要体现学生的学习能力和学生的学习态度、学习兴趣、学习的价值观，等等。本研究对于学业成就的研究测量也是在此基础上进行的。

（二）关于学业成就影响因素的综述

学者一般从智力与非智力因素、个体因素和社会支持因素三个方面来研究。

智力因素研究方面，智力水平是先天所赋予的，并不能改变，因此本研究默认为所有大学生的智力水平相当，在测量过程中忽略不计。

关于学业成就的个体影响因素，研究成果较多的包括智力水平、学习动机、学习目标、自我归因、自我效能感和人格等方面，这些方面又集中体现在个体认知因素与非认知因素。其中个体认知因素包括智力、原有知识、具体的学习方法和策略等，多数研究认为，学习策略是影响学业成就的重要因素。在个体非认知因素中，成就动机、归因、自我效能三个方面被认为是影响学业成就的重要因素。

学业成就的社会支持因素中，主要包括家庭因素、学校因素和社会因素等方面，受到较多关注的是家庭因素。本研究也将学校因素和社会因素设为控制变量，重点研究家庭因素，即家庭背景对大学生学业成就的影响。其中家庭因素又包括父母教养方式、家庭氛围、父母文化水平、父母的职业类型等，对各个因素进行再细分又有对家长投入、父母期望、家长参与等对子女学业成就的影响研究。例如，张新劳指出，影响学生学业成就的因素有家庭结构、父母素质、教养方式、父母关系、亲子关系和家庭经济状况。[①]

---

① 张新劳.家庭因素对学生学业成就影响的调查研究[D].苏州：苏州大学，2008：56.

三、研究设计与实施

（一）研究对象及假设

1. 研究对象

本研究对象是我国各类高校的大学生所取得的包括学习成绩、综合素质、社会实践能力等的学业成就，其中本研究所指的大学生不包括成人教育、研究生教育层次的高校学生。本研究所选取的研究样本是我国各大高校的在读大学生，初步拟定的问卷发放范围按照东中西部划分为浙江、江苏、安徽、湖北、山东、山西、内蒙古、新疆等地，学校也包括各个层次，分别为高职高专院校、地方本科院校、原211或省属重点院校以及原985院校，并按照比例进行抽样。

2. 研究假设

为了探究社会阶层要素与大学生学业成就状况之间的关系以及前者对后者的影响程度，本研究根据前期的文献资料提出以下假设。

假设H1：大学生学业成就在其相关的阶层要素变量上存在显著差异。

假设H2：阶层要素与大学生学业成就状况之间存在显著正相关。

假设H3：阶层要素对大学生学业成就状况存在显著影响，可以通过前者预测后者的水平。

（二）研究工具的开发

1. 研究变量限定

（1）自变量限定

本研究探讨的是阶层背景对大学生学业成就是否存在影响，因此将家庭背景作为本次研究的自变量。目前为止，学界对于阶层背景还没有一个较为统一的定义，其维度测量也无法统一。本研究将参考结合布迪厄的社会资本理论和科尔曼的社会资本理论，并通过思考总结，将阶层背景分为家庭经济资本、家庭文化教育资本、家庭社会资本和个人成长资本四个测量维度。

（2）因变量限定

本研究探讨的是大学生的阶层背景对其学业成就是否存在影响，因此将学业成就作为本次研究的因变量。学界对大学生学业成就的测量大多倾向于直接采用考试成绩，但这种测量方法存在一定的不足，因为大学生的学业成就不仅包括直观成绩，还包括很多隐性成就。因此，本研究将大学生学业成就分为本体性学业成就、发展性学业成就和拓展性学业成就三个测量维度。

2. 研究工具设计

本研究需要测量的是大学生学业水平，并分析阶层各要素与大学生学业成就的相关关系，主要是对阶层要素维度和学业成就维度进行划分。问卷共分为三部分。

（1）样本基本信息

基本信息部分共6道题目，包括受测者的性别、年级、民族、就读高校、生源所在地以及是否为农村户籍。因为所调查的大学生年龄跨度一般与年级相吻合，所以不考虑年龄因素。

（2）阶层要素量表

阶层要素量表维度主要依据布迪厄的理论分为三个方面。首先是经济资本，本研究主要是通过学生的消费水平以及对缺钱的主观感受来衡量其家庭经济水平。其次是文化与教育资本，本研究主要包括父母的文化教育程度、父母对孩子教育的重视程度、家庭的文化氛围、父母的职业和社会关系等。此外，还将个人从小到大的成长经历，比如就读的中小学、与老师同学的关系、中小学时期的成绩等作为社会资本放在其中。

在问卷设计中总共有11个题目，具体为：经济资本维度2个题目，包括家庭的收入水平和被测者每月的消费水平；文化教育资本维度5个题目，包括父母的学历、父母的职业、家庭教养方式、家庭文化氛围等；社会资本维度4个题目，包括就读的中小学校、与老师同学的关系、中小学时期的成绩等。

（3）学业成就量表

学业成就量表维度是在参考王继飞的绩效评价量表的基础上改编设计的，一共包括三个方面。首先，大学生是身处校园中进行课程学习，主要任务是学习本专业所需要的专业知识和技能，端正学习态度，所以学业成就包含学生与本专业课程相关的学习结果和评价。其次，大学生也是一个即将迈入社会的特殊群体，因此除了掌握本专业所需要的能力，学业成就还需要包括拓展的实践结果，比如科研成果、专利创新，各级各类的竞赛获奖，对社会问题的实践处理能力等。最后，对于一位优秀的大学生而言，仅仅具备以上两方面的成就是不够的。精神层面的自我管理，自我控制能力也是必不可少的。因此现代社会所指向的学业成就还包括公民意识，正确的人生观、世界观和价值观。就本研究而言，这方面对大学生的考量可以从参军的意愿、海外留学的意愿等方面进行探究。

在问卷设计中总共有25道题目，其中本体性学业成就10道题目，拓展性学业成就10道题目，发展性学业成就5道题目。这部分采用的是李克特五点计分法对变量进行测量，采用程度递进的选择方式，受测者根据自己的实际情况，选择最适合自己的选项。符合程度分为"完全不符合""不太符合""不清楚""基本符合""完全符合"，并相应赋值为"1""2""3""4""5"，分数越高表明符合的程度越强。

（三）数据管理与分析

将问卷最终稿进行正式施测，预计收到问卷1200份。最终，回收问卷1172份，其中有效问卷1024份，回收率为97.67%，有效率为85.33%。正式问卷通过线上平台发放至全国各地，重点为中部和西部地区。

1.信度分析

本次研究所测量的阶层要素和学业成就及其分量表的Cronbach's Alpha系数如下表5-3所示：可知阶层要素和学业成就量表的Cronbach系数均大于0.7，说明问卷具有良好的信度。

表5-3 信度分析

	Cronbach's Alpha系数	项目个数
阶层要素	0.713	11
学业成就	0.868	25

2.效度分析

效度即有效性，指的是问卷或量表能够准确测出所需测量的事物的程度，也指所测量到的结果反映所想要考察内容的程度，分为内容效度和结构效度。

关于内容效度，本研究在之前的文献回顾阶段阅读参考了大量学者的观点，从而建立了相对来说较为科学可靠的测量体系。因此将重点对问卷量表进行结构效度的检验。此外，本课题在前几章已经详细地对阶层要素的各项维度进行了分析和验证，建立了较为可靠测量指标体系，本章关于阶层要素的测量量表也是在此基础上进行改编的，因此关于阶层要素量表的结构效度也比较可信，下面将重点对学业成就量表进行结构效度验证分析。

根据之前的提炼分析，对学业成就的因子进行划分和归类，建立学业成就模型量表，再通过验证性因子分析来验证所提出的学业成就量表的结构是否合理，需要使用的工具是 LISREL 软件。首先需要建立25个因子相关系数矩阵，然后建立结构方程模型，分析学业成就的模型拟合度。

对该模型进行参数估计后，得到的结果及模型拟合的良好性检验如下表5-4所示。根据模型的拟合优度来看，学业成就量表各项指标均达到精确拟合要求。综合考虑，该量表具有较好的结构效度，同时也验证了之前研究中学业成就三个维度调整划分的合理性。

表5-4 学业成就量表验证性因子分析

维度及参数标准	df	x^2	RMSEA <0.1	NFI >0.9	NNFI >0.9	CFI >0.9	RMR <0.08
学业成就量表	272	2991.17	0.099	0.91	0.91	0.92	0.075

四、研究结果与分析

通过上一节的研究分析表明，此问卷具有良好的效度和信度。本节主要在此前的基础之上论述调查数据的样本分布状况，不同大学生的学业成就获得情况和差异程度，阶层要素与大学生学业成就之间的相关关系，以及不同的阶层背景对大学生学业成就的影响。

（一）样本特征及差异性分析

1. 样本描述性分析

（1）人口学统计信息的样本分布

本问卷人口学统计信息的题目主要包括性别、年级、民族、就读高校、生源所在地和城乡分布。具体情况如下表5-5所示。

本研究的样本总数为1024份，男女比例接近2∶3，年级比例接近1∶1，各大高校比例接近1∶2∶5∶2，较符合研究背景。这是由于在问卷发放过程中研究者严格控制发放对象，争取做到均匀分布在全国各省市的不同高校的大三、大四学生群中。在民族方面，少数民族只占其中的8.2%，较符合我国国情。此外在学生的生源地方面，东中西以及东北地区的比例接近为5:3:1:1，东部和中部地区人数占绝大部分，这主要是由两个原因造成的。第一，根据中国国家统计局的标准划分的这四个地区，其中东部地区包括北京、天津、河北、上海、江苏、浙江、福建、山东、广东、海南10个省市，中部地区包括山西、安徽、江西、河南、湖南、湖北6个省市，东北地区包括黑龙江、吉林、辽宁三个省市，剩下的则归为西部地区，因此在省市数量上是有所差距的，前两者明显多于后两者。第二，我国东部和中部地区的人口密度远远大于西部地区，因此在样本采集过程中东中部的样本量远大于其他两个地区。

表5-5 样本的人口学信息分布统计

类别		频数（人）	百分比（%）	类别		频数（人）	百分比（%）
性别	男	380	37.1	民族	汉族	940	91.8
	女	644	62.9		少数民族	84	8.2
年级	大三	552	53.9	城乡分布	农村	665	64.9
	大四及以上	472	46.1		城市	359	35.1
就读高校	原985	106	10.4	生源地	东部地区	486	47.5
	原211或省重点	215	21.0		中部地区	311	30.4
	地方本科	494	48.2		西部地区	151	14.7
	高职高专	209	20.4		东北地区	76	7.4

（2）阶层要素的主要特征

将被调查对象的阶层需求得分进行求和，数据为正态分布的连续性数据。按照相应的高低分组标准将其分为高、一般、低三个水平。

表5-6中经济资本的得分的均值为2.43。对其整体的分布而言众数＜均值，数据呈现负偏态分布，得分值偏低。从中我们可以看出大多数参与调查的大学生的收入和消费支出都较低，家庭经济水平低。文化教育资本得分均值为19.05，众数＜均值，数据呈现负偏态分布，得分值偏低。因此我们也可以得出大多数被调查的大学生其拥有的文化教育也是偏低的，这与前者所呈现的家庭经济水平低保持一致的规律。大多数家庭的收入不高，其生活重心在于物质追求，而忽略精神追求，这会严重影响他们的文化教育发展。个人成长的得分均

值为14.14，众数＞均值，数据呈现正偏态分布，得分值偏高。通过分析发现，此维度测量的是被测者在上大学前即在义务教育阶段所接受的教育和成长，而在我国实行的九年制义务教育，所有的学生必须强制接受学校管理和老师教育，因此在客观上可以提高其个人成长的得分。此外，现在社会上有重视教育的氛围，每个家庭和父母都非常关注孩子的学习，这也能提高其个人成长的得分。最后，总的阶层背景得分均值为35.62，而众数＜均值，数据呈现负偏态分布，得分值偏低。这表明调查对象普遍出身于较低的社会阶层，为进一步的数据分析提供依据。

表5-6 阶层要素及其各维度指标统计

	平均数	众数	最小值	最大值	项目数	样本数
经济资本	2.43	2	2	5	2	1024
文化教育资本	19.05	10	5	39	5	1024
个人成长	14.14	15	5	20	4	1024
阶层背景	35.62	25[a]	13	63	11	1024

注：a 存在多种模式，显示最小的值。

（3）大学生学业成就的主要特征

将被调查对象的学业成就得分进行求和，数据为正态分布的连续性数据。按照相应的高低分组标准将其分为高、一般、低三个水平。学业成就及其各维度下的指标统计如表5-7所示。

表5-7 学业成就及其各维度指标统计

	平均数	众数	最小值	最大值	项目数	样本数
本体性学业成就	31.31	29	12	50	10	1024
拓展性学业成就	28.94	32	10	50	10	1024
发展性学业成就	13.81	13	6	22	5	1024
学业成就	74.06	69	34	120	25	1024

表5-7中本体性学业成就得分均值为31.31，众数＜均值，数据呈现负偏态分布，得分值偏低。从问卷上看，这一维度所涉及的问题包括专业绩点、阅读专业教材、学术科研等方面，被测者的这些水平都比较欠缺。现阶段各高校学生不重视专业学习，在课堂上玩手机，课后应付作业，在期末考试期间临时抱

佛脚等现状都在一定程度上影响此项得分。拓展性学业成就得分均值28.94，众数＞均值，数据呈现正偏态分布，得分值偏高。该维度测量的是大学生在专业学习之外参与的各项各类社会活动，比如社会实践、学生会、社团、竞赛等。大学生处在社会化进程的重要阶段，精力旺盛、好奇心重、好胜心强、人际交往需求强烈，因此高的拓展性学业成就得分水平更加符合学生这一特殊群体。发展性学业成就得分均值为13.81，众数＜均值，数据呈现负偏态分布，得分值偏低。从中可以看出被测者在学业结束普遍倾向于放弃更高层次的学业追求，比如读研、留学等。一方面，这与现阶段浮躁，急功近利的社会氛围是密切相关的，部分大学生们执着于眼前的利益而放弃了更高层次的追求。另外一方面，这也可能是受当今高等教育中实用主义思想的影响，学习是为了在毕业后能找到一份不错的工作，有不错的收入来源。当然，这需要进一步的分析探索。总的学业成就得分均值为74.06，众数＜均值，得分值偏低。这又印证了当今大学生学业倦怠、虚耗时光的现状。

2. 样本差异性分析

（1）不同人口统计信息的大学生在学业成就状况上的差异

①不同性别大学生的学业成就差异分析

将数据按性别进行分组，男生设定为"1"，女生设定为"2"，进行独立样本T检验，结果如表5-8所示。

表5-8 不同性别独立样本T检验

		Levene 的变异数相等测试		针对平均值是否相等的t测试						
		F	显著性	T	df	显著性（双尾）	平均差异	标准误差	95% 差异数的信赖区间	
									下限	上限
学业成就	相等变异数	2.553	0.110	4.994	1022	0.000	4.851	0.971	2.945	6757
	不相等变异数			4.926	761.472	0.000	4.851	0.985	2.918	6.785

Levene变异数相等测试显著性值为0.110＞0.05，两组数据变异数相等的假设成立，说明男女两组数据之间差异相等。在针对平均值是否相等的t测试中，相等变异数所对应的显著性（双尾）值为0.000＜0.05，且其95%差异数的信赖区间上限与下限的范围包含0，说明不同性别的大学生在学业成就状况上存在

显著差异，且男生的学业成就要高于女生。

②不同年级大学生的学业成就差异分析

将数据按年级进行分组，大三设定为"1"，大四及以上设定为"2"，进行独立样本T检验，结果如表5-9所示。

表5-9 不同年级独立样本T检验

		Levene的变异数相等测试		针对平均值是否相等的t测试						
									95%差异数的信赖区间	
		F	显著性	T	df	显著性（双尾）	平均差异	标准误差	下限	上限
学业成就	相等变异数	1.210	0.272	−2.990	1022	0.003	−2.837	0.949	−4.699	−.975
	不相等变异数			−3.002	1010.723	0.003	−2.837	0.945	−4.691	−.983

Levene变异数相等测试显著性值为0.272>0.05，两组数据变异数相等的假设成立，说明不同年级的两组数据之间差异相等。在针对平均值是否相等的t测试中，相等变异数所对应的显著性（双尾）值为0.003<0.05，且其95%差异数的信赖区间上限与下限都为负，不包含0，说明不同年级的大学生在学业成就状况上存在显著差异。表中的t值为负，说明大三学生的学业成就状况要低于大四及以上的学生。综上，大三、大四的学生在学业成就状况上存在显著差异，且大四学生的学业成就状况高于大三学生。

③不同民族大学生的学业成就差异分析

将数据按民族进行分组，汉族设定为"1"，少数民族设定为"2"，进行独立样本T检验，结果显示，Levene变异数相等测试显著性值为0.085>0.05，两组数据变异数相等的假设成立，说明男女两组数据之间差异相等。在针对平均值是否相等的t测试中，相等变异数所对应的显著性（双尾）值为0.828>0.05，说明汉族与少数民族之间的大学生在学业成就状况上无显著差异。

④不同学校大学生的学业成就差异分析

按照就读高校的不同分为"原985""原211或省属重点""地方本科""高职高专"，用单因素方差法对其学业成就状况进行差异分析，结果显示：学业成就的组件变异显著性值<0.05，说明不同高校间的学业成就状况存在显著性差异。

采用差异不相等的Dunnett T3检验具体的组间差距如表5-10所示，原985

与地方本科、原985与高职高专、原211与地方本科、原211与高职高专之间的差异的显著性值均低于0.05，原985与原211、地方本科与高职高专之间的差异的显著性值高于0.05。这表明，不同高校的大学生的学业成就状况存在差异，原985高校、原211高校与地方本科、高职之间的差异达到显著性水平，但原985与原211、地方本科与高职之间的差异未达到显著性水平。

表5-10 不同高校的多重比较

\multicolumn{6}{c}{因变数：学业成就状况}
\multicolumn{6}{c}{Dunnett T3}
（I）5.就读高校	（J）5.就读高校	平均差异（I-J）	标准错误	显著性	95%信赖区间 下限 / 上限
原985	原211或省重点	1.451	1.826	0.964	−3.40 / 6.30
原985	地方本科	8.103*	1.690	0.000	3.60 / 12.61
原985	高职高专	10.124*	1.821	0.000	5.29 / 14.96
原211或省重点	地方本科	6.652*	1.183	0.000	3.52 / 9.78
原211或省重点	高职高专	8.673*	1.363	0.000	5.07 / 12.28
地方本科	高职高专	2.022	1.175	0.416	−1.08 / 5.13

注：*平均值差异在0.05层级为显著。

⑤不同生源地大学生的学业成就差异分析

运用单因素方差分析法对其学业成就状况进行差异分析，结果显示：学业成就的组间变异显著性值<0.05，说明不同生源地间的学业成就状况存在显著性差异。采用差异不相等的Dunnett T3检验具体的组间差距如表5-11所示，除了东部地区与西部地区之间差异的显著性值低于0.05，其他不同生源地之间差异的显著性值高于0.05。得出结论，不同生源地学生的学业成就状况存在差异，但其组内之间的差异基本未达到显著性水平（生源地在东部和西部之间的差异达到显著水平）。

表 5-11 不同生源地的多重比较

因变数：学业成就状况					
Dunnett T3					
（I）6.就读高校	（J）6.就读高校	平均差异（I-J）	标准错误	显著性	95% 信赖区间	
					下限	上限
东部地区	中部地区	1.414	1.081	0.719	−1.44	4.27
	西部地区	4.319*	1.302	0.006	0.87	7.77
	东北地区	−1.143	2.238	0.996	−7.15	4.87
中部地区	西部地区	2.905	1.375	0.194	−0.73	6.54
	东北地区	−2.557	2.281	0.837	−8.68	3.56
西部地区	东北地区	−5.462	2.394	0.136	−11.86	0.94

注：*平均值差异在0.05层级为显著。

⑥不同户籍大学生的学业成就差异分析

将数据按户籍进行分组，农村设定为"1"，城市设定为"2"，进行独立样本T检验，结果如下表5-12所示：

表 5-12 不同户籍独立样本 T 检验

		Levene 的变异数相等测试		针对平均值是否相等的 t 测试						
		F	显著性	T	df	显著性（双尾）	平均差异	标准误差	95%差异数的信赖区间	
									下限	上限
学业成就	相等变异数	0.658	0.418	−2.409	1022	0.016	−2.392	0.993	−4.340	−0.444
	不相等变异数			−2.371	700.529	0.018	−2.392	1.009	−4.372	−0.411

Levene 变异数相等测试显著性值为0.418>0.05，两组数据变异数相等的假设成立，说明不同年级的两组数据之间差异相等。在针对平均值是否相等的 t 测试中，相等变异数所对应的显著性（双尾）值为0.016<0.05，且其95%差异数的信赖区间上限与下限都为负，不包含0，说明不同户籍的大学生在学业成就状况上存在显著差异。表中的 t 值为负，说明农村学生的学业成就状况要低于城市的学生。综上，不同户籍学生在学业成就状况上存在显著差异，且城市学

生的学业成就状况高于农村学生。

（2）不同阶层水平的大学生在学业成就状况上的差异

本部分主要分析不同阶层水平的大学生在学业成就状况的差异，将所有测量阶层背景的题目的得分进行求和，再按照高低分组的要求分为三组：高、一般、低。据此探讨不同阶层水平的大学生所对应的学业成就状况是否存在显著差异。

群组之间的显著性值<0.05，说明不同阶层背景的大学生学业成就状况之间存在差异。采用差异不相等的 Dunnett T3 进行多重比较分析，表5-13显示不同阶层水平之间差异的显著性值均低于0.05，说明高阶层水平、一般阶层水平、低阶层水平相互之间均有显著性差异。那么，假设H1：大学生学业成就在其相关的阶层要素变量上存在显著差异成立。

表5-13 不同阶层水平的多重比较

因变数：学业成就状况					
Dunnett T3					
（I）阶层水平高低分组	（J）阶层水平高低分组	平均差异（I-J）	标准错误	显著性	95% 信赖区间	
					下限	上限
低	一般	-6.047*	1.005	0.000	-8.45	-3.64
	高	-15.864*	1.143	0.000	-18.60	-13.13
一般	高	-9.817*	1.089	0.000	-12.42	-7.21

注：*平均值差异在0.05层级为显著。

（二）阶层要素与学业成就的相关性分析

1.阶层水平与学业成就状况相关程度分析

本研究对阶层水平与学业成就状况的相关程度分析采用了Pearson相关系数法。一般来说，Pearson相关系数的绝对值在0到1之间，越接近1相关程度越高，相关系数在0.8以上表示超高度相关，0.6~0.8表示高度相关，0.3~0.6表示中度相关，低于0.3表示低度相关或者无关。将阶层水平与学业成就状况进行相关程度分析，结果如表5-14所示。

表 5-14 阶层水平与学业成就状况对称的测量

阶层背景水平		学业成就状况
	皮尔森（Pearson）相关	0.478**
	显著性双尾	0.000

注：** 相关性在 0.01 层上显著（双尾）。

数据显示，其 Pearson 系数为 0.478，在 0.3~0.6 内，属于中度相关。这表明，大学生阶层水平与其学业成就状况之间存在显著的正相关关系，相关程度为中度相关，即阶层越好，学业成就越高，且影响程度较大。从而验证了假设 H2：阶层要素与大学生学业成就状况之间存在显著正相关。

2. 大学生阶层背景各维度与其学业成就各维度的相关

大学生阶层背景各维度与其学业成就各维度的相关性如下表 5-15 所示：阶层背景下的经济资本维度、文化教育维度、个人成长维度与学业成就下的本体性学业维度、拓展性学业维度、发展性学业维度互相之间均存在显著相关。其中本体性学业与经济、文化教育维度、发展性学业与经济、文化教育维度的相关为低度相关，其余均为中度相关。

表 5-15 大学生阶层背景各维度与其学业成就各维度的相关分析

	经济资本	文化教育	个人成长	本体性	拓展性	发展性
经济资本	1					
文化教育	0.511**	1				
个人成长	0.237**	0.233**	1			
本体性	0.179**	0.202**	0.550**	1		
拓展性	0.360**	0.390**	0.492**	0.664**	1	
发展性	0.261**	0.295**	0.326**	0.480**	0.525**	1

注：** 相关性在 0.01 层上为显著。

（三）阶层要素对学业成就影响的回归分析

回归分析主要是用来描述和解释阶层背景水平与学业成就状况之间的因果关系，以及前者对后者的影响程度，能否通过阶层背景这一指标来预测大学生学业成就状况。

1. 大学生各人口学变量对其学业成就状况的影响

在这部分中，解释变量为性别、年级、民族、就读高校、生源所在地、户籍，被解释变量为学业成就状况。由于现有的解释变量为名义变量，因此将其转化为虚拟变量，再进行回归分析。

通过表5-16可知，决定系数 $R^2=0.081$，表示在学业成就的变异中8.1%是由这六个解释变量所引起的。相关系数 R=0.285，这两者都说明解释变量与被解释变量的相关关系显著。

表 5-16　模型摘要

模型	R	R 平方	调整后 R 平方	标准偏斜度错误
1	0.285[a]	0.081	0.076	14.606

a. 预测值：（常数）您的户籍，年级，民族，性别，生源地，就读高校.

表5-17显示，显著性值为0.000<0.05，解释变量对被解释变量无影响的假设不成立，说明回归系数不为零，即解释变量对被解释变量具有显著影响。

表 5-17　变异数分析 ANOVA[a]

模型		平方和	df	平均值平方	F	显著性
1	回归	19151.508	6	3191.918	14.962	.000[b]
	残差	216963.858	1017	213.337		
	总计	236115.366	1023			

a. 因变量：学业成就状况。
b. 预测值：（常数），您的户籍，年级，民族，性别，生源地，就读高校。

在回归系数表中，输出了回归系数、回归系数显著性以及共线性统计资料的结果。按照规定，允差接近于0，或方差膨胀系数（VIP）系数值大于10，则表示其存在严重的共线性问题。此次回归分析中的允差在0.8~1，VIF 小于10，这说明没有线性重合问题，可以继续进一步的回归分析。

在表5-18的六个解释变量中，只有"性别""就读高校""生源地"的回归系数显著性值小于0.05，这说明大学生的"性别""生源地"和"就读高校"变量对学业成就有显著影响。其他三个变量（年级、民族、户籍）的回归系数显著性值大于0.05，说明其对学业成就无显著影响。因此在回归分析中应该剔除"年级""民族""户籍"，得到结果如表5-19所示。

表 5-18 学业成就回归系数[a]

模型		非标准化系数		标准化系数	T	显著性	共线性统计资料	
		β	标准错误	Beta			允差	VIF
1	（常数）	88.672	3.722		23.826	0.000		
	性别	−4.235	0.953	−.135	−4.442	0.000	0.982	1.018
	年级	1.652	0.945	0.054	1.748	0.081	0.938	1.066
	民族	−.130	1.729	−0.002	−.075	0.940	0.925	1.081
	就读高校	−3.601	0.546	−0.210	−6.596	0.000	0.893	1.120
	生源地	−1.139	0.507	−0.071	−2.247	0.025	0.915	1.093
	户籍	1.572	0.969	0.049	1.622	0.105	0.974	1.027

a. 因变量：学业成就状况。

表 5-19 大学生性别、就读高校、生源地对其学业成就的回归分析

模型		非标准化系数		标准化系数	R^2	显著性
		β	标准错误	Beta		
1	（常数）	93.727	2.300			0.000
	性别	−4.124	0.952	−0.131	0.023	0.000
	就读高校	−3.931	0.524	−0.229	0.052	0.000
	生源地	−1.094	0.491	−0.068	0.001	0.026

2. 大学生阶层背景水平对其学业成就状况的影响

由于本研究中变量属性为连续变量，自变量之间没有高度相关（皮尔森相关系数 >0.7），未违反线性关系的基本假设，满足回归分析条件。下面进行探索阶层背景对学业成就产生的影响以及影响程度的大小，并将阶层背景的三个维度放入回归模型当中去，得到结果如表5-20所示：决定系数 R^2=0.376，表示在学业成就的变异中37.6%是由这三个解释变量所引起的。相关系数 R=0.613，这两者都说明解释变量与被解释变量的相关关系显著。

表 5-20 学业成就状况与阶层背景变量的回归模型摘要

模型	R	R 平方	调整后 R 平方	标准偏斜度错误
1	0.613*	0.376	0.374	12.017

a. 预测值：（常数）个人成长资本，文化教育资本，经济资本。

如表5-21所示,显著性值为0.000<0.05,解释变量对被解释变量无影响的假设不成立,说明回归系数不为零,即解释变量对被解释变量具有显著影响。

表5-21 学业成就状况与阶层背景变量的回归变异数分析

模型		平方和	df	平均值平方	F	显著性
1	回归	88808.611	3	29602.887	204.980	.000[b]
	残差	147306.705	1020	144.418		
	总计	236115.366	1023			

a. 因变量:学业成就状况。
b. 预测值:(常数),个人成长资本,文化教育资本,经济资本。

在回归系数表5-22中,输出了回归系数、回归系数显著性以及共线性统计资料的结果。此次回归分析中的允差在0.7~1,VIF小于10,说明没有线性重合问题,可以继续进行下一步的回归分析。

表5-22 学业成就回归系数[a]

模型		非标准化系数		标准化系数	T	显著性	共线性统计资料	
		β	标准错误	Beta			允差	VIF
1	(常数)	22.068	2.178		10.131	0.000		
	经济资本	1.533	0.404	0.110	3.783	0.000	0.724	1.381
	文化教育资本	0.335	0.053	0.182	6.270	0.000	0.726	1.378
	个人成长资本	2.962	0.154	0.493	19.182	0.000	0.927	1.079

a. 因变量:学业成就状况。

表5-22的所有解释变量的T检验的显著性都为0.000,且均小于0.05,这说明每个偏回归系数的值都与零有显著差异,即大学生的阶层背景的三个维度(经济资本、文化教育资本、个人成长资本)对学业成就均有显著影响。因此假设H3成立:阶层要素对大学生学业成就状况存在显著影响,可以通过前者预测后者的水平。

表5-22提供了构建回归方程和检验每个预测变量显著性的必要值。在多元回归中,方程式以下的形式建立:

$$Y = a + b_1X_1 + b_2X_2 + b_3X_3 + \cdots + b_iX_i$$

其中，Y为因变量的预测值，即大学生学业成就的预测值；a为Y轴截距，即当所有的X_i为0时Y的值；b为第i个预测变量的回归系数，在研究中，i的取值为1、2、3，依次表示为第一个变量（经济资本）、第二个变量（文化资本）和第三个变量（成长资本）。

回归方程中的a（Y轴截距，在spss分析中为常数）和b_1、b_2、b_3（每个自变量的回归系数）可以在上表非标准化系数中找到。Y轴截距的取值为22.068，经济资本、文化教育资本、个人成长资本的比重系数分别为1.533、0.335和2.962。将这些值代入回归方程中，得出如下所示的预测大学生学业成就状况的方程：

$Y_{大学生学业成就}$=22.068+1.533（经济资本）+0.335（文化教育资本）+2.962（个人成长资本）

使用这一方程可以求出资料库中每个人的预测值。与测试大多会有些误差，其中R值越大，预测值越接近真实值，R值等于1时可以得到完美预测，即预测值与实际值完全一致。

五、结论及教育支持建议

（一）结论及其讨论

1.不同地域和家庭的大学生学业成就状况存在显著差异

（1）城乡大学生学业成就得分上存在显著差异，农村普遍低于城市

研究结果发现，户籍地不同的大学生在学业成就的得分上存在明显的差距，这说明我国城市和乡村的教育结果上存在着显而易见的巨大差距。推行教育的公平化一直是新中国成立以来的基本政策。然而事实上，两者之间的教育水平存在着巨大的差距，这不只是体现在自小学到高中的基础教育过程中，更体现在大学乃至硕博士的高等教育过程中。在中小学时，城乡学生就近入学，农村学校的教学条件、师资力量都落后于城市，自然会形成城乡学生的教育差距，进入大学后，教育不平等现象更加凸显，最终在调查结果中显示了城乡大学生在学业成就方面存在明显的差异。此前一些相关的研究中，也有学者提出了类似的观点。比如蒋国河认为这种教育差距已经成为社会各界热心人士的关

注集中点。而造成这种城乡教育分层现象或者说城市学生普遍高学业成就的原因有很多。从微观上看,是受差异性的家庭和社区村落影响。从宏观层面上看,受城乡二元格局的影响,也受财政政策、招生政策的偏见的影响。董永贵发现农村的学生必须要克服经济压力、家庭琐事的阻力、图书资源欠缺、无人补课辅导等困难才能突破农村的束缚,获得与其他城市学生相同的学业条件和学习机会。

事实上,这种差距呈递增趋势,已渐渐呈现出"教育鸿沟"的严峻形势。导致这种差距的原因首先是长久以来我国城乡之间的经济差距。马克思哲学中说"经济基础决定上层建筑",经济欠发达的农村地区自然而然地缺乏强有力的教育资金支持。近年来,随着互联网的发展和城镇化的推进,现代化的先进技术和优秀的教育师资力量慢慢向城市靠拢,差距进一步拉开。我们发现如今社会上涌现出许许多多的"教育集团"和"附属学校",特别是那些著名的原985、211高等学府或者是在当地有相当影响力的地方高校。他们设立附属幼儿园、附属小学、附属中学,"一条龙"培养优秀学生,直至进入大学。此外,他们甚至跨地区进行合作办学,借助学校声誉吸收那些家庭条件良好的学生。在这种庞大的"教育集团"面前,农村学子所享受的教育资源急剧缩减,从小学到大学教育环境一路恶劣,从而造成了明显的大学学业成就差距。

(2)经济水平不同学业状况存在差异,低水平明显弱于高水平

经济是一切社会活动的基础。虽然,高校大部分面向全校同学的教育活动没有额外收费,但只要进行社会活动,总不能避免一些经济支出。此外高校中也存在着一些高收费的项目,比如在学习过程中的一些拓展性社会实践、各大高校间的学术交流、需要自费的出国留学项目等。当大学生面临这种机遇时,总会顾虑良多,权衡各方面的实际,比如自己的家庭经济水平能否负担得起这项费用,或者投入资金后自己的能力能否确保这项活动价有所值。大多数经济水平较低的同学会因为经济因素而放弃,但正是此类项目是学业成就的重要组成部分,更是大学生活中的漂亮履历和核心竞争力。家庭经济水平处于劣势的大学生还会受到更多因素干扰,比如说一部分贫困生为了补贴家用或者维持自己的生活会选择一些与学习无关的兼职工作,而这大部分兼职都是重复率高、技能水平低的工作,既不能提升自己的素质能力,还会使兼职者分心而不能专注于学习。此外,经济条件的高低还会影响文化资本和社会资本的分配,这些隐性地影响着学业成就的获得,学业竞争也会变得不平等。

与大学生的学习成就关联度最高的一个影响要素是经济资本，而学业成就较低的大学生中有很大一部分缺乏必要的经济条件支持。缺乏的这些经济条件既包括家庭原生带来的经济支持，也包括学校能否对贫困学生给予适当的教育补助。虽然我国教育部针对在校大学生设立了较为完善的资助体系，然而在实施过程中却存在着或多或少的问题。首先是资助目标的不明确，《中国高校学生资助文件》中对于接受教育资金补助的学生仅仅以"贫困大学生"来定义，而对于家庭中每年平均收入为多少人民币，消费水平为多少的学生属于贫困大学生却并没有明确的定义。而且随着中国经济在世界范围内的崛起，接受高校教育所需的费用越加昂贵，很多曾经并非贫困生的大学生慢慢变成了"贫困生"。更有甚者，社会上出现了大学教育促使"脱贫家庭一夜返贫"的现象。其次，在贫困生评定的过程中，有一小部分学生以虚假的家庭条件冒领教育补助金，而真正迫切需要资助的学生却得不到帮助。

（3）家庭文化不同学业水平存在差异，高知家庭显著高于低知家庭

作为文化资本的组成部分，反映父母的受教育时间和好坏程度的学历是涉及学业成就的重要元素。高学历的家庭中，家长会重视跟子女的沟通交流和对子女综合能力的培育培养，也有能力对其学习进行辅导培训，这些是提高孩子学业水平的重要手段。有研究表明，高学历家庭出身的学生大多拥有专长和才艺，在高等教育学习过程中也更能展现其他亮点，比如能更快速地交到志同道合的朋友，能广泛涉猎各个类型的书籍等。我国众多学者也对这方面有一些小小的讨论。杨东平认为："父母所读的学校、受教育的时间、在学校中的经历并不是孤立存在的，都会对组成的家庭产生或好或坏的影响，这种影响着重体现在接触的文化、营造的氛围和双方的交流中。"[①] 杨倩等人对江西学生进行调查，他们了解到，"子女的学业获得与父母的学历呈现的是正相关的关系"[②]。

父母的职业也是文化资本的构成要素之一，它指的是其所从事的赖以谋生的一份工作，其高低是通过这份工作的经济收入、社会关系和名望地位来进行体现的。父母的高收入可以为孩子提供好的学习环境和学习支持，丰富的社会关系可以帮助孩子构建有利的社会学习网络，高名望也能帮孩子获得更多的尊重从而提高学习自信心。因此，父亲和母亲的职业在一定程度上能对学业成就

---

① 杨东平. 中国教育公平的思想与现实 [M]. 北京：北京大学出版社，2006：55.
② 杨倩，张智敏. 小学生学业成绩的影响因素 [J]. 湖北大学学报，2011（3）：115.

的获得产生作用。数据显示:"在大学入学过程中,处在高阶层水平,拥有强势家庭资源,其父母是单位领导、大学教授、工程师的学生能够更容易进入重点大学,在其中所占的比例也较高。近年来高校中来自管理阶层的干部子女的人数是底层人员子女人数的近20倍。"① 而在高等教育的过程中,这种因为父母职业不同、阶层水平不同而导致学业差距的现象在代际传递中也变得更为显著。布迪厄认为:"高校中的教育文化是与小众精英所受的文化一脉相传的,因此来自强势家庭的学生可以在里面如鱼得水,深谙学习准则,从而可以快速适应环境,掌握知识,而弱势学生却在其中屡屡碰壁,需要付出极大的代价才能学有所成。"②

在分析家庭背景变量中的文化资本维度影响学业成就的过程中我们发现,文化程度低的家长的教育方法和教育言行有很多不恰当的地方,他们的教育理念普遍存在着偏差。第一,中国传统的为多数人所接受的教育思想理念中有着"棍棒底下出孝子"的说法,这就导致某些家长严格要求孩子的学习,当孩子干了某一件坏事或者忘记家长对他的要求时,家长便会进行责备。这种教育方式最终会使孩子出现逆反心理,或者产生心理阴影,丧失学习兴趣。第二,随着独生子女政策的实施,某些家长将家中唯一的孩子捧在手心,不敢对孩子提要求,更不会督促孩子学习,最终呈现的是孩子无心学业的极端结果。第三,我国的父母,特别是农村地区的父母,对孩子的教育方式是以言语为主,然而他们的行动却与语言相违背,孩子自然没法得到好的教育榜样。

2. 家庭背景较弱的大学生在学业成就多个维度上存在不足

(1) 弱势家庭的学生在社会实践、人际交往方面存在不足

家庭背景处于劣势的大学生在社会实践方面的表现明显不如家庭背景占优势地位的大学生。数据显示,家庭地位较弱的大学生的参与度明显低于家庭地位占优势的大学生。这是因为家庭背景处于弱势的学生负担较重,其空闲时间和经济水平不足以支持他们参与此类活动。此外,家庭背景弱势群体在性格上大多显得较为内向和拘谨,与人的交往也会比较谨慎,对待开放性的活动缺乏冒险精神、自信心和参与兴趣。在各项社会活动中,他们倾向于成为事件人物的追随者,而并非领导者。出于种种考量,他们会放弃参与社会实践,转而做

---

① 杨东平. 中国教育公平的思想与现实 [M]. 北京:北京大学出版社,2006:67-78.
② P 布迪厄 J-C 帕斯隆. 继承人:大学生与文化 [M]. 北京:商务印书馆,2002:102.

其他更有价值的事。正是基于同样的原因，在人际方面家庭背景水平低的大学生也弱于家庭背景水平高的大学生。在这里面，大多数人存在着一个认知误区，人们常说的"穷人的孩子早当家"以及社会上关于寒门子弟励志经历的种种报道，导致他们认为家庭背景弱势的大学生在各方面的学习生活中，无论是基本的专业成绩、学术科研，还是社会实践和人际交往都可以强于其他同学。一方面，这类学生深刻了解处于社会底层所遭遇的挫折，挣脱父辈的生活轨迹，冲破家庭差距是他们学习的强大动力，这会迫使家庭弱势学生奋发向上，在相对公平的专业学习中取得高分。另一方面，家庭弱势的学生受到的杂念和诱惑更少，从而更能专心钻研专业知识和学术研究。但是现实并非完全如此，由专业基础知识拓展而出的社会实践能力、人际交往能力、发明创新能力等依靠的是全面的学习素质，注重的是方法、情感、态度的运用，在这些方面来自优势家庭的学生更能够灵活运用。

（2）弱势家庭的学生在升学就业、适应社会方面存在不足

对于在毕业阶段的学业发展选择方面，两者之间也存在着明显的差距。这种差距重点体现在升学、求职、创业这几个方面。出现这种差距，究其原因是我国社会对这些成长经历坎坷的孩子缺乏包容度，并未给他们提供公平的发展环境。

在继续升学深造的选择方面，家庭背景深厚的学生更倾向于选择考研、出国留学以追求更高的学业成就，而家庭背景薄弱的学生趋向于进入社会就业。究其原因，优势群体无经济压力，发展自我兴趣和提升自我能力是他们的追求，因此相对弱势群体，他们更能心无旁骛地继续求学。而家庭弱势的学生受到家庭经济、父母期望的压力，选择尽快实现就业，及时补贴家用。还有一些立志于升学或留学的弱势学生，他们往往缺乏必要的学业指导，在更高层次的求学竞争中失去主动性，最后只能被迫放弃改善家庭阶层的机会，而选择找一份平淡的工作生活。

在求职过程中，家庭背景较弱的学生也发现在最后的学业发展阶段他们屡屡碰壁。在中小学教育阶段，由于父母的关系成为流动儿童的学生进入新城市后，当地的中小学校对他们提出严苛的入学条件，最终促使外来孩子选择外来民工学校，落后的条件会形成与正常孩子的学习差距，这种成绩差距随着进入大学又逐渐拉大。而最终这部分弱势大学生的求职就业普遍离开较不发达的家乡，来到陌生却发达的城市寻找发展机会。孤身独自在外，他们在生活、学习、

娱乐、心理等方面的一种不适应的游离感和孤独感又与幼时的经历重合起来。这也是这些弱势家庭的大学生其发展性学业成就不高的一个重要原因。

当然还有一些大学生，会跳出前两者进行自我创业。虽然大学生创业有政府支持力度大、年轻人精力旺盛等优势，但也不可忽视其中的困难。弱势家庭的大学生在经济实力上就远不如其他人，而在初步创业阶段，资金可以决定一个年轻企业的生命长度。再者，创业还需要及时的信息资源，这样大学生企业可以精准掌握经济新生点和企业发展热点，也可以在最大程度上规避风险。而这些是来自弱势家庭的大学生所欠缺的。

（二）教育支持建议

习近平总书记在十九大报告中提出："要把孩子是否获得平等的教育机会作为考虑前提，要培养全面而又有素质的社会主义接班人，争取让所有的孩子都可以获得公正而有质量的教育。"那么，如何让大学生拥有"公正而有质量"的教育呢？本研究进行了思考，基于不同主体角度提出了以下几点建议：

1. 加大经济投入并强化乡村教育发展

政府部门需要更多地对农村地区进行经济投入，尤其是在教育方面的经济投入。当今我国推出了各项富民政策，比如为农村经济基础薄弱学校免费提供课桌椅、多媒体电脑等教学设施，让学生能够拥有和城市小学相同的学习环境。我国政府一直在推行的"农村教育行动计划"和"乡村教师支持计划"，虽然针对对象不同，前者是面对各农村中小学校，后者是面向乡村地区的正式教师和支援支教的老师。但他们的共同举措就是给予强有力的资金拨款，前者给各中小学校下拨专项教育资金以建设校园学习环境、购买教学用具，提供班级活动经费，后者给在农村教书的各类教师提高工资、津贴和福利，提升教师的工作积极性，让他们没有后顾之忧。此外，各大高校也积极响应和参与扶助农村学子的政策，为农村孩子提供各项优惠政策。例如由清华大学主导的"新百年自强计划"是针对中国广大农村学生，特别是贫困大学生的一项重要举措。品学优良的大学生入选之后，不仅能获得进入百年高等学府学习的机会，还会获得一定金额的生活费补助。中国人民大学的"圆梦计划"也为家庭贫困或者父母外出打工的高中生打开了招生绿色通道，同时给予经济补助。

2. 推进精准资助并扶持经济弱势学生

自新中国成立以来，随着教育资助制度的不断完善，国家为高校大学生制定了"奖、助、贷、免、勤"一系列的经济补偿制度。这项制度在一定程度上提高了贫困学生群体的经济资本拥有量,为其专注于学业,取得高学业成就提供了经济保障。这是宏观层面上最基础的教育资助,但是习近平总书记在2013年在湖南省调研的过程中讲到了"精准扶贫"的概念。据此,研究认为在高校中可以推出"精准资助"的概念。这要求:"我们在时间和空间上都要精准"。[①]时间上,学校既要惠及包括幼儿园、小学、初中、高中基础教育阶段,又要兼顾本专科、硕士、博士高等教育阶段。空间上,学校既要针对贫困县市的农村学子,也不能忽视发达县市的农村学子,更要重视城镇地区的困难学生。同时,"精准资助"意味着我们既要奉行在金钱上支持的"经济资助",也要实行知识和心理上的"智力资助"。仅仅为学生提供物质条件是远远不够的,这只是一种治标不治本的方法。"智力资助"指的是针对大学生的心理、情感、信念等概念化的部分,要时时刻刻注意教育引导,促使他们树立崇高理想,做一个有利于他人,有利于社会的人。

3. 优化家庭教育并推行"无痕化"教育

"无痕化"教育指的是"老师并不向学生直接传达教育目的,而用暗示、启发、引导等方法使学生丰富联想、积极思考、潜移默化地理解老师的最终意图,从而获得'润物细无声'的教育结果。"[②]家长在充分理解"无痕化"教育理念的基础上,还需要结合自身所学知识进行家庭教育实践。第一种可以采取的教育策略是设置情境。传统的说教模式只是一种表面上的教育,我们可以针对孩子的某些行动设置现实的情境,让孩子回想当时的行为举止,表达当时内心的情感活动,用肢体和语言再次演示当时的事情经过,然后与父母谈论当时在场人员的反应,讨论他人行为的对错并评价自身行为是否合理,最终孩子能有所顿悟,获得深刻的学习体会,以后再遇到类似事件也能从容不迫,采取合理的方式应对。第二种较为重要的教育策略是激励策略。父母表扬孩子是有技巧的。这种表扬不能是浮于表面,走口不走心的敷衍,而是在适当的时间地点通过适当的语言表达内心真诚的赞赏。孩子能敏感发觉这两者之间的区别,若使用方式不得要领,结果就会事与愿违。当孩子犯错时,家长更需要对孩子进行激励,要表扬孩子的闪光点,再提出他的问题和错误,这样孩子才能对未来更具信心。

---

① 曹志超,辜梅玲.高校大学生"精准资助"机制建设刍议[J].人生十六七,2018(2):54-55.
② 吴婷婷.用无痕化教学突破"百分数"[J].江西教育,2016(21):76.

第三种教育策略是榜样示范。苏联教育家马卡连柯曾经说过:"有些父母存在这样的误区,他们认为教育孩子只有通过对孩子进行嘱咐,和孩子进行交流才能体现出来。但是,孩子的穿衣品味,与他人的交流,表达自己的情感,发泄自己的愤怒,甚至如何微笑,如何写字,生活的方方面面都跟父母与孩子相处生活的点点滴滴密切相关。父母的文化学习和为人处世素养,甚至父母离开家后为孩子留下的环境与氛围,都影响着孩子的教育。"[1]因此,家长要树立自身的榜样作用,为孩子的学习生活做一个良好示范。

4. 聚焦个性特点并强化因材施教

"因材施教"中的"材"也可以理解为是大学生性格特征、心理现状、情感倾向这些。每个大学生都有不同的经历和习惯,因此在人际交往中总会存在或多或少的摩擦和矛盾,甚至有些内心较为脆弱的学生由于不适应环境而产生阴影或得了心理疾病,这会影响他们的生活和求学。针对此种现象,学校要高度重视,采取措施,例如在各个专业各个年级开设人际交往课程,全面普及与人交往的注意事项,鼓励他们面对现状,接纳自我,乐观自信,努力上进,也可以在每个班级设置调解员的职位,针对性地解决交往矛盾。学生工作部门和自发组成的各类社团组织也可以在特定节假日开展一些学生社团活动,比如说游园会、运动会、迎新毕业晚会、各类文体比赛等,这些活动既可以丰富学生的大学生活,又可以拓展学生的交际面,促进不同专业、年级同学之间的交流。此外,对于那些性格敏感,羞于表达的学生,还可以专门开设心理一对一辅导,倾听疑问,开导困惑。这些举措可有效地培养学生健康的性格,解决在学习生活中遇到的人际交往困惑。

"因材施教"还要考虑到家庭差别导致的个人差异。家庭弱势的学生不参与社会实践活动的一部分原因是他们没有时间,也没有参加类似活动的经验,所以有些缩手缩脚。据此,学校首先应该增加举办社会实践活动的次数和参与的学生名额,数量上的增加可以减小竞争,弱势学生能有更多的机会参与进来。学校也要适当地向弱势学生宣传社会实践活动,详细介绍其流程、注意事项,引导他们参加。如果条件允许可以开展"一对一"帮扶活动,让有经验的学生带动缺乏经验的学生参加实践,这样双方都可以进步。

---

[1] A.C. 马卡连柯. 家庭和儿童教育 [M]. 上海:上海人民出版社,2011:45-56.

5. 营造公平环境并创设平等发展机会

上文的研究表明，弱势家庭的学生在毕业阶段获得学业发展的通道较为狭窄，特别是在升学、求职、创业这些方面落后于普通学生。为此，我们引入了现代社会中极其重要的一股力量——第三部门。"第三部门"指的是"诸如青年志愿者团队、爱心企业、慈善基金会等不以营利为目的，勇于肩负起社会公众的责任，具有公共精神的非政府组织"[①]。这些社会势力可以成为弱势家庭、学校和相关政府部门之间的纽带。在政府、学校、家长互相配合扶助弱势群体的基础上，"第三部门"的支持促使社会各界人士都能参与到为家庭弱势大学生营造良好的学业发展环境的过程中去。

首先，要营造公平的升学环境。通过"第三部门"为他们提供专业化的帮助。有实力的非政府组织可以通过对研究生、留学生的奖助政策鼓励弱势大学生追求更高层次的学业，这可以缓解贫困学生因金钱导致的困难处境。其次，要营造公平的就业环境。在求职过程中，弱势大学生迫切需要岗位选择、面试规范、合同签订等方面的指导。社会爱心企业有着多年的招聘经验，可以充分借助自身的优势建立相关团队，为这些学生提供岗位知识培训、面试技巧模拟、合同签订须知等指导服务，避免他们在求职过程中出现低级错误，影响就业。最后，要营造公平的发展环境。"第三部门"掌握着丰富的社会资源，这正是来自弱势家庭且初入社会的大学生所欠缺的，因此在营造宽松的创业发展环境的道路上，非政府组织显得尤为重要。此外，非政府组织还可以与创业大学生建立起一个"信息共享机制"。共享机制使大学生与相关社会组织互相合作、信息共享，互通有无，在很大程度上可以帮助创业者打开信息获得渠道，也减少了购买信息的开支。

---

① 董岳. 社会工作介入城中村流动儿童社会支持体系构建的探究[D]. 合肥：安徽大学，2017：56.

第六章 阶层要素与农村籍大学生人际调适的实证研究[①]

上述章节已经将阶层要素对学业调适的两个维度（即学业适应及学业成就）的影响进行了实证研究，而后就是人际调适。当代大学生处于知识积累和人格形成的关键环节，生活经历从单纯的学校生活到了复杂的人际社会，个人行为也逐渐从不成熟到稳重，从懵懂无知到得心应手。而近些年来大量社会学家的研究发现，大学生都或多或少的都存在着人际障碍等心理问题，同样因校园人际关系问题引起的社会问题屡见不鲜，如"马加爵案例"，这些事件所折射出来的都是大学生人际交往的问题。本章节将要具体探讨阶层要素对农村籍大学生人际调适的影响。

一、研究缘由及问题

人际交往能力是大学生社会化的关键构成部分，同时也是大学生在校园里以及进入社会后所必须完备的一种综合能力。人际交往能力的提升，不仅有助于大学生的生活适应能力，提升大学生的学校生活质量，更能有助于其社会化的需要。现如今大学生的人际交往能力受到多重因素的影响，如果从心理学的层面来看，原生家庭是大部分心理问题产生的直接原因或者根本源头，从出生

[①] 本章节由张天雪、朱丽丽共同完成。

起孩子就受到家庭因素的浸染，他学习的一切东西都来自他的长辈和家庭，家庭的各个方面都会影响孩子成长过程的各个阶段，家庭方面包含经济条件、家庭社会背景、家庭环境、家长的教育水平以及养育方式，这会直接影响孩子的个性、教养、生活习惯、自身意识以及人际交往能力。因为家庭的先赋条件以及拥有的资源，相比较在社会中获取的资源是不一样的，不同家庭背景的孩子处理人际关系的方式不同。家庭背景对大学生的影响，不仅在于获得机会的多少，更多的还是自身的发展方面的影响，良好的家庭背景能够提前给孩子良好的人际交往所需的锻炼。大学生人际交往能力的差别反映出了大学生自身发展的迥异性，这也是高等教育的过程中的一类不公平现象。人际沟通是大学生生活一个重要的部分，尤其是大学生学习和生活里，只有良好的人际交往能力才能够保证大学生在这样的过渡时期稳定发展，进入社会也能够稳步前进。但大学生如果离开了校园，进入到社会，人际交往能力薄弱不利于工作的有序参与和社会交往，而这一切问题都可能与大学生最初的家庭教育有或多或少的关系。基于上述背景，本章节拟提出以下问题：大学生人际调适的现状如何，是否在其阶层要素中存在差异；阶层要素与大学生人际调适是否存在相关性；阶层要素对大学生人际调适是否存在影响。

二、文献回顾

（一）关于人际调适维度划分的综述

大多数学者在人际调适测量维度上多侧重于对人际交往能力的测量，但不同学者对人际交往能力研究的侧重点不同，如表6-1所示。

表6-1 不同学者对人际交往能力的分类表

作者	年份	"人际交往能力"分类指标
Buhrmester	1988	人际交往能力建立能力；适度拒绝能力；自我表露能力；冲动控制能力；情感支持能力
王军	2003	人际交往的认知和评价取向；人际交往的感受性取向
郭晓俊	2006	人际认知能力；人际情绪控制能力；人际语言沟通能力
王英春等	2009	交往动力；交往认知；交往技能

续表

作者	年份	"人际交往能力"分类指标
田澜等	2011	人际内控：移情能力，人际认知能力，情绪调控能力；人际外控：交往主动性，合作能力，表达能力，协调能力
陈海燕	2013	人际交流能力；人际融合能力；人际表达理解能力
管雯珺	2014	人际感受能力；人事记忆力；人际理解力；人际想象力；风度和表达力；合作能力与协调能力

对于目前"大学生人际交往能力"的测量，学者们更加重视的是交友与适应这两方面的本领，而对于主动交往和人际容纳并不重视。但是，人际交往最关键的两部分内容就是合作与沟通，所以交友和适应能力作为扩展和延伸也是人际交往的关键之处。大学生作为一个较为特殊的社会群体，就像亚里士多德说的那样："能够独自生活的人，不是野兽，就是上帝"。这就从侧面反映出人际交往能力的非凡意义，尤其是在大学生逐步走向社会的这一过程中。走向社会是一个动态的过程，所以，人际交往能力也体现出一个动态化的趋向，不仅要有交往的能力，还要能够维持和适应。很多学者在区分它们时往往会更加倾向于人际交往意愿和能力两个方面，但是由于本次的研究对象仅仅是从大一到大四的大学生群体，在其发展上具有动态性，所以，笔者联系实际情况，将因变量——人际交往能力分成三个方面，即人际适应、发展、经营能力，如表6-2所示。

表6-2 人际交往能力的结构效度

作者\维度	年份	人际适应能力	人际发展能力	人际经营能力
Buhrmester	1988	√	√	√
王军	2003	√	√	√
郭晓俊	2006	√	√	√
王英春等	2009		√	√
田澜等	2011		√	√
陈海燕	2013	√	√	√
管雯珺	2014	√		√
权重		71%	100%	100%

注：表中记"√"的项目为相应调查显示具有显著影响的要素。

在心理学范式的探讨上,一般会采用问卷调查和量表测试这两种方式,对于人际交往能力的影响因素调查也是如此,本研究对国内发表过的有关人际交往能力研究的文献进行了一次系统的梳理,划分成了下列几种类别:第一,对于各种群体来说,他们的人际交往能力普遍受到认知偏差的影响。从认知心理学方面来看,在交往阶段,人一定会出现对自己和他人的一种主观认知,假如错误地认知了自己和别人,那么就产生了认知偏差。一旦出现认知偏差,无论是对自己还是对别人,都有可能使人际交往能力失去效力。[1]第二,对大学生人际交往情况具有直接影响的一个因素就是主观因素。这里所提及的主观因素是指大学生在正常人际交往过程中的经历和体验,也就是说,大学生客观的经历和体验在人际交往过程中也会转化成主观行为。这种主观因素就包括人际安全、人际张力、人际阻抗和人际报复。[2]还有一点,每个人所具有的不同的心理特质也会影响到大学生的人际交往。如果个体本身就具有焦虑的特质和对社交的恐惧,在人际交往中也会非常敏感,因为他们往往会采用消极方式应对生活中的挫折和困难。[3]神经质的人往往人际交往能力失调,因为伴随着神经质的是焦虑、偏激、抑郁等极端心理。[4]通过对已有文献的梳理,研究发现现在对于大学生人际交往能力的研究还是以静态研究为主,缺少对大学生身份及角色转换的动态研究。而且,通过社会学范式的研究,其主要出发点是对大学生人际交往能力出现问题之后的溯源,但是从其研究的落脚点来看,却是落脚到了宏观的社会层面。相对之下,心理学的研究范式则更加微观。得出的测量结果也更具显著性水平。虽然社会上的各个领域对于大学生人际交往能力均有研究,但是这都是研究者作为一个局外人进行的研究,尽管研究深入细致,但是还是不如让大学生本身作为研究主体,从自身出发,从自己身上去发现问题,自我思考应该如何进行人际交往,如何提高自身的人际交往能力,所以本研究通过访谈法与很多大学生进行面对面的交流,从中了解到了大学生的真实情况。

---

[1] 张宝君.以规范和疏导为依托构建大学生和谐人际交往能力[J].思想理论教育导刊,2008(3):78-98.

[2] 赵崇莲,郑涌,李宏翰,张建梅.影响大学生人际交往能力主观因素的初步研究[J].心理科学,2006(6):65-85.

[3] 梁执群,卢莉,朱素娟,籍继颖,于婕.医科大学生人际交往能力敏感的影响因素研究[J].中国学校卫生,2004(2):54-65.

[4] 王涛,席波,王翠丽,徐立柱.大学生人际交往能力困扰心理社会影响因素分析[J].中国公共卫生,2007(5):89-96.

（二）关于人际调适影响因素的综述

对于每一个人际交往个体来说，其从一出生之后就开始受到各种因素的影响，其中家庭因素最为重要。家庭结构、父母情感情况、文化程度以及成长方式对个体的人际交往能力都会存在或多或少的影响。我国学者对人际交往的研究也比较多，其中王丽芳等人就通过研究发现在家庭中的家庭排行会影响到个体的人际信任程度，排行越大，信任也随之越大，反之也成立。[①] 对于很多家庭破碎的孩子来说，很多时候会有多疑和自卑的心态，因此在进行人际交往的过程中很容易就会出现自信心不足的情况，不利于人际交往的开展。[②] 另外，丁燕云等人通过调查发现，文化程度高的父母更多的是存在教育方面的差异，她们更多的选择是通过多交流和理解的方式让孩子从小得到尊重，这不仅有利于孩子的身心健康，更会让孩子在自信心建立的过程中有很大的帮助。自信心高的人在人际交往的过程中往往不太会焦虑，相反，自信心比较低的孩子在进行人际交往的过程中可能会存在焦虑的情况。[③] Armistead 和 Forehand 也进行过相关研究，他们认为父母的婚姻是孩子一切行为的基础，父母双方的交往方式和培养方式会直接影响到孩子的一生，这不仅是一种教育，更多的是一种潜移默化的影响。总的来说，父母的关系融洽，会对孩子的人际交往能力产生积极影响，反之亦然。[④] 经研究发现，对孩子的教育选择积极民主的教养方式，会让孩子更享受人际交往的乐趣，产生对他人积极的信任感；反之，则会造成信任缺失并带来心理障碍。

[①] 王丽芳，阎克乐，等.高三学生父母养育方式与人际信任、自尊的相关研究[J].中国行为医学科学，2005（14）：113-118.

[②] 张静.家庭因素与青少年人际信任的关系研究[J].毕节学院学报，2009，25（5）：28-32.

[③] 伍业光，唐全胜.父母养育方式对壮族大学生人格影响初探[J].中国学校卫生，2000，21（4）：115-119.

[④] Armistead L, Forehand R, Beach SR, etal. Predicting Interpersonal competence in yong adulthood: the roles of family, self, and peer systems during adolescent[J]. child and family studies, 1995, 4（4）：445-460.

三、研究设计与实施

（一）研究对象及假设

1. 研究对象

本文研究对象是我国各类高校的大学生人际交往能力。本研究所选取的研究样本是我国各大高校的在读大学生，初步拟定的问卷发放范围按照东中西部划分为浙江、江苏、安徽、湖北、山东、山西、内蒙古、新疆等地，学校也包括各个层次，分别为高职高专院校、地方本科院校、原211或省属重点院校以及原985院校，并按照比例进行抽样。

2. 研究假设

社会普遍存在一种规律，即阶层要素水平越高的家庭，无论在社会地位、经济水平还是孩子教育方式和观念上都要优于经济资本水平较低的家庭。这是社会发展到一定程度的"阶层固化"状态，即好的越好，差的越差。据于此，本研究提出以下三点假设进行论述：

假设 H1：家庭经济资本对大学生人际交往能力有影响，家庭经济资本水平越高的大学生，其人际交往能力越好；反之，则其能力越弱。

假设 H2：家庭社会资本对大学生人际交往能力有影响，家庭社会资本水平越高的大学生，其人际交往能力越好；反之，则其能力越弱。

假设 H3：家庭文化资本对大学生人际交往能力有影响，家庭文化资本水平越高的大学生，其人际交往能力越好；反之，则其能力越弱。

（二）研究工具的开发

本研究需要测量大学生人际交往能力状况，主要是和阶层要素之间的相关性。问卷总共分为三个部分。

1. 人口统计学变量

问卷中，此部分自然数据总共有5道题目，主要有性别、年级、专业、学校、家庭居住地、户籍状态等信息。

2. 阶层要素量表

自变量一：家庭经济资本

家庭经济资本，指一个家庭整体社会经济地位的体现，主要体现在家庭经济收入、经济环境等方面。本研究把"家庭整体月收入""消费水平""经济水平""课外辅导"作为研究家庭经济资本的考察点。根据郭丛斌先生制定的"衡量家庭经济资本的指标"并结合自己的思考,将"家庭整体月收入"标准定为"1000 元以下""1000~3000 元""3000~5000 元""5000~7000 元"和"7000 元以上"五个等级,并从低到高,按照1~5进行赋值。而"消费水平""经济水平""课外辅导"则采用五级量表法,从"完全符合""比较符合""基本符合""基本不符合"到"完全不符合"并按照由低到高进行赋值。对经济资本本身进行阐述,进而分析其与人际交往能力的相关性。

自变量二:家庭社会资本

家庭社会资本,是家庭成员中社会网络关系中的总和,中国是一个"伦理社会","人情网"便代表着"关系网",社会资本便是衡量一个人"关系网"的指标。社会资本的多少也会影响着一个人的发展与成长。在本次研究中,主要选取了"父亲职业类型""母亲职业类型""家庭交际程度""亲友关系""亲友维系程度"这五方面对家庭社会资本进行调查研究。其中,参照陆学艺教授提出的职业分化划分法,将父亲、母亲和亲属职业类型划分为"城乡无业、失业、半失业人员或农业劳动者"(社会底层)、"工人或商业服务人员"(社会中下层)、"个体工商户或一般办事人员"(社会中层)、"专业技术人员或私营企业主"(社会中上层)、"高级管理人员或政府领导干部"(社会上层)五个层次,并对应相应的社会地位,我们按照社会地位的高低,由高到低分别赋值1~5分。进一步对大学生家庭社会资本内部各要素进行阐述和分析,从而探讨家庭社会资本各要素与大学生人际交往能力的相关性。

自变量三:家庭文化资本

文化资本是指与文化相关的各种有形与无形的活动。根据文化资本的定义,我们引申出家庭文化为家庭一切文化相关活动所带来的各种有形与无形资产。一般包括身体形态、客观形态、制度形态三种形态。家庭文化教育的养成一般与良好的受教育水平,以及优良的"家风"有关。这种环境的感染是否与大学生的人际交往能力有相关性,为了更好地进行相关性研究,我们分别从文化资本三种形态中选择了三个方面的要素进行调查,包括"父亲的受教育程度""母亲的受教育程度""家庭民主程度""家中藏书量"四个方面对家庭文化资本进行统计分析,并得出其与人际交往能力的相关程度。

3. 大学生人际调适量表

在充分查阅社会学上关于人际交往能力的测量量表的基础上，本研究参考了北大郑日昌教授编制的"人际交往能力综合诊断量表"。他从交谈方面、交友方面、待人接物、同异性交往等方面全面评估当前的人际状况。但是考虑到量表的适用性，因此在前人的基础上进行了改编，按照人际交往的动态过程将人际交往能力划分为人际适应能力、人际发展能力以及人际经营能力，最终形成了自编的"大学生人际交往能力问卷"。

因变量一：人际适应能力

人际适应能力，是指个体能否在与他人交流的过程中达到愉悦的状态，这也能直接地反映其社会适应能力。本研究采用五级量表，从完全不符合、基本不符合、差不多、基本符合、完全符合五个程度对大学生的家庭依恋程度、学校适应程度、群体生活适应程度等方面进行评分与测量，并由低到高进行赋值，进一步探讨人际适应能力与阶层要素的相关性。

因变量二：人际发展能力

人际发展能力是指个体通过主动性的言语与行为，与他人建立起一种稳固的联系状态。本研究采用五级量表，从完全不符合、基本不符合、差不多、基本符合、完全符合五个程度对大学生人际发展意愿程度、交友能力程度与拓展能力程度等方面进行评分与测量，并由低到高进行赋值，进一步探讨人际发展能力与阶层要素的相关性。

因变量三：人际经营能力

人际经营能力，指一个人是否能够有效地与自己的同学、朋友、家人建立稳步联系的状态。本研究采用五级量表，从完全不符合、基本不符合、差不多、基本符合、完全符合五个程度对人际维持程度、人际信任程度、人际互动程度等方面进行评分与测量，并由低到高进行赋值，进一步探讨人际经营能力与阶层要素的相关性。

（三）数据管理与分析

1. 项目分析

在问卷的不断测试与完善的过程中，历经两个月，最终编制了"大学生人际调适影响因素调查问卷"终稿，问卷的项目构成如表6-3所示。

表 6-3　问卷终稿项目结构

题号	分类	
1，2，3，4，5	人口统计学信息	
6，7，8，9	家庭经济资本	阶层要素
10，11，12，13，14	家庭社会资本	
15，16，17，18	家庭文化资本	
19，20，21，22，23，24，25，26	人际发展能力	人际调适
27，28，29，30，31，32	人际适应能力	
33，34，35，36，37，38，39，40，41，42	人际经营能力	

正式问卷的发放范围按照地理区域划分为华东、华北、华中、华南、西南、西北、东北，并按照比例发放网络问卷，问卷发放量为1280份，问卷回收量为1250份，有效问卷量为1200份，问卷有效率为96%。

问卷研究中所使用的阶层要素量表和人际调适量表是基于相关文献资料研究，通过反复与老师同学讨论，并在预调查问卷分析的基础上再修改问卷，以确保问卷题项能够准确地反映大学生的阶层要素以及人际交往能力状况，进一步满足研究需求。

（1）阶层要素量表因子分析

利用因子分析可以厘清问卷结构，分析问卷的结构效度。结构效度主要是指主成分因子提取分析。因子分析的前提是变量之间存在内部依赖性关系，探求和观测数据的基本结构，考虑公共因子的提取以及问卷题目的适切性。阶层要素量表和人际调适量表的结构效度分析结果如表6-4所示。

表 6-4　阶层要素的 KMO 和 Bartlett 检验

KMO 取样适切性量数		0.785
Bartlett 的球形度检验	近似卡方	4355.911
	df	105
	显著性	0.000

对阶层要素量表进行 KMO 和 Bartlett 球形检验，结果表明：阶层要素的 KMO 值为0.785，Bartlett 的球形检验值显著性小于0.001。表明数据矩阵间存在着相关因素，因此阶层要素量表适合做因子分析。通过反映像矩阵的对角线的

取样适当性系数，发现13个题项值均大于0.5，所有题目都可以保留。

阶层要素量表通过主成分因子分析得到三个公共因子的累积解释变异数为54.39%，也就是说效度为54.39%，表明阶层要素量表的效度较好。并将三个维度的三个因子分别命名为家庭经济资本、家庭社会资本、家庭文化资本。

（2）人际调适量表因子分析

由表6-5可知，人际交往能力的KMO值为0.870，Bartlett的球形检验值为9575.722（显著性为0.000，小于显著水平0.05）。表明数据矩阵间存在着相关因素。通过反映像矩阵的对角线的取样适当性系数，发现24个题项值均大于0.5，所有题目都可以保留。

表6-5 人际调适的KMO和Bartlett检验

KMO取样适切性量数		0.870
Bartlett的球形度检验	近似卡方	9575.722
	df	276
	显著性	0.000

人际调适量表通过因子分析得到三个公共因子的累积解释变异数为55.24%，也就是说效度为55.24%，人际交往能力量表效度良好。分析结果与问卷设计时的预设基本一致，因此采用预设时的三个维度，即人际发展能力、人际适应能力、人际经营能力。

2. 信度分析

克隆巴赫系数（Cronbach's alpha）常作为衡量信度的指标。一般来说，该系数越高，工具的信度越高。系数达到0.70就可接受，0.70~0.98可以接受并属于高信度，而低于0.35则为低信度，必须予以拒绝。

研究所测得的阶层要素和人际交往能力的克隆巴赫系数如表6-6所示：阶层要素量表与人际调适量表的Cronbach系数均大于0.7，属于高信度，问卷具有一定的稳定性和一致性，说明该问卷具有一定的价值。

表6-6 可靠性统计资料

	Cronbach的Alpha>0.7	项目个数
阶层要素	0.725	13
人际交往能力	0.743	24

四、研究结果与分析

本研究通过对问卷数据的整理、编码，剔除无效问卷，并用SPSS19.0进行统计分析。具体包括阶层要素与人际交往能力现状，性别、年级、专业、学校、家庭居住地、户籍状态与人际交往能力的相关性，家庭经济资本、家庭社会资本、家庭文化资本与人际适应能力、人际发展能力以及人际维持能力之间的相关性与差异性，并在此基础上探寻阶层要素因素与人际交往因素之间的差异性与相关性。

（一）样本特征及差异性分析

1. 样本描述性分析

（1）样本人口统计学分布

如表6-7所示。本次研究样本共计1200人，其中男生占38.1%，女生占比61.9%。男女比例接近2：3。居住地分布方面，华东占比18.25%，华南占比14%，华北占比11.84%，华中占比16.17%，西南占比12.5%，东北占比19.16%，西北占比8.1%。其中东北地区所占比例最高，其次是华东、华中地区。至于户口分布方面，农村户口占比55.3%，城市户口占比42.7%。农村户口占比较大。所在年级分布上，大一学生占比58.6%，大二或大三学生占比25.25%，大四学生占比14.17%。大一学生占比较多，考虑到新生人际适应问题相对较大，在问卷发放的过程中调查对象偏重于大一新生。所学专业分布上，自然科学类占比29.5%，管理与工程技术类占比23.25%，社会科学类占比23.1%，人文艺术类文史类占比24.17%。在专业分布上，各专业在总体分布上相近，可以看出样本具有一定的代表性。从调查结果上看，这是比较符合研究背景的。这是由于在问卷发放过程中研究者严格控制发放对象，争取做到均匀分布在全国各省市的不同高校的大学生群中。

表6-7 调查对象样本类目表

类别		样本量	类别		样本量
性别	男	457	户籍	城市	512
	女	743		农村	688

续表

类别		样本量	类别		样本量
居住地	华东	219	年级	大一	703
	华南	168		大二或大三	327
	华北	142		大四及以上	170
	华中	194	专业	自然科学类	354
	西南	150		管理与工程技术类	279
	东北	230		社会科学类	277
	西北	97		人文艺术类	290

（2）样本阶层要素状况

将家庭经济资本、家庭社会资本、家庭文化资本各维度得分进行求和，并进行统计与计算，结果如表6-8所示。

表6-8 阶层要素各维度基本情况

	样本数	项目数	最小值	最大值	均值	众数
家庭经济资本	1200	4	4	19	14.70	16
家庭社会资本	1200	6	6	26	14.40	15
家庭文化资本	1200	4	4	16	10.10	11

注：均值得分保留小数点后两位。

家庭经济资本维度的得分均值为14.7，众数为16，众数大于均值，说明数据整体的得分值偏高。据此，我们可以初步判定，被调查对象的家庭经济资本水平偏高。家庭社会资本维度得分均值为14.4，众数为15，众数大于均值，说明数据整体的得分值偏高。据此，我们可以初步判定，被调查对象的家庭社会资本水平偏高。家庭文化资本得分均值为10.1，众数为11，众数大于均值，说明数据整体的得分值偏高。据此，我们可以初步判定，被调查对象的家庭文化水平偏高。随着社会经济政治的发展，家庭总体经济水平也有很大的提升，更加从关注经济生活问题转向子女教育问题。所以在总体上阶层要素因素得分总体偏高，这也在一定程度上反映了当前我国居民总体生活水平的提升。

（3）大学生人际交往能力现状

将人际适应能力、人际发展能力、人际经营能力各维度得分进行求和，并进行统计与计算，结果如表6-9所示。

表6-9　人际调适量表各维度指标基本情况

	样本数	项目数	最小值	最大值	均值	众数
人际适应能力	1200	6	6	27	15.21	16
人际发展能力	1200	8	8	36	24.28	25
人际经营能力	1200	10	10	45	31.87	32

注：均值得分保留小数点后两位。

被调查对象的价值取向在人际适应能力、人际发展能力、人际经营能力，人际发展能力的均值为24.28，众数为25，众数＞均值，说明数据整体呈现正偏态分布，得分值偏高。人际发展能力的均值为15.21，众数为16，众数＞均值，说明数据整体呈现正偏态分布，得分值偏高。人际经营能力的均值为31.87，众数为32，众数＞均值，说明数据整体呈现正偏态分布，得分值偏高。

众数都略高于均值，数据呈现正偏态分布，说明被调查对象在这三个层面上的人际交往能力状况较好。人际交往能力是大学生素质发展的一个重要方面，和谐的人际关系对大学生而言有着积极、深刻的现实意义。从样本上看，现阶段我国大学生人际交往能力水平整体偏高，这与现代通讯技术的进步息息相关。网络社交今天已成为大学生活中一个非常重要的部分，甚至某些方面已经取代了面对面的交流。这也在一定程度上促进了大学生人际交往能力的发展。

2. 样本差异性分析

（1）不同性别人际交往能力差异分析

将数据按性别进行分组，将男生定义为"1"，女生定义为"2"，进行独立样本检验，具体结果如表6-10所示。

Levene等同性检验显著性值小于0.05，且其95%差异数和信赖区间下限和上限都为负，不包含零，表明不同性别之间的人际交往能力状况存在显著性差异。假设方差齐性所对应的显著性（双尾）值小于0.05，且其95%差异数和信赖区间下限和上限都为负，不包含零，表明人际交往能力在性别上存在显著性差异。其中T值为负，说明男女之间人际交往能力存在显著差异，且男性比女性人际交往能力要差。综上，大学生人际交往能力在性别上存在显著差异，且男性要低于女性。

表 6-10　不同性别独立样本检验

		Levene 等同性检验		平均值等同性 t 检验						
		F	Sig	T	df	Sig（双尾）	平均差异	标准误差差值	95% 差异数的信赖区间 下限	上限
人际交往能力	假定等方差	15.529	0.000	−1.247	1200	0.000	−0.553	0.443	−1.422	−0.317
	不假定等方差			−1.106	600.062	0.000	−0.553	0.500	−1.534	−0.429

男女生在人际交往能力上的差异性主要体现在思维方式的不同、交往态度的不同。男女的身体构造生来就不同，因性别差异带来的行为差异也十分明显。在思维方式处理上，女生倾向于感性思维；而男生多倾向于理性思维，女生能够比较有技术性地将遇到的问题表达出来，且在人际关系的意愿上会更愿意去交朋友，而男生遇到问题则会放之任之，一笑而过，对于问题多采用冷静的态度，不多言不多语，对人际交往多会采取一种"多不如精"的态度，朋友不多，有就好。这种差异决定了在人际交往中女生会更优于男生。

（2）不同家庭所在地人际交往能力差异分析

在数据分析中，按中国行政区域划分标准，将大学生按家庭所在地进行分组，共计七个组，华东定义为"1"，华南定义为"2"，华北定义为"3"，华中定义为"4"，西南定义为"5"，东北定义为"6"，西北定义为"7"，对其进行 Anova 单因素方差分析，结果显示：不同家庭所在地的学生人际交往能力组间变异显著性值＜0.05，即组件无变异的假设不成立，不同家庭居住地的学生人际交往能力状况存在显著性差异。由于我国区域经济发展不平衡，来自不同区域的大学生家庭情况也有所不同，有些贫困地区的大学生会因为自己自身原因而产生自卑心理，这种心理会使他们在人际交往中产生紧张、焦虑、低落等不良情绪。他们一般不喜欢与人交往，认为人际交往太复杂，经常把自己隔离起来，整天生活在自己的世界中，别人进不去，自己也不出来，不敢主动交往或接受友谊，久而久之，就形成人际交往障碍。这与来自经济发展程度较高的省份的大学生相比有着显著的差异。这也就是为什么不同家庭所在地的学生人际交往能力状况差异性显著。

（3）不同户籍人际交往能力差异分析

将城市户口定义为"1"，农村户口定义为"2"，进行独立样本检验。如表6-11所示：Levene等同性检验显著性值为0.000小于0.001，则两组数据方差齐性的假设不成立，证明户口方差不齐性。

表6-11 不同户籍独立样本检验

		Levene等同性检验		平均值等同性t检验						
		F	Sig	T	df	Sig（双尾）	平均差异	标准误差差值	95%差异数的信赖区间	
									下限	上限
人际交往能力	假定等方差	115.312	0.000	5.074	1200	0.000	2.692	0.381	1.946	3.438
	不假定等方差			6.687	1165.67	0.000	2.692	0.403	1.902	3.482

在平均值等同性t检验中，假设方差齐性所对应的显著性（双尾）值为0.000＜0.05，且其95%差异数和信赖区间不包括0，说明城市和农村户口之间的人际交往能力状况有显著性差异。T值为正，说明城市户口的大学生的人际交往能力状况高于农村户口的大学生。

我国城乡固有的二元化结构，导致我国经济发展的不均衡。城乡的差距不仅体现在经济的差距，更多的是教育的差距。近十年来，我国政府虽然大力出台相关政策希望缩小城乡之间的差距，但是数据表明，我国收入差距缩小的速度远远慢于资本积累的速度，个人资本积累速度尤为快。在资本代际流动下，造成了一种"马太效应"，经济好的家庭越来越好，经济不好的家庭越来越差。城市的学生不仅在物质、教育等方面享受比农村学生更多的优质资源，在人际交往方面也往往优于农村学生。多数农村学生由于家庭条件的限制与资本的阻碍，造成了他们一种狭隘的人际交往视角。

使用独立样本T检验不同户口的大学生在人际交往能力各个维度上的差异，具体分析结果如表6-12所示：农村和城市户口的大学生在人际发展能力、人际适应能力、人际经营能力三个维度上的Levene方差等同性检验显著性均小于0.05，存在显著差异。平均值的T值为正，表明城市户口的大学生的人际交往能力在人际发展能力、人际适应能力、人际经营能力三个维度上要高于农村户口的大学生。通过不同户口的大学生在人际交往能力各个维度上的差异分析发现，交往的障碍大多是一种心理障碍。障碍一旦出现，就会影响正常的社会交往生活，就会与他人产生隔阂，甚至会形成孤僻症。农村大学生作为一群因学业来到城市的特殊群体，他们的生活方式，教育方式、生活环境都与之前大不相同。对于这种不同，很多人产生了困惑与畏难心理，在学业压力的影响下，更不愿意与人交往，将自己封闭其中。

表6-12 不同户口的大学生在人际交往能力各个维度上的差异分析

		Levene 等同性检验		平均值等同性t检验					差值95%置信区间	
		F	Sig	t	df	Sig（双尾）	均值差值	标准误差差值	下限	上限
人际适应能力	假定等方差	8.472	0.004	0.682	1200	0.495	0.090	0.132	-0.169	0.350
	不假定等方差			0.634	640.510	0.526	0.090	0.142	-0.189	0.370
人际发展能力	假定等方差	16.221	0.000	2.720	1200	0.004	0.468	0.172	0.131	0.806
	不假定等方差			2.478	622.152	0.013	0.468	0.189	0.097	0.839
人际经营能力	假定等方差	6.217	0.013	1.937	1200	0.003	0.332	0.171	-0.004	0.668
	不假定等方差			1.795	636.998	0.003	0.332	0.185	-0.031	0.695

（4）不同年级人际交往能力差异分析

根据年级高低，并按照编码顺序，1="大一"、2="大二及以上"、3="大四及以上"，并进行统计分析，结果显示：不同年级学生人际交往能力的组间变异显著性值为0.000＜0.05，即组件无变异的假设不成立，不同年级学生人际交往能力状况存在显著性差异。

为了进一步说明情况，采用差异不相等的Dunnett T3检验不同年级的大学生在人际交往能力各个维度上的差异，具体分析结果如表6-13所示。

大一与大二或大三，大一与大四及以上，大二或大三与大四及以上显著性值均小于0.001，说明人际交往能力在年级上存在显著差异。

表 6-13　不同年级多重比较

因变数：人际交往能力状况 Dunnett T3					
（Ⅰ）年级	（J）年级	平均差异(I-J)	标准错误	显著性	95%信赖区间
					下限　　上限
大一	大二或大三	−0.044*	0.456	0.000	−1.14　　1.05
	大四及以上	−3.262*	0.545	0.000	−4.57　　−1.96
大二或大三	大一	0.044*	0.456	0.000	−1.05　　1.14
	大四及以上	−3.218*	0.431	0.000	−4.25　　−2.19
大四及以上	大一	3.262*	0.545	0.000	1.96　　4.57
	大二或大三	3.218*	0.431	0.000	2.19　　4.25

注：*平均值差异在0.05层级为显著。

根据上述的结果，我们做出分析：大一刚迈入大学校园，处于一个完全陌生的环境，而大学校园相对于高中校园来说要更具有开放性，很多比较内向的同学在人际交往上可能要比一些同学"慢热"许多，更多时候需要自己独立面对各种各样的人际交往问题。相对来说，在人际关系的处理上问题更多，显著性水平更高。但是大二或大三的阶段，经过一年多的学习和相互认识，彼此之间相互熟悉，与环境的融合性会更强，更多的时候面对人际交往问题会运用人际策略去缓解摩擦与矛盾。但是这个阶段的学生仍处在校园生活状态，拥有自己固定的交往与交际圈，相对而言，大四的学生显著性水平会更加显著。大四及以上是大学的最后阶段，在这个阶段大家开始慢慢走上社会，很多同学在此期间都学会沉淀自己。

（5）不同专业学生人际交往能力差异分析

在数据分析中，将其按照大学生所在专业进行分组，共计四个组，分别为自然科学类、管理与工程技术类、社会科学类、人文艺术类。对其进行Anova单因素方差分析，结果显示：不同专业学生人际交往能力的组间变异显著性值为0.000＜0.05，即组间无变异的假设不成立，不同专业学生人际交往能力状况存在显著性差异。为了进一步说明情况，采用差异不相等的Dunnett T3检验不同年级的大学生在人际交往能力各个维度上的差异，具体分析结果如表6-14所示。

除社会科学类与人文艺术类之间的差异的显著性值为0.962＞0.05之外，其他各类别专业之间的差异的显著性值均＜0.05。这表明，不同专业的大学生的人际交往能力状况存在差异，自然科学类与管理工程类学生人际交往能力状况差异不明显；自然科学类与社会科学类学生人际交往能力状况差异明显；自然科学类与人文艺术类学生人际交往能力状况差异明显；管理工程类与社会科学类学生人际交往能力状况差异明显；管理工程类与人文艺术类之间学生人际交往能力状况差异明显；社会科学类与人文艺术类学生人际交往能力状况差异不明显。

表6-14 不同专业多重比较

\multicolumn{7}{c}{因变数：人际交往能力状况 Dunnett T3}
（I）专业	（J）专业	平均差异（I-J）	标准错误	显著性	95%信赖区间下限	95%信赖区间上限
自然科学类	管理与工程技术类	-1.306	0.660	0.256	-3.05	0.44
	社会科学类	-2.930*	0.628	0.000	-4.59	-1.27
	人文艺术类	-3.245*	0.609	0.000	-4.85	-1.64
管理与工程技术类	自然科学类	1.306	0.660	0.256	0.44	3.05
	社会科学类	-1.624*	0.465	0.003	-2.85	-0.40
	人文艺术类	-1.939*	0.439	0.000	-3.10	-0.78
社会科学类	自然科学类	2.930*	0.628	0.000	1.27	4.59
	管理与工程技术类	1.624*	0.465	0.003	0.40	2.85
	人文艺术类	-0.315	0.390	0.962	-1.34	0.71
人文艺术类	自然科学类	3.245*	0.609	0.000	1.64	4.85
	管理与工程技术类	1.939*	0.439	0.000	0.78	3.10
	社会科学类	0.315	0.390	0.962	-.71	1.34

注：*平均值差异在0.05层级为显著。

根据上述的结果可得知：理工科的学生大多数是男生，而文科是女生居多，性别构成比例不同也造成两者在人际交往能力状况上存在着显著性的差异。理工科的学生一般来说课程较多，基本上都会在实验室度过，而且他们过多采用逻辑思考，造成他们在人际交往上可能会更加单纯和直接；而文科同学基本上课程相对较少，他们有更多的时间由自己支配，并且他们一般都是采用发散性思维，这导致了他们在情感处理上会更加细腻，在人际交往上思考会比理工科同学更多，这也是为什么不同专业的同学在人际交往能力上会产生显著性的差异。

（二）阶层要素与人际调适的相关性分析

1.阶层要素与大学生人际交往能力状况相关程度分析

本研究对阶层要素与人际交往能力相关程度分析采用了Pearson相关系数法。一般来说，Pearson相关系数的绝对值在0到1之间，相关系数低于0.3表示低度相关或者无相关，0.3~0.6表示中度相关，0.6~0.8表示高度相关，在0.8以上表示超高度相关。如表6-15所示。

表6-15 阶层要素与大学生人际交往能力相关

		人际交往能力状况
阶层要素	Pearson 相关	0.406*
	显著性（双尾）	0.000

注：*相关性在0.05上显著（双尾）**相关性在0.01上显著（双尾）。

阶层要素水平和人际交往能力状况的Pearson相关值为0.406，属于中度相关。显著性（双尾）值为0.000＜0.01，具有显著性。从而得出阶层要素与大学生人际交往能力状况存在中度正相关关系。

在统计学中，有时一个很微弱的相关可能会因为样本数量很大而达到统计的显著水平，具有统计意义；但一个很强的相关可能会因为样本数量太小而没有显著的统计意义。显然样本数的大小是影响相关系数统计显著性的重要因素。而在本研究中，有效样本量为1200，考虑到数量较大，所以不排除由于样本数量偏大造成的相关系数不高的原因。

2.阶层要素各维度与大学生人际交往能力各维度的相关

如表6-16所示。家庭经济资本与人际适应能力存在正向低相关，与人际发展能力存在正向中度相关；家庭社会资本与人际适应能力、人际发展能力存在正向相关且接近中度相关，与人际适应能力、人际经营能力存在正向中度相关；家庭文化资本与人际适应能力、人际发展能力、人际经营能力均存在正向中度相关。其中相关程度最高的是家庭文化资本与人际发展能力。

表 6-16 阶层要素各维度与大学生人际交往能力各维度的相关

	家庭经济资本	家庭社会资本	家庭文化资本	人际适应能力	人际发展能力	人际经营能力
家庭经济资本	1					
家庭社会资本	0.278**	1				
家庭文化资本	0.167*	0.191*	1			
人际适应能力	0.178*	0.230**	0.219**	1		
人际发展能力	0.313**	0.243**	0.352**	0.208**	1	
人际经营能力	0.080	0.042	0.264**	0.053	0.217**	1

注：*相关性在0.05上显著（双尾）**相关性在0.01上显著（双尾）。

经济资本是一切资源的来源和基础，家庭经济资本是一个家庭发展所必需的物质基础。良好的家庭经济资本，不仅可以为子女提供优渥的学习、生活环境，更能为其提供个性化的人际交往机遇与平台。研究表明，家庭经济资本的丰富与否，决定着家庭经济应对能力的强弱，经济应对能力越强，意味着家长倾向于为子女的成长提供更多交流的空间，让子女在与人交流过程中不断赢得自信心与自尊心，更能为以后提供多样化的发展空间。

社会资本不同于经济资本与文化资本，社会资本的获取直接关系到个体获得与运用资源的水平与地位。大学生群体作为准社会人，家庭社会资本对其人际交往能力的有很大的影响。人与动物最本质的区别，就在于他的社会性。每个人都是社会网络的一员，正是由于这些成员才构成了家庭组织。家庭组织是社会网络中最重要的部分。在社会网络中，一个人社会资本的积累决定其是否能够具备调动社会其他成员的能力。社会资本扎根于中国传统儒家文化，以一定的社会人际关系为基石。社会资本是一种人情网络关系，它以家庭亲属关系为依托，这种关系来源于血缘社会。儒家文化强调的这种血缘关系已经深入社会网络之中，而儒家文化更多强调的是一种关系本位格局，而非社会本位或者人人本位。所以，在本研究中，家庭社会资本丰富，拥有复杂的人际关系网络，给人际发展能力的培养带来了高质量的提升。

家是港湾，也是个人实现社会化的重要支柱，不仅为个人提供知识积累的场所，也为其提供情感的归宿。研究表明，在所有家庭因素中，对孩子成长影响最大的因素是家庭文化资本。父母教养水平的高低直接影响到孩子成长的健康与否，教养水平越高的家庭，孩子成长的氛围越好，成长的空间越大，越可能成长为对社会有益之人，反之，则不然，不仅对孩子的身心健康造成极大的损害，更为孩子的人际交往带来无限的弊端。

（三）阶层要素对人际调适影响的回归分析

回归分析主要是探求阶层要素与人际交往能力状况之间的因果关系及前者对后者的影响程度，且人际交往能力状况能否通过阶层要素这一指标来预测。

1. 自然变量对其人际交往能力状况的影响

在这个部分，解释变量为性别、家庭所在地、户籍、年级、专业，被解释变量为人际交往能力状况。具体回归分析结果如表6-17所示：决定系数R^2=0.316，R^2反映了回归模型的解释力，即人际交往能力变量被解释变量性别、家庭所在地、户籍、年级、专业四个变量所消减的误差百分比为8.3%，相关系数R=0.316。表明两个变量之间的相关关系较为显著。

表6-17　模型摘要

模型	R	R平方	调整后R平方	标准偏斜度错误
1	0.316[a]	0.085	0.083	0.236

a. 预测变量：（常量），性别，家庭所在地，户籍，年级，专业。

由表6-18中可以看出，方差分析显著性值为0.000<0.05，解释变量对被解释变量无影响的假设不成立，说明回归系数不为0，即解释变量对被解释变量人际交往能力的影响显著。

表6-18　变异数分析[a]

模型		平方和	df	平均值平方	F	显著性
1	回归	1419.669	1	1419.669	23.120	0.000[b]
	残差	104081.864	1200	61.405		
	总计	105501.533	1696			

a. 因变量：人际交往能力状况。
b. 预测值：（常数）性别，居住地，户籍，年级，专业。

表6-19中五个解释变量的显著性值显著性值均小于0.05，说明这五个解释变量对被解释变量人际交往能力有显著影响。

表 6-19 系数 [a]

模型		非标准化系数		标准化系数	T	显著性
		β	标准错误	Beta		
1	（常数）	61.289	1.216		50.416	0.000
	性别	0.146	0.438	0.008	2.333	0.039
	居住地	0.213	0.092	0.059	2.305	0.021
	户籍	2.747	0.377	0.173	5.284	0.000
	年级	1.252	0.295	0.106	4.238	0.000
	专业	1.348	0.183	0.181	5.376	0.000

a. 因变量：人际交往能力状况。

从回归分析的结果来看，省份、户籍、年级、专业、性别这五个变量对大学生人际交往能力状况存在显著影响。由于成长环境的不同，城市学生和农村学生的人际交往能力状况上存在差异。城市家庭的学生拥有更多的交流的平台，应对人际交往的经验更丰富，更愿意与他人进行交往；而农村家庭的学生则多为生计打算，父母多为外出打工者，交际圈多为家里的老人，面对城市生活有很多不适应，在人际交往时则显得缺乏自信、无所适从。

人际交往能力的差异与家庭环境的好坏有着直接的关系。家庭环境主要包含隐性环境与显性环境。家庭隐性环境主要指家庭和谐程度，父母之间、父母与他人之间、父母对子女的教育方式等；家庭显性环境主要是指家庭经济水平的高低、家庭资源配置的优良与否，包括经济收入、生活设施和居住条件、家长教育程度等。原生环境对孩子的健康成长具有隐蔽性与持久性的作用，家庭环境的好坏会直接影响孩子的成长方向。

2. 阶层要素对大学生人际交往能力状况的影响

本部分中，解释变量为阶层要素，被解释变量为人际交往能力。为了能更深层次地探讨阶层要素各个维度对人际交往能力各维度的影响，将家庭经济资本、家庭社会资本、家庭文化资本三个维度都放入回归模型中，如表6-20所示：决定系数 R^2=0.382，说明在人际交往能力的变异中有38.2%是由阶层要素所引起的。表明阶层要素与人际交往能力的相关关系显著。

表 6-20　模型摘要

模型	R	R 平方	调整后 R 平方	标准偏斜度错误
1	0.618[a]	0.382	0.381	6.208

表6-21中，方差分析的显著性值为0.000＜0.05，即解释变量对被解释变量无影响的假设不成立，说明回归系数不为0。说明阶层要素对人际交往能力的影响显著，三个预测变量能够显著预测大学生的人际交往能力状况。

表 6-21　变异数分析[a]

模型		平方和	df	平均值平方	F	显著性
1	回归	40302.870	4	10075.718	261.480	0.000[b]
	残差	65198.663	1196	38.533		
	总计	105501.533	1200			

a. 因变量：人际交往能力状况。
b. 预测值：（常数），家庭经济资本，家庭社会资本，家庭文化资本。

从表6-22中可以看出，回归系数的结果中三个维度所对应的T检验的显著值均小于0.05，每个偏回归系数的值与零有显著差异。说明家庭经济资本、家庭社会资本、家庭文化资本、对大学生人际交往能力状况存在显著影响。

表 6-22　系数[a]

模型		非标准化系数 β	标准错误	标准化系数 Beta	T	显著性
1	（常数）	31.706	1.130		28.057	0.000
	家庭经济资本	0.429	0.085	0.105	5.063	0.000
	家庭社会资本	0.910	0.140	0.128	6.498	0.000
	家庭文化资本	1.821	0.096	0.392	18.937	0.000

a. 因变量：人际交往能力状况。

上表6-22提供了构建回归方程和检验每个预测变量显著性的必要值。在多元回归中，方程式以下的形式建立：

$$Y=a+b_1X_1+b_2X_2+b_3X_3+...+b_iX_i$$

其中，Y为因变量的预测值，即大学生人际交往能力的预测值；a为Y轴截距，即当所有的X_i为0时Y的值；b为第i个预测变量的回归系数。在研究中，i的取值为1、2、3，依次表示为第一个变量（家庭经济资本）、第二个变量（家庭社会资本）和第三个变量（家庭文化资本）。

根据表6-22的结果，预测大学生人际交往能力状况的多元回归方程为：

$Y_{人际交往能力}=0.429X_1+0.910X_2+1.821X_3+31.706$

X_1：家庭经济资本，X_2：家庭社会资本，X_3：家庭文化资本

由以上分析可以得出，学生的阶层要素对其人际交往能力状况有显著影响。其中家庭文化资本对大学生人际发展影响程度最大。且在家庭文化资本中母亲的学历水平高低对人际发展影响尤为重要。不同阶层要素的学生有着不同的成长环境、教育经历。家庭经济情况、地区发展情况、父母职业水平高低这些因素都是阶层要素高低水平的衡量指标。家庭水平较高的学生，父母大多为高学历人才，家庭环境多为民主、自由，这种家庭环境下的父母更多会关注子女各方面能力的培养，而在这种环境下成长的学生，会更加乐观开朗并且与人为善。而阶层要素水平较低的学生，多来自农村家庭，更多的是留守家庭。家庭经济水平较低，父母为了维持生计不得不外出打工，孩子多为老年人照顾。这种留守家庭更多地是倾向于经济生活需求，对于文化需求则并未重视。而这种家庭的孩子多存在一种自卑心理，认为自己无论是物质还是能力都远不如他人。强烈的自卑感让他们不愿与他人进行交流。

父母的学历水平也代表了家庭文化资本的高低。母亲作为孩子的第一任教师，其文化资本的高低影响着子女成长的方向。母亲的学历水平越高，家庭教养方式多为自由、民主、关爱；反之，则多为放任、忽视。正确教养方式下成长的孩子，能够积极应对人际交往中存在的问题，与人为善，敢于打破人际障碍，能够得到周围同学的欢迎和喜爱。在错误教养方式下成长的孩子，会存在一些错误的人际观念，自私自利、斤斤计较，不善于沟通交流，经常会感到尴尬与不适应。长此以往，孩子会越来越自闭，越来越消极，甚至会出现一些极端的症状。在应对人际关系时，家庭教养方式不同的学生表现出不同的价值取向和行为，这也从侧面反映出家庭教养的差异。

五、结论及教育支持建议

（一）结论及其讨论

本文对阶层要素的各要素进行了非常深入的分析，又对家庭的三大资本对大学生人际交往能力的影响做了相关性研究，为之前提出的假设做了验证，同时也为以后的研究打下了一定的基础。

首先，阶层要素水平对大学生人际交往能力的影响是显著的，并具有中度相关性。家庭经济条件比较好的大学生可能在其出生的时候就已经建立起初步优势，这种优势不仅能够给他们足够的自信，同时也能够帮助他们拥有良好的人际交往圈，大部分情况来看，家庭经济资本薄弱的学生虽然起步欠缺，但是之后靠自己很有可能获得转变，而且对于很多家庭经济资本并没有那么丰厚的大学生来说，后续的首要工作可能就是先获得足够的家庭经济资本，以此来获取并转向更好的人际交往圈。

其次，家庭社会资本对大学生人际交往能力具有显著影响，在家庭社会资本中父母职业对其影响最为显著。家庭社会资本对于大学生人际交往的意义往往更加具有指向性，因为家庭社会资本不仅仅能够让大学生的人际交往意向有一定的导向，同时对大学生的人际交往方式也有一定的培养和固定作用，比如某个大学生从小生活在商业世家，那么这种大学生跟生活在农村的大学生就会存在一定的差异，且这种差异不是短时间能够改变的。

第三，家庭文化资本对大学生的人际交往能力具有显著影响，其中母亲文化水平与人际交往能力相关程度最高。家庭文化资本比较丰厚的大学生对人际交往的要求也是比较高的，反之就相对较低。家庭文化资本对于大学生来说是非常重要的，家庭文化资本能够给大学生一个比较好的成长环境，如果能够拥有并且很好地利用的话会对大学生的人际交往有非常大的作用。

最后，尽管本研究主要论述的是大学生的阶层要素对大学生的人际交往方面的主要影响，虽然有一定的成果和突破，但是在很多地方依然有一些不足。在本次调研和写作过程中，问卷是根据相关理论和数据整理而成的，其中不乏固有的缺陷，但是也融合了诸多长处。另外，本地调研的样本并没有太大的覆盖面，虽然已经尽可能的平均性别、专业和年龄，以此去做更全面更准确的数据分析，但还是有一定的问题。总的来说，大学生的阶层要素对人际交往能力的影响研究并不会是一个暂时性的研究话题，而是一个长久的、具有时代性的话题，希望能够通过这些分析为以后的理论研究发展提供一份暂时性的依据和力量。

（二）教育支持建议

总而言之，家庭经济水平不同的大学生人际交往能力也不同。家庭经济水平与大学生的人际交往能力是成正相关关系的，家庭经济水平低的大学生人际交往能力相对较低；而经济水平高的大学生人际交往能力也比较强。由此，可以得出家庭经济水平的高低对大学生人际交往能力有显著影响。根据以上结果，我们提出了以下几点措施。

1. 提高对家庭经济困难大学生的社会支持力度

中国社会是一个非常具有代表性的差序格局网络社会，它是以家庭为中间点向四周散射的。在中国，各种资源的互相转换作用的表现是最激烈的。就刚刚步入大学时代的大一新生而言，家庭的经济支持是他们坚强的后盾。所以，对于大学生而言，家庭经济水平的高低是他们获得理想职业的重要原因。经济水平高的家庭可以为学生工作提供强有力的经济基础，能在保证人际交往品质的同时增强学生的自信心，获得较高收益；家庭文明程度有助于大学生明确人际交往选择的目的性，提高学生人力资源积累与对未来工作的认知程度。但是，由于所处的社会层级不同，每个家庭的收入水平也各不相同。经济水平在一定方向上妨碍了大学生人际交往的发展及社会地位的获得。这种不平衡性使大部分人产生了一种"拼爹"的错觉，认为只有"拼爹"才能变得更好，对自我能力的发挥起到了一定的限制作用。不平衡的社会思想的蔓延不利于社会稳定和发展。经济水平比较低的家庭代代传递的现象越来越明显，并且会在社会中长期保持下去，所以我们更应该认识到，除了家庭经济水平的影响外，个人能力的提升和社会人脉的积累也对社会地位的获得起着至关重要的作用。作为21世纪的接班人，拥有高学历的我们更应该努力拼搏，为美好生活奋斗。

中共十九大报告指出："全力发展教育事业，完善学生资助教育制度，使大部分城乡劳动力接受高中教育，更多人接受高等教育。"随着市场经济的逐步发展，我国城乡区域体制分明，城乡之间的经济发展出现许多不平衡，这也是造成家庭经济水平不同的大学生人际交往能力不同的重要原因之一。目前，随着我国经济发展和中国特色社会主义步入新时代,我国社会主要矛盾已转化为人民逐步增长的完美生活需要和不平衡不充分的发展之间的矛盾。由于过去仅仅靠局部探索经济发展,而导致现在形成"马太效应",社会层级分明,且层级变动阻塞,以至于形成"阶层固化"的现象。家庭经济水平不同的大学生人际交往能力不同,就是这个现象的表现形式。我们现在正处于社会主义发展的新阶段,要加大对农村贫困学生的经济扶持力度,不仅要在经济上提供一些物质帮助,还要对农村贫困家庭学生进行两免一补政策,包括免学费、免书费、补助生活费。这样不仅可以减轻农村贫困家庭学生的资金负担,还可以为在校大学生提供一系列的金钱弥补政策,在一定程度上减轻农村大学生的担心与忧虑。当然,除了经济上的帮助外,还要从心理上对农村大学生进行一定的疏导和安慰,包括为问题型学生提供定期的心理咨询,通过多媒体信息技术的应用,设置网络心理咨询帮助窗口和网络人际交往能力有关课程,使学生根据自己的需要进行了解和选择。由此学校可以及时发现学生人际交往中的不恰当之处,及时发现问题并解决问题,帮助问题学生早日走出困境。

2.提高家庭教育并增强良性互动

通常情况下,家庭文化资本在阶层要素中就其社会地位来看,其作用并不显著,几乎是看不到的,但是它的实验结果却十分出人意料。家庭文化资本发挥其作用时主要用以下两种方式,一种是言传身教,另一种则是耳濡目染,这两种方式影响着个体的学习情况、工作状态以及生活方式,当然,这也是由父母的教育方法所决定的。生活在一个具有良好氛围的家庭中,能够更好地帮助个体发展自我、增强自身实力,让个体能够对美好未来充满希望,能够及时发现自身的缺点并加以改正,同时对以后的就业和未来的生活也会更有信心。所以,如果父母的受教育程度高,学习习惯优秀,那么她们就会有良好的态度,会给家庭营造一种健康向上的生活氛围,这对子女的发展成才有巨大影响。

安妮特·拉鲁写过一本著名的书籍,在他的《不平等的儿童》一书中,他提出过这样的看法,儿童的社会分层现象是因为她们在家庭中受到的教育方式不一样,在美国也有"龙生龙,凤生凤,老鼠生的孩子会打洞"这一说法,存在着阶级问题。拥有优越家庭条件的大学生,在他们进行人际交往时往往要更加便利,然而生活在弱势家庭中的大学生,他们没有良好的经济实力,从小就被父母教育要做到节俭,在他们的内心形成了一种"稀缺心态"的生活观:在资源匮乏的情况下,他们往往会选择用大量的时间去工作进而获得廉价的工资,并不会想去用金钱来换取大量的回报以及提高生活的质量。《富爸爸穷爸爸》中有这样的观点：穷人们在陷入资金危机时，他们奋力挣扎的重要原因是，他们所接受的教育中并没有告诉他们任何资产方面的内容，以至于他们只会想着怎么样工作来获得金钱，他们的思想中不存在让金钱为自己工作的观念。

大学生的父母，特别是弱势阶层的大学生父母更要从他们自己做起，从点滴小事做起，努力奋斗，认真生活，培养正确的金钱观，不能把大人们所承受的生活压力让孩子来承担，不要整天向孩子抱怨，不要让他们徒增烦恼，更不要因此影响孩子们的学习和生活，应该要让他们感受到幸福。另外，即使教育在一定条件下是复制阶层地位的重要角色，但是它在本质上却具有促进个体发展的特征，教育文化再次生产这一功能发挥作用还与父母怎样投入教育有着重要关系。假如弱势阶层父母可以同优势阶层父母一样，都想要加入家校合作的团队，努力帮助孩子成长，促进孩子的全面发展，就可能会受到教育的促进的影响，实现阶层的流动，改变自己所处的阶级地位，这会在一定程度上减弱教育二次生产的能力。所以当不存在相较而言更加优秀更加公平的阶级流动条件的情况下，弱势阶级的父母更需要积极地关心孩子的教育活动，多与优势阶级的家长沟通，积极地向他们学习，给孩子提供一个民主且温暖的生活环境，而不是让他们生活在压抑的不良环境中，更不要让他们陷入不良循环。

家庭经济文化条件在根本上决定了大学生发展的状况，也决定了他们社交满足感的程度，这是影响个体自我认同感的重要因素，更影响着个体的社交体验，这是一种天然的影响，但它也是必然的。然而它的必然性还需要通过个体的能动性来完成，不能理所当然地认为原生家庭的优劣会一直影响着一个个体的成长，不能想当然地认为一个个体从出生开始就被决定了未来。即使是在年龄很小的阶段，个体的能动性和他们的选择本领也会受到父母教育活动的制约。当个体在不断成长时，他们的理性观念趋于成熟，个体的自身能动性更为突出地表现出来。所以，在惯性场域的作用下，大学生并不是没有办法去改变现状，即使摒除原生家庭带来的不良惯性作用并不容易，但是如果自己都不对自己抱有希望，就算拥有了公平有利的教育机会和社会机遇，也不可能逆袭成功。

3. 建立个人信息档案模式并加强对问题学生的指导

高等教育是一个转折点，很多大学生因学业而远离家庭、远离朋友、远离家乡来到一个陌生的环境。他们处于人际交往的岔路口，逐渐从陌生到熟悉，在新的环境，面对不同的人、事、物，都有各种不适应，所以，这在一定程度上要求高校管理人员,不断加强对学生的关注。从总体上来说,阶层要素水平高的家庭,往往子女人际交往能力状况越好;阶层要素水平低的家庭,人际交往能力状况一般不尽如人意。家庭对子女的影响是隐形的、长久的。好的家庭环境、好的教育方式会给子女带来终身受益的价值;反之,不好的家庭环境带来的各种不好的教育方式会给孩子造成一辈子的阴影,甚至可能会影响孩子成长的各个方面。这也说明家庭的影响会伴随着子女的终生。家庭所带来的不同资本导致大学生在人际交往上秉持的态度不同,要求高等教育管理者要有意识地看到大学生固有的不同,采取针对性的措施,去引导不同阶层要素的大学生都能够有积极向上的心态。所以对原生家庭我们需要密切关注,建立相关家庭信息档案,并及时找到原生家庭的问题,找出其中的不利因素,进而引导大学生朝着积极、乐观的方向发展。在研究中,我们发现母亲受教育水平的高低,对子女人际交往的影响尤为显著,对子女关注程度越高、越民主化的母亲,孩子的人际交往能力则越强;对子女关注程度较少、较严厉的母亲,孩子人际交往能力状况也会较差。这种人际交往状况的不同,要求高校管理者更加注重对学生母亲教育的关注,在家庭信息的获取中,尤其需要关注母亲的各种信息。

总的梳理起来，价值取向的界定基本上有三种表述：

第一种用"倾向性"来界定，袁贵仁在《价值学引论》[①]中说："价值取向指的是人们在一定场合以一定方式采取一定行动的价值倾向。它来自主体的价值体系、价值意识，表现为政治取向、功利取向、道德取向等方面"。

第二种用"行为取向"来界定，刘永富在《价值哲学的新视野》[②]中说："价值取向就是行为主体最终决定做什么好或怎么做好，或者说，从价值、从好坏的角度决定做什么或怎么做。"也就是看作行为取向与活动取向。

第三种用"价值标准"界定价值取向，孙正聿在《哲学通论》[③]中说："任何一个社会价值体系，都存在着相互矛盾的两个基本方面，这就是社会的价值理想、价值规范和价值导向与个人的价值目标、价值取向和价值认同之间的矛盾"。

（二）关于价值取向维度划分的综述

关于价值观（或价值取向）的划分标准，国内外研究者从不同的角度给出了不同的划分标准，如表7-2所示。

表7-2 "价值取向"的不同维度划分[④]

	作者	"价值取向"维度分类
国外	克拉克洪、斯特罗德贝克	1.对人类本性内部特征的概念（坏的、善恶混合的、可变的）；2.对人与自然及超自然关系的概念（人类服从自然、人与自然和谐相处、人统治自然）；3.人类生命的时间取向（以过去为中心、以现在为中心、以未来为中心）；4.对自我性质的看法（强调存在、强调顺其自然、强调行为）；5.对人际关系的看法（独处、合作、个人主义）
	施普兰格尔	科学型、经济型、社会型、权力型、信仰型、审美型
	格雷夫斯	依据个人对自我，和对他人的感知、认识，将价值观分为七种类型，分别是反应型、部落型、自我中心型、坚持己见型、玩弄权术型、社交中心型、存在主义型

---

① 袁贵仁.价值学引论[M].北京：师范大学出版社，1991：101-102.
② 刘永富.价值哲学的新视野[M].北京：中国社会科学出版社，2002：98-103.
③ 孙正聿.哲学通论[M].长春：吉林人民出版社，2007：56-59.
④ 刘碧莹.个体成长背景与大学生价值取向的相关研究[D].杭州：浙江师范大学，2018：9-12.

续表

作者		"价值取向"维度分类
国内	黄希庭	政治的、道德的、审美的、宗教的、职业的、人际的、婚恋的、自我的、人生的和幸福的十种类型
	陈章龙、周莉	1. 从主体角度可分为个体价值观与群体价值观；2. 从价值观的地位分，有主导价值观与非主导价值观；3. 从不同的社会生活领域可分为政治价值观、经济价值观、道德价值观、生态价值观、人生价值观、审美价值观、宗教价值观等；4. 从价值标准上分为积极价值观和消极价值观；5. 从时间上可分为传统价值观和当代价值观
	辛志勇	大学生价值取向由目标、手段、规则三大维度构成，其中目标价值取向主要由个人目标（金钱物质取向、工作成就取向、荣誉地位取向、自身修为取向）、社会目标（婚姻家庭取向、友情爱情取向和合格公民取向）和超然性目标组成；手段价值取向分为知识努力取向、智慧机遇取向和人格品质取向；而规则价值取向分为法律规范取向、舆论从众取向和道德良心取向
	岑国祯	自我观、法制观、审美观、亲情观、公正观、国家观、友情观、健康观、群体观、财富观、生态观、人权观、集体观、关爱观

国内外学界对价值取向的维度划分没有明确的标准。结合上述学者的分类观点，本章主要根据美国著名心理学家奥尔波特的价值观分类，由对诸事物的看法和评价在心目中的主次、轻重的排列次序，将大学生价值取向分为科学型取向、经济型取向、审美型取向、社会型取向、政治型取向和信仰型取向六种类型。

三、研究设计与实施

（一）研究对象及假设

为了探寻家庭背景与大学生价值取向之间的关系，以及大学生家庭背景对其价值取向的影响程度，在充分查阅分析相关文献资料的基础上，针对本研究提出以下假设。

假设 H1：大学生价值取向状况在其家庭背景变量上存在显著差异；

假设 H2：家庭背景与大学生价值取向状况呈显著正相关；

假设 H3：家庭背景对大学生价值取向状况存在显著影响。

根据假设，研究所选取的样本主要包括四个层次，分别是高职高专院校、普通教学型本科院校、原211及省属重点大学和原985高校的本科生，不包括成人教育和自考生等。这里的大学生年龄段在18岁到22岁。问卷发放范围按照东中西部划分为浙江、江苏、安徽、湖北、福建、山东、山西、内蒙古、新疆等地，并按照比例进行网络随机抽样。

（二）研究工具的开发

1. 研究变量限定

（1）控制变量

本研究中的控制变量主要是被调查者的性别、民族、家庭所在地、户籍状态、学校类型、所在年级、所学专业等。除去这些变量，肯定还有影响因变量的其他控制变量，但由于本研究的局限性，无法将所有控制变量囊括在内，故选取了上述七个控制变量。

（2）解释变量

研究探讨的是大学生的家庭背景与其价值取向存在的影响关系，因此家庭背景水平作为本次研究的解释变量。在第三章的研究中，对影响大学生社会化的阶层要素进行提炼，研究探讨出六大维度的历时性的阶层要素分别是自然环境、社会背景、家庭环境、成长经历、学校教育、朋辈影响。通过研究对比不难发现，家庭因素、社会因素、学校因素作为三大主要影响因素，其中家庭因素占比最大。而在当前已有的研究中，有关价值观念教育的主阵地多是学校和媒体，往往忽略了家庭因素对大学生价值取向深远持久的影响。为保证研究的具体可行性和操作性，本研究抛开了外界的因素，不考虑自然环境、学校教育等不可抗拒的外力影响，将个体的社会背景、家庭环境、成长经历、朋辈影响归纳总结为个体的"家庭背景"因素，作为本章研究的解释变量。

（3）被解释变量

研究主要是探讨大学生的家庭背景水平对其价值取向状况的影响，故大学生的价值取向状况是本研究的被解释变量。在第二章的论述中，研究者通过文本提炼的方式建立文本类目表，对大学生的社会化内涵进行文本提炼，从中归纳出五个社会化范畴，分别是"知识和能力维度""心理维度""角色维度""人际维度""社会维度"。对这些范畴进行分析，大学生社会化事实上就是个体与大学组织各要素之间相互调适的过程，这些要素包括学业、人际、心理、社会四个方面,分别解决人与自我、人与人、人与环境三个方面的问题。其中,大学生的"心理调适"范畴是指大学生自身的个性心理在与大学生活相互调适的过程中,通过认识自我和个性发展,将社会意识、社会情感、社会意志、社会价值和社会需要输入个体的心理结构,是社会心理内化成个体心理的过程。在文本提炼的分析过程中,我们得出"心理调适"范畴包含了"政治社会化""道德社会化""人格社会化""价值观念社会化""法律社会化""理想社会化""心理社会化"中的大部分内容,其内涵涉及过于广泛,结合本研究的实际需求和具体操作的可行性,联系到实际生活中影响大学生社会化行为的决定、支配的主体——价值取向,因此,本章主要选取大学生"心理调适"范畴中的价值取向进行研究,作为研究的被解释变量。

2. 研究工具设计

本研究需要测量大学生的价值取向状况,探讨其与家庭背景之间的相关性。首先,大学生价值取向状况量表必不可少;其次,家庭背景量表也是必要的;加上常规的人口统计学变量,问卷总共分为三个部分。

(1)人口统计学变量

问卷中,此部分自然数据总共有7道题目,包括被调查者的性别、民族、所在年级、所在专业、学校类型、家庭所在地、户籍状态等信息。

(2)家庭背景量表

家庭背景量表的编制在综合相关家庭背景测量的文献的基础上,参考了布迪厄(Bourdieu)的社会资本理论,科尔曼(Coleman)的家庭资本以及弗农(Vennnon)的家庭环境理论,另外还有我国一些学者对于家庭背景的定义及测量标准,并结合本研究的因变量——大学生的价值取向,自行编制,共十一题。本研究将本文中的家庭背景划分为家庭经济资本、家庭社会资本、家庭文化资本、个人成长经历四个测量维度,分别编制了相应题目。

家庭社会资本题目包括父母双方的职业、家庭成员社会关系情况等。家庭经济资本题目包括家庭经济水平、个人的消费情况等。家庭文化资本题目包括父母双方的学历、家庭教养模式等。个人成长经历题目包括与老师、同学的交往情况、荣誉奖励、学习经历等。

(3)大学生价值取向量表

本研究的因变量是大学生的价值取向,在充分查阅心理学上关于价值取向的测量量表工作,最终参考并改编了美国人格心理学家,现代个性心理学创始人之一，美国人本主义心理学家代表人物之一奥尔波特（Gordon W. Allport）的奥尔波特-弗农-林德西量表（Allport-Veraon-Lindzey scale）[①]。奥尔波特-弗农-林德西量表是价值观研究量表的一种，用于测评个人人格中的价值观，该量表适用于大学生和成人，以德国哲学家E.斯普兰格的6种理想价值类型（理论的、经济的、政治的、社会的、审美的和宗教的）为理论依据。但考虑到该量表在表达上的中国化、大学生化、时代化，因此在前人的基础上进行了改编，并将大学生价值取向分成了政治型、经济型、社会型、审美型、科学型、信仰型六个维度，并分别编制了相应的题目。

大学生政治型价值取向的题目包括关心国家与民族发展、领导的管理能力、关心伟人生平等。经济型价值取向的题目包括看重事物的功利价值、讲究经济效益、追求实用性等。社会型价值取向的题目包括注重人际关系友爱、为人处事公平正义、喜欢互相依靠共同生活等。信仰型价值取向包括注重精神生活、追求理想与信仰、喜欢探索人生的意义等。审美型价值取向的题目包括追求艺术美感、讲究生活的丰富多彩、以美感、对称、和谐的观点评价与体验事物等。科学型价值取向的题目包括重知识、爱科学，重理轻利，反感不合道理的事物等。

（三）数据管理与分析

问卷结构主要由基本信息（1、2、3、4、5、6、7题），家庭背景（家庭社会资本：8、9、12题，家庭社会资本：13、17题，家庭文化资本：10、11、14题，个人成长经历：15、16、18、19题），价值取向（政治型：22、25、30、33题，经济型：20、27、34、37题，社会型：21、31、36、41题，信仰型：第24、28、35、38题，审美型：26、32、39、43题，科学型：23、29、40、42题）构成。

正式问卷的发放范围按照东中西部划分为浙江、江苏、安徽、湖北、福建、山东、山西、内蒙古、新疆等地，并按照比例进行网络随机抽样，共计发放问卷1300份，回收问卷1267份，其中有效问卷1175份，问卷有效率为90.38%。

1. 信度分析

将预调查数据导入SPSS24.0，得出的总量表信度以及家庭背景、价值取向分量表信度如表7-3所示，均大于0.7，问卷具有良好的信度。

[①] Allport, G. W., Vernon, P. E. A Study Of Values.（Score Sheet; Manual.）[M]. Oxford, England: Houghton Mifflin, 1931: 134–135.

表7-3 预调查问卷信度

	总量表	家庭背景量表	价值取向量表
信度系数	0.803	0.787	0.826

2. 效度分析

（1）家庭背景量表的效度

对家庭背景量表进行KMO和Bartlett球形检验，结果表明：家庭背景的KMO值为0.746，Bartlett的球形检验值为1976.281（显著性为0.000，小于显著水平0.05）。表明数据的相关矩阵不是单位矩阵，总体的相关矩阵间存在共同因素，因此家庭背景量表适合做因子分析。通过反映像矩阵的对角线的取样适当性系数，发现12个题项值均大于0.5，所有题目都可以保留。

因子分析中采用主成分分析法进行因子提取，并采用最大方差法进行转轴。家庭背景量表通过因子分析得到三个公共因子的累积解释变异数为67.39%，也就是说效度为67.39%，家庭背景量表的效度较好。分析结果与问卷设计时的预设基本一致，因此采用预设时的四个维度将四个因子分别命名家庭经济资本、家庭社会资本、家庭文化资本和个人成长经历。

（2）价值取向量表的效度

对价值取向量表进行KMO和Bartlett球形检验，结果表明：价值取向的KMO值为0.772，Bartlett的球形检验值为3772.661（显著性为0.000，小于显著水平0.05）。表示数据的相关矩阵不是单位矩阵，总体的相关矩阵间有共同因素存在，因此价值取向量表适合做因子分析。通过反映像矩阵的对角线的取样适当性系数，发现24个题项值均大于0.5，所有题目都可以保留。

价值取向量表通过因子分析得到四个公共因子的累积解释变异数为58.97%，也就是说效度为59.97%，价值取向量表效度较好。分析结果与问卷设计时的预设基本一致，因此采用预设时的六个维度将四个因子分别命名政治型、经济型、社会型、审美型、信仰型、科学型。

四、研究结果与分析

（一）样本特征及差异性分析

1. 样本描述性分析

（1）调查对象样本的分布

调查问卷的第一部分人口统计学题目包括性别、民族、所在年级、所学专业、学校类型、户籍。具体情况如表7-4所示。

表7-4 调查对象的人口统计学信息

类别		样本量	类别		样本量
性别	男 =1	367	学校类型	原 985=1	117
	女 =2	808		原 211/ 省重点 =2	332
民族	汉族 =1	1010		地方本科 =3	562
	少数民族 =2	165		高职高专 =4	164
家乡	东部地区 =1	485	所在年级	大一 =1	365
	中部地区 =2	424		大二 =2	378
	西部地区 =3	266		大三 =3	197
户籍	城市户口 =1	541		大四 =4	235
	农村户口 =2	634			
所在专业	文史类 =1	775			
	理工农医类 =2	359			
	艺体类 =3	41			

本次研究样本共计1175人，其中男生占31.2%，女生占比68.8%。民族分布方面，少数民族占比14%，汉族占比86%。关于家乡所在地方面，东部地区占比41.3%，中部地区占比36.1%，西部地区占比22.6%。户口分布方面，农村户口占比54%，城市户口占比46%。学校类型分布方面，高职高专院校占比14%，普通或应用类本科院校占比47.8%，211或省属院校占比28.3%，原985或部署院校占比10%。所在年级分布上，大一学生占比31.1%，大二学生占比32.2%，大三学生占比16.8%，大四学生占比20%。所学专业分布上，文史类占比66%，理工农医类占比30.6%，艺体类占比3.5%。

(2)调查对象家庭背景状况的分布

将被调查对象的家庭背景量表得分按照维度求和,数据连续且呈现正态分布。按照27%以及73%规则将其进行高低分组,最终归纳为高、中、低三个水平。家庭背景各维度下指标统计如表7-5所示:家庭社会资本维度的得分均值为8.89,众数为9,众数>均值,说明数据整体呈现正偏态分布,得分值偏高。

表7-5 家庭背景量表各维度指标基本情况

	样本数	项目数	最小值	最大值	均值	众数
家庭社会资本	1175	3	3	15	8.89	9
家庭经济资本	1175	2	2	10	6.00	6
家庭文化资本	1175	3	3	14.01	7.75	8
个人成长经历	1175	4	4	20	9.64	10

注:均值得分保留小数点后两位。

据此,我们可以初步判定,被调查对象的家庭社会资本水平偏高。家庭经济资本得分均值为6,众数为6,众数=均值,被调查对象的家庭社会经济水平偏高。家庭文化资本得分均值为7.75,众数为8,众数>均值,被调查对象的家庭文化资本水平较高,文化氛围较好。个人成长经历得分均值为9.64,众数为10,众数>均值。三者数据呈正偏态分布,得分值均较高。

(3)调查对象价值取向状况的分布

将被调查对象的价值取向量表得分按照维度求和,数据连续且呈现正态分布。按照27%以及73%规则将其进行高低分组,最终归纳为高、中、低三个水平。

表7-6 价值取向量表各维度指标基本情况

	样本数	项目数	最小值	最大值	均值	众数
政治型	1175	4	4	20	12.83	14
经济型	1175	4	4	17	10.21	12
社会型	1175	4	4	18	10.58	10
信仰型	1175	4	4	20	12.21	11
审美型	1175	4	4	20	12.43	14
科学型	1175	4	4	18	12.49	13

注:均值得分保留小数点后两位。

被调查对象的价值取向在政治型、经济型、审美型、科学型取向上的均值分别为12.83、10.21、12.43、12.49，且众数都略高于均值，说明被调查对象在这四个层面上的价值状况较好。相较于另外四个层面，被调查对象在社会型和信仰型层面上的状况略差一点。北京大学钱理群教授曾公开发表言论："我们的一些大学，包括北京大学，正在培养一些'精致的利己主义者'，他们高智商，世俗，老到，善于表演，懂得配合，更善于利用体制达到自己的目的。这种人一旦掌握权力，比一般的贪官污吏危害更大。"[1]当代大学大多已经完全融入了社会的大环境中，身处社会化的大学校园中，大学生不可避免地会接触到社会上的各种思想。大学生这一特殊群体，思维比较活跃开放，易于接受新鲜事物，但同时，他们也易受社会不良风气的影响。例如，近年来网上接连报道的"老人摔倒，路人好心搀扶，反倒被诬"的新闻，使得好多人都不敢做好事了。以我国现有的法律，在这方面的法律法规还不是很完善，好人想做好事，可是心有余悸，又不敢做，只能眼见老人摔倒，装作没看见。大学生作为社会上的一个特殊群体，也会受这种风气的影响。并且当代大学生的思维方式已经从注重理想主义转向注重实用主义发生了根本性的转变。多数学生重视功利，讲究实用主义的人生价值取向突出。注重物质利益以及短期的回报，不再像老一辈一样想要到基层去、到祖国的边疆去、到祖国最需要的地方去，缺乏对他们心目中远大的理想和精神价值的执着追求。

2.样本差异性分析

（1）性别、民族、户籍等不同的大学生在价值取向状况上的差异

人口统计学题目包括性别、民族、家乡所在地、户籍、学校类型、所在年级等方面，下面将从这六个方面分别验证。

①不同性别大学生的价值取向状况差异分析

将数据按性别进行分组，将男生定义为"1"，女生定义为"2"，进行独立样本检验，具体结果如表7-7所示。

---

[1] 谢湘，堵力.北大清华再争状元就没有希望[N].中国青年报，2012-05-03.

表 7-7 不同性别独立样本检验

		莱文方差等同性检验		针对平均值是否相等的 t 测试						
		F	显著性	T	自由度	显著性（双尾）	平均差异	标准误差差值	差值95%置信区间	
									下限	上限
价值取向	假定等方差	0.442	0.506	−7.998	1173	0.000	−0.1430	0.0178	−0.1781	−0.1079
	不假定等方差			−7.807	668.145	0.000	−0.1430	0.0183	−0.1790	−0.1070

莱文方差等同性检验显著性值为0.506＞0.05，两组数据方差等同性的假设成立，说明男和女两组数据之间方差齐性。在针对平均值是否相等的 t 检验中，假设方差齐性所对应的显著性（双尾）值0.000＜0.05，且其95%差值置信区间下限和上限都为负，不包含零，表明不同性别之间的价值取向状况存在显著性差异。表中的 T 值为负，说明男性的价值取向状况不如女生。综上，男女大学生在价值取向状况上存在显著性差异，且女生的价值取向状况要好于男生。

大学阶段是大学生重要的社会化时期，作为大学生，其价值取向是一个正在形成的过程。一般而言，男生更看重成就、自信的价值取向，而女生则更重视自制、慈善的价值观念。男女角色的获得是一个长期社会化的过程，在实践中，大学生不断调整自己学习态度、学习动机、认知策略，不断适应学习环境等因素都是在不断地调适自我，调适自己的价值观逐步向理性认知发展。

②不同民族大学生的价值取向状况差异分析

数据分析中，将汉族定义为"1"，少数民族定义为"2"，检验价值取向状况在不同民族上的差异：莱文方差等同性检验显著性值为0.837＞0.05，两组数据方差齐性的假设成立，说明汉族和少数民族两组数据之间差异相等。在针对平均值相等性的 t 检验中，未假设方差齐性所在组显著性（双尾）值为0.103＞0.05，且其差值的95%置信区间包含零，说明不同民族的大学生在价值取向状况上无显著差异。

在研究中调查对象共计1175人，其中少数民族有165人，汉族1010人。调查对象在民族这一项上分布不均匀，可能导致数据分析价值取向状况在民族这一项上没有显著差异。个体的价值取向多受其成长环境的影响，但少数民族大学生的成长环境和汉族大学生的成长环境目前尚未有研究表明二者之间存在明显区别，不排除抽样误差产生的样本数据而导致的差异不显著，需要更大的样本数据验证其具体差异。

③不同家庭所在地大学生的价值取向状况差异分析

数据分析中，将其按照家庭所在地进行分组，东地区部定义为"1"，中部地区定义为"2"，西部地区定义为"3"，对其进行独立样本T检验，结果如表7-8所示。

表7-8 不同家庭所在地价值取向主体间效应检验

	III类平方和	自由度	均方	F	显著性
截距	9578.498	1	9578.498	112761.336	0.000
家庭所在地	0.321	2	0.160	1.888	0.043
总计	10318.186	1175			

在被调查的对象中，来自东部地区的大学生有485人，占比41.27%，来自中部地区的大学生有424人，占比36.08%，来自西部地区的大学生有266人，占比22.63%。表7-8的主体间效应的显著性为0.043＜0.05，群组数据方差齐性的假设成立，说明东中西部地区数据之间方差齐性，表明东中西部地区之间的价值取向状况存在显著性差异。

以往的区域经济战略按照效率优先的原则，优先发展东部地区，在一定时期内保持区域经济发展的差距，再逐渐发展中部以及西部地区。在这种经济发展不平衡的背景下，人们的价值观念也会受到影响。而现如今政府要在继续推动发展的基础上，着力解决好发展不平衡不充分的问题，更好地满足人民在经济、政治、文化、社会、生态等方面日益增长的需要，更好地推动人的全面发展、社会全面进步。就在校大学生而言，其家庭环境、社会环境或许存在一定程度上的差异，但由于长期生活在校园环境中，使得不同家庭所在地学生的交往活动、生活环境显现出极大的相似性。随着党的十九大政策的推动实施，中西部地区经济发展越来越好，区域间经济差距会越来越小，不同家庭所在地大学生的价值取向的差异也会被弱化。

④不同户口大学生的价值取向状况差异分析

将样本数据按照城市户口与农村户口进行分组，将农村户口定义为"1"，城市户口定义为"2"，进行独立样本检验。

莱文方差等同性检验显著性值为0.003＜0.05，两组数据方差齐性的假设不成立，说明城市户口和农村户口两组数据之间方差不齐性。在平均值相等性的t检验中，假设方差齐性所对应的显著性（双尾）值为0.000＜0.05，且其95%差值的置信区间不包括0，说明城市和农村户口之间的价值取向状况有显著性差异。T检验值为负，说明城市户口的大学生的价值取向状况好于农村户口的大学生，城市户口与农村户口大学生在价值取向状况上存在显著差异，且农村户口大学生价值取向状况比城市户口的差。

表7-9 不同户口独立样本T检验

		莱文方差等同性检验		针对平均值是否相等的t测试						
		F	显著性	T	自由度	显著性（双尾）	平均差异	标准误差差值	差值95%置信区间	
									下限	上限
价值取向	假定等方差	8.608	0.003	−5.558	1173	0.000	−0.0937	0.0168	−0.1267	−0.0606
	不假定等方差			−5.505	1088.764	0.000	−0.0937	0.0170	−0.1271	−0.0603

为了进一步说明情况，使用独立样本T检验城市及农村户口的大学生在价值取向各个维度上的差异，具体分析结果如表7-10所示。

表7-10 不同户口的大学生在价值取向各个维度上的差异分析

		莱文方差等同性检验		平均值等同性t检验						
		F	显著性	t	自由度	显著性（双尾）	平均差值		差值95%置信区间	
									下限	上限
政治型	假定等方差	7.784	0.005	−3.435	1173	0.001	−0.1245	0.0362	−0.1956	−0.0533
	不假定等方差			−3.408	1099.076	0.001	−0.1245	0.0365	−0.1961	−0.0528
经济型	假定等方差	15.284	0.000	0.368	1173	0.713	0.0107	0.0291	−0.0464	0.0679
	不假定等方差			0.363	1057.100	0.717	0.0107	0.0295	−0.0472	0.0687

续表

<table>
<tr><th colspan="2"></th><th colspan="2">莱文方差等同性检验</th><th colspan="7">平均值等同性 t 检验</th></tr>
<tr><th colspan="2"></th><th>F</th><th>显著性</th><th>t</th><th>自由度</th><th>显著性（双尾）</th><th>平均差值</th><th colspan="2">差值95%置信区间</th></tr>
<tr><th colspan="2"></th><th></th><th></th><th></th><th></th><th></th><th></th><th>下限</th><th>上限</th></tr>
<tr><td rowspan="2">社会型</td><td>假定等方差</td><td>0.118</td><td>0.731</td><td>−2.806</td><td>1173</td><td>0.005</td><td>−0.0892</td><td>0.0317</td><td>−0.1515</td><td>−0.0268</td></tr>
<tr><td>不假定等方差</td><td></td><td></td><td>−2.813</td><td>1155.029</td><td>0.005</td><td>−0.0892</td><td>0.0317</td><td>−0.1514</td><td>−0.0269</td></tr>
<tr><td rowspan="2">信仰型</td><td>假定等方差</td><td>0.710</td><td>0.400</td><td>−0.612</td><td>1173</td><td>0.540</td><td>−0.0186</td><td>0.0303</td><td>−0.0782</td><td>0.0410</td></tr>
<tr><td>不假定等方差</td><td></td><td></td><td>−0.610</td><td>1128.238</td><td>0.542</td><td>−0.0186</td><td>0.0304</td><td>−0.0784</td><td>0.0412</td></tr>
<tr><td rowspan="2">审美型</td><td>假定等方差</td><td>1.866</td><td>0.172</td><td>−7.091</td><td>1173</td><td>0.000</td><td>−0.2443</td><td>0.0344</td><td>−0.3120</td><td>−0.1767</td></tr>
<tr><td>不假定等方差</td><td></td><td></td><td>−7.051</td><td>1114.469</td><td>0.000</td><td>−0.2443</td><td>0.0346</td><td>−0.3123</td><td>−0.1763</td></tr>
<tr><td rowspan="2">科学型</td><td>假定等方差</td><td>3.871</td><td>0.049</td><td>−2.778</td><td>1173</td><td>0.006</td><td>−0.0962</td><td>0.0346</td><td>−0.1641</td><td>−0.0282</td></tr>
<tr><td>不假定等方差</td><td></td><td></td><td>−2.756</td><td>1100.733</td><td>0.006</td><td>−0.0962</td><td>0.0349</td><td>−0.1647</td><td>−0.0277</td></tr>
</table>

农村和城市户口的大学生在政治型、社会型、审美型、科学型四个维度上的莱文方差等同性检验显著性均小于0.05，存在显著差异。平均值的T值为负数，表明城市户口的大学生的价值取向在政治型、社会型、审美型、科学型状况上要高于农村户口的大学生。

我国的城乡发展不平衡已经成为制约经济均衡发展的重要因素。虽然政府一直在大力出台政策措施来增加农民收入，缩小城乡收入差距，但过去十年的数据分析表明，我国的财产差距扩大速度远远超过收入差距扩大的速度，个人财富积累速度非常快。而农村和城市户口的大学生在经济型和信仰型的莱文方差等同性检验显著性分别为0.717和0.540，均大于0.05，两组数据变异数相等的假设不成立，说明农村和城市户口两组数据在经济型和信仰型价值取向上的差异不相等,表明不同户口大学生的价值取向在经济型和信仰型上无显著差异。

当前正处于"互联网+"网络新时代,信息大爆炸的影响对农村和城市户口的大学生来说是一致的,有利有弊。迅速涌现的新事物、新思想和新潮流等会带来扩宽知识的获取方式、方便日常生活、缩短时空距离,但与此同时一些消极的负面的内容也很容易被传播,会对当代大学生的思想和行为产生负面影响。比如,一部分的大学生把收入和地位作为衡量个人价值的标准,只注重专业知识和专业技能的学习,而忽视精神信仰上的追求。当国家利益和个人利益发生冲突时,他们更注重的往往是个人利益。部分大学生在个人主义信仰、金钱信仰、权利信仰以及封建迷信信仰等世俗信仰中找不到前进的方向。

⑤不同学校类型大学生的价值取向状况差异分析

在数据分析中,将其按照大学生就读的学校类型进行分组,共计四个组:原985或部属院校、原211或省属重点院校、普通或应用类本科、高职高专。对其进行Anova单因素方差分析,结果显示,价值取向的组间变异显著性值为0.001<0.05,组间数据变异相等的假设不成立,说明不同学校类型数据之间差异不相等,不同学校大学生在价值取向状况上存在显著差异。采用差异不相等的雪费法(Scheffe's methed)检验具体的组间差异如表7-11所示,各项数据显示不同的学校类型之间差异的显著性值均高于0.05,不同学校类型的大学生在价值取向状况上存在差异,但其组内之间的差异并未达到显著性水平。

表7-11 不同年级多重比较

(I)学校类型	(J)学校类型	平均值差值(I-J)	标准误差	显著性	95% 置信区间 下限	95% 置信区间 上限
原985	211或省属重点	−0.03002	0.03117	0.819	−0.1173	0.0572
	地方本科	−0.08616*	0.02946	0.036	−0.1686	−0.0037
	高职高专	−0.10761*	0.03508	0.025	−0.2058	−0.0094
原211或省属重点	原985	0.03002	0.03117	0.819	−0.0572	0.1173
	地方本科	−0.05614	0.02007	0.050	−0.1123	0.0000
	高职高专	−0.07759*	0.02767	0.049	−0.1551	−0.0001
地方本科	原985	0.08616*	0.02946	0.036	0.0037	0.1686
	211或省属重点	0.05614	0.02007	0.050	0.0000	0.1123
	高职高专	−0.02145	0.02573	0.874	−0.0935	0.0506

续表

（I）学校类型	（J）学校类型	平均值差值（I-J）	标准误差	显著性	95%置信区间 下限	95%置信区间 上限
高职高专	原985	0.10761*	0.03508	0.025	0.0094	0.2058
	211或省属重点	0.07759*	0.02767	0.049	0.0001	0.1551
	地方本科	0.02145	0.02573	0.874	−0.0506	0.0935

注：*在0.05水平上显著。

通过对不同学校类型大学生的价值取向的差异分析，该差异只在整体的分组间显著，而在具体的各学校类型之间并无显著差异。对于不同学校类型的大学生而言，由于个体的生活环境、学习经历、学习的努力程度以及成就动机都不相同，他们在人生的价值追求上存在着显著的差异。相对于地方本科、高职高专的大学生而言，就读在原985、211以及省属重点高校的大学生其大学能为学生的发展提供更为优质的学习环境、广阔的视野与发展平台、更多的机遇、优质的同伴、校友资源以及自我实现的预言等。考上好大学的学生一般都会相信自己是优秀的，并要继续追求优秀，且在好的校园氛围的影响下，他们在人生的价值追求上会更高。

此外，就各类型学校学生而言，在价值取向的测量上，由于学生群体的特殊性，其与外界的行为交流有限并没有表现出明显差异，学生更多地生活在特定的场所，这一场所为学生提供相对安全的保障，因此组间差距明显但并不显著。

⑥不同年级大学生的价值取向状况差异分析

在数据分析中，将样本按照大学生所在年级进行分组，共计四个组，分别为大一、大二、大三、大四。对其进行Anova单因素方差分析，价值取向的组间变异显著性值为0.770＞0.05，即组件无变异的假设成立，不同年级大学生的价值取向状况无显著性差异。当代青年大学生正处在心理和生理日趋成熟阶段，具有很强的可塑性。在经济全球化和网络信息的双重影响的背景下，不同年级大学生所获取的外界信息是无差别的，只要通过搜索引擎，他们可以获得大量的知识与信息，其中正面的或者负面的信息都冲击着大学生，对大学生的思维情感产生影响，并影响着他们的价值取向。因此，不同年级间大学生的价值取向并无显著性差异。

(2) 不同户籍所在地大学生在家庭背景状况上的差异

本部分主要分析的是农村户口的大学生和城市户口的大学生,是否因户籍所在地的差异在家庭背景状况上有所区别,将样本数据按照城市户口与农村户口分组并进行独立样本检验,结果如表7-12所示。

表 7-12 不同户口独立样本 T 检验

		莱文方差等同性检验		针对平均值是否相等的 t 测试						
		F	显著性	T	自由度	显著性（双尾）	平均差异	标准误差差值	差值95%置信区间	
									下限	上限
家庭背景	假定等方差	8.605	0.003	−20.383	1444	0.000	−0.4807	0.0235	−0.5270	−0.4244
	不假定等方差			−20.021	1212.035	0.000	−0.4807	0.0240	−0.5278	−0.4336

莱文方差等同性检验显著性值为0.003＜0.05,两组数据方差齐性的假设不成立,说明城市户口和农村户口两组数据之间方差不齐性。在平均值相等性的 t 检验中,假设等方差所对应的显著性（双尾）值为0.000＜0.05,且其95%差值的置信区间不包括0,说明城市和农村户口之间的家庭背景状况有显著性差异。T 检验值为负,说明城市户口的大学生在家庭背景状况比农村户口的大学生要好,城市户口与农村户口大学生在家庭背景状况上存在显著差异,且农村户口大学生家庭背景明显不如城市户口。

为了进一步说明情况,使用独立样本T检验城市及农村户口的大学生在家庭背景各个维度上的差异,具体分析结果如表7-13所示:

表 7-13 不同户口的大学生在家庭背景各个维度上的差异分析

		莱文方差等同性检验		平均值等同性 t 检验						
		F	显著性	t	df	显著性（双尾）	平均差值	标准误差差值	差值的95%置信区间	
									下限	上限
家庭社会资本	假设方差相等	26.617	0.000	−21.507	1444	0.000	−0.8372	0.03893	−0.9135	−0.7608
	假设方差不相等			−21.054	1194.544	0.000	−0.8372	0.03976	−0.9152	−0.7592

续表

		莱文方差等同性检验		平均值等同性 t 检验						
		F	显著性	t	df	显著性（双尾）	平均差值	标准误差差值	差值的95%置信区间	
									下限	上限
家庭经济资本	假设方差相等	0.165	0.685	−9.414	1444	0.000	−0.3814	0.04052	−0.4609	−0.3019
	假设方差不相等			−9.369	1278.439	0.000	−0.3814	0.04071	−0.4613	−0.3015
家庭文化资本	假设方差相等	0.343	0.558	−13.670	1444	0.000	−0.5006	0.03663	−0.5725	−0.4288
	假设方差不相等			−13.589	1272.593	0.000	−0.5006	0.03685	−0.5729	−0.4284
个人成长经历	假设方差相等	0.010	0.919	−6.201	1444	0.000	−0.2036	0.03284	−0.2680	−0.1392
	假设方差不相等			−6.203	1302.440	0.000	−0.2036	0.03283	−0.2680	−0.1392

农村和城市户口的大学生在社会资本、经济资本、文化资本、个人成长经历四个维度上的莱文方差等同性检验显著性值均小于0.05，存在显著差异。平均值的T值为负数，表明城市户口的大学生的家庭背景状况在家庭社会资本、家庭经济资本、家庭文化资本、个人成长经历状况上要高于农村户口的大学生。

农村和城市户口的大学生在家庭背景上的差异显著的原因一部分来自历史问题，1978年改革开放以来，国家的主要发展目标是促进经济增长，出台了许多促进经济发展的改革措施。在"让一部分人先富起来，然后先富带动后富，最后实现共同富裕"政策的指引下，社会经济差异成为促进经济增长的一种激励机制。中国的综合国力快速发展，社会生产力得到巨大解放，人们的生活水平显著提高。从改革开放以来，我国经济一直保持着持续增长，城乡居民收入快速增加。但是全国人民的物质生活水平整体提高的同时，中国的居民收入差距在城乡之间却呈现出了不同程度的扩大趋势。目前，城乡居民收入差距问题是我国经济社会发展的关键问题之一。城乡居民收入差距作为我国居民收入差距的主要组成部分，又是城乡差距的集中表现，其差距的扩大不仅不利于政治建设和社会稳定，也不利于经济的可持续发展。

经济快速发展的同时给中国社会也带来了诸多困惑和问题，社会的阶层结构也得以重新塑型，阶层的分化尤为突出。在市场机制日益对资源配置起决定性作用的同时，某些新产生的阶层，不仅在市场化过程中取得了其应有的经济地位，而且也日渐固化了其在社会等级中的地位。我国经济快速增长的同时各阶层的财富也得到不同程度的增长，但由于利益分配体制尚不完善，先富裕的阶层持有的社会财富数量远远高于其他阶层，由此产生了更多的不公平现象。根据《社会管理蓝皮书——中国社会管理创新报告》提供的数据，我国城乡居民收入比达到3.3倍，行业之间职工工资最高与最低相差15倍左右。而收入最高的10%人群与收入最低的10%人群的收入差距已从1988年的7.3倍上升为2007年的23倍。中国国家统计局2016年1月19日发布的最新数据显示，2015年全国居民收入基尼系数为0.462。这是基尼系数自2009年来连续第7年下降，但仍然超过国际公认的0.4贫富差距警戒线，根据国家统计局发布的近十几年的基尼系数，0.47至0.49之间的系数也反映出我国收入差距问题的严峻形势。城乡居民收入差距间的鸿沟对农村和贫困地区家庭的子女产生了非常不利的影响，与出生在城市中社会阶层高的子女后代相比，他们在家庭社会资本、家庭经济资本、家庭文化资本以及个人成长经历等资源的获取上处于劣势，输在起跑线上。

（3）不同家庭背景大学生在价值取向状况上的差异

本部分主要分析的是不同家庭背景大学生在价值取向状况上的差异，将家庭背景量表题目的得分加总，再按照高低分组的要求分为高、中、低三组。探讨不同家庭背景大学生所对应的价值取向状况是否存在显著差异。

表7-14 不同家庭背景多重比较

（I）总分（背景性因素）高低分组	（J）总分（背景性因素）高低分组	平均差值（I-J）	标准误差	显著性	95%置信区间 下限	95%置信区间 上限
低	中	−0.14928*	0.02217	0.000	−0.2024	−0.0962
低	高	−0.33199*	0.02270	0.000	−0.3864	−0.2776
中	低	0.14928*	0.02217	0.000	0.0962	0.2024
中	高	−0.18270*	0.01652	0.000	−0.2222	−0.1432

续表

（I）总分 （背景性因素） 高低分组	（J）总分 （背景性因素） 高低分组	平均差值 （I-J）	标准误差	显著性	95% 置信区间 下限	95% 置信区间 上限
高	低	0.33199*	0.02270	0.000	0.2776	0.3864
	中	0.18270*	0.01652	0.000	0.1432	0.2222

注：*在0.05水平上显著。

前期显示群组之间的显著性值为0.000＜0.05，说明不同家庭背景大学生的价值取向状况之间存在差异。采用差异不等的Dunnett T3进行多重比较分析，表7-14中家庭背景水平高中低三组的显著性均为0.000＜0.05，具有很好的显著性，并且家庭背景水平低的大学生、家庭背景水平一般的大学生与家庭背景水平高的大学生两两之间在价值取向状况上均达到显著性水平。因此，本研究的假设H1：大学生价值取向状况在其家庭背景变量上存在显著差异成立。

家庭背景水平高的学生的家庭各方面的资本都是与生俱来的，不是学生本人所能够决定并左右的，不同的家庭背景下的家庭成员之间的交往方式会对成员在观念和情感上产生不同影响。以家庭经济状况的不同为例，当代大学生的价值目标、价值观念及实现价值的手段存在很大的差别。收入高、经济状况好的家庭的大学生人际交往的空间较大，互动信息费用和交往成本费用能得到有效补给，交往渠道更易于疏通，信心相对充足，价值目标实现的风险系数降低。相反，低收入家庭，经济状况相对差，交往的信息费用和成本费用的补给困难，从而使交往渠道疏通的难度大，价值目标实现的风险系数增大。而且家庭是以骨肉亲情为纽带形成的特殊社会组织形式，家庭情感是家庭的内在品质，其原生基础是家庭特有的家庭文化氛围，其表现形式是家庭信任。如果说家庭经济因素更多的是以物态形式影响当代大学生价值观的形成和变化，那么，家庭情感作为家庭固有的家庭文化氛围则必然会淡化世俗化的物质利益。因此，无论从家庭经济还是家庭情感的角度而言，都会使大学生形成不同的价值取向。

（二）阶层要素与价值取向的相关性分析

本部分主要是分析大学生家庭背景情况与其价值取向状况之间的相关性，分为两个部分：一是大学生家庭背景情况与价值取向状况的总体相关性；另一个是家庭背景各个维度与价值取向各个维度的相关性。

1. 家庭背景水平和价值取向状况相关程度分析

家庭背景水平和价值取向状况相关程度分析结果如表7-15所示：相关程度主要是看相关系数的大小。家庭背景水平和价值取向状况的Pearson相关值为0.440，属于中度相关。显著性（双尾）值为0.000＜0.01，具有显著性。从而验证了本研究的假设H2：家庭背景与大学生价值取向状况呈显著正相关关系。

表7-15 家庭背景水平与价值取向状况的相关程度

		价值取向状况
家庭背景水平	皮尔逊相关性	0.440**
	显著性（双尾）	0.000
	个案数	1175

注：** 在0.01级别（双尾），相关性显著。

就研究中家庭背景水平和价值取向状况的相关系数来看二者属于中度相关。在统计学中，有时一个很微弱的相关可能会因为样本数量很大而达到统计的显著水平，具有统计意义；但一个很强的相关可能会因为样本数量太小而没有显著的统计意义。显然样本数的大小是影响相关系数统计显著性的重要因素。在本研究中，有效样本量为1175，考虑到数量较大，所以不排除由于样本数量偏大造成的相关系数不高的影响。

2. 家庭背景各个维度与其价值取向状况各个维度的相关

大学生家庭背景各个维度与其价值取向状况各维度之间的相关性如表7-16所示：社会资本与政治型、经济型、社会型、信仰型、科学型存在正向低相关，与审美型存在正向中度相关。经济资本与政治型、经济型、社会型、信仰型、审美型、科学型存在正向低相关。文化资本与政治型、经济型、社会型、信仰型、审美型、科学型存在正向低相关。个人成长经历与政治型、经济型、社会型、审美型存在正向中度相关，与信仰型和科学型存在正向低相关。

表7-16 家庭背景各维度与价值取向各维度的相关性

		政治型	经济型	社会型	信仰型	审美型	科学型
家庭社会资本	Pearson相关性	0.167**	0.217**	0.146**	0.160*	0.304**	0.176**
	显著性（双尾）	0.000	0.000	0.000	0.040	0.000	0.000

续表

		政治型	经济型	社会型	信仰型	审美型	科学型
家庭经济资本	Pearson 相关性	0.127**	0.263**	0.124**	0.188**	0.186**	0.176**
	显著性（双尾）	0.000	0.000	0.000	0.003	0.000	0.009
家庭文化资本	Pearson 相关性	0.143**	0.151**	0.148**	0.126**	0.243**	0.114**
	显著性（双尾）	0.001	0.000	0.000	0.000	0.000	0.000
个人成长经历	Pearson 相关性	0.327**	0.302**	0.351**	0.131**	0.309**	0.157**
	显著性（双尾）	0.000	0.000	0.000	0.000	0.000	0.000

注：*相关性在0.05上显著（双尾）**相关性在0.01上显著（双尾）。

（三）阶层要素对价值取向影响的回归分析

回归分析主要是探求家庭背景水平与大学生价值取向状况之间的因果关系及前者对后者的影响程度，且价值取向状况能否通过家庭背景这一指标来预测。

1. 大学生各人口学变量对其价值取向状况的影响

在这个部分，解释变量为性别、民族、家庭所在地、户口、学校类型、所在年级、所在专业，被解释变量为价值取向状况。具体分析结果如表7-17所示。

表 7-17 模型摘要

模型	R	R 方	调整后 R 方	标准估算的误差
1	0.308ᵃ	0.095	0.090	0.27831

a.预测变量:（常量），所学专业，民族，户口，所在年级，学校类型，性别，家庭所在地。

决定系数 R^2=0.095，R^2反映了回归模型的解释力，即价值取向变量被解释变量性别、民族、家庭所在地（东中西）、户口（农村城市）、学校类型、所在年级、所在专业等七个变量所消减的误差百分比为9.5%，相关系数 R=0.308。这两个系数都表明解释变量与被解释变量的相关关系较为显著。

表7-18中，方差分析的结果显著性值<0.05，解释变量对被解释变量无影响的假设不成立，即回归系数不为0，解释变量对被解释变量价值取向的影响显著。

表 7-18　ANOVA[a]

模型		平方和	自由度	均方	F	显著性
1	回归	9.486	7	1.355	17.496	0.000[b]
	残差	90.390	1167	0.077		
	总计	99.876	1174			

a. 因变量：价值取向。
b. 预测变量：(常量)，所学专业，民族，户口，所在年级，学校类型，性别，家庭所在地。

在表7-19中，回归系数以及回归系数显著性的结果表明，表中七个解释变量的显著性值只有家庭所在地、所在年级这二者的显著性值分别为0.187和0.261小于0.05，说明在这七个解释变量中只有这两个对被解释变量价值取向无显著影响。剔除这两个解释变量，得到的回归结果如表7-20所示。

表 7-19　系数[a]

模型		未标准化系数		标准化系数	t	显著性	B 的 95% 置信区间	
		B	标准误差	Beta			下限	上限
1	(常量)	2.464	0.065		37.799	0.000	2.336	2.592
	性别	0.154	0.018	0.245	8.348	0.000	0.118	0.191
	民族	−0.055	0.024	−0.066	−2.257	0.024	−0.103	−0.007
	家庭所在地	0.015	0.011	0.039	1.321	0.187	−0.007	0.037
	上大学前的户口	0.089	0.017	0.152	5.388	0.000	0.057	0.122
	学校类型	0.030	0.010	0.087	3.049	0.002	0.011	0.049
	所在年级	−0.008	0.007	−0.032	−1.124	0.261	−0.023	0.006
	所学专业	0.045	0.016	0.086	2.909	0.004	0.015	0.076

a. 因变量：价值取向。

表 7-20　系数[a]

模型		未标准化系数		标准化系数	t	显著性	B 的 95% 置信区间	
		B	标准误差	Beta			下限	上限
1	（常量）	2.462	0.061		40.106	0.000	2.342	2.583
	性别	0.156	0.018	0.247	8.489	0.000	0.120	0.192
	民族	−0.044	0.023	−0.053	−1.898	0.048	−0.090	0.001
	家庭所在地	0.089	0.017	0.152	5.380	0.000	0.057	0.122
	学校类型	0.029	0.010	0.085	2.998	0.003	0.010	0.049
	所学专业	0.043	0.015	0.081	2.789	0.005	0.013	0.073

a. 因变量：价值取向。

从回归分析的结果来看，性别、民族、户口（农村城市）、学校类型、所在专业五个变量对大学生价值取向状况存在显著影响。由于成长环境的不同，城市学生和农村学生的价值取向上存在差异。来自城市家庭的学生处于相对开放的环境，父母也会经常带他们参加各种社交场合，自己也经常组织聚会等，因此见识相对广博，更加喜欢社交，他们更容易形成开放、自信、从容的价值观；而来自农村家庭的大学生的父母多外出务工，与他们的交流活动有限，而且受到经济条件的制约，他们更容易形成含蓄、内敛的价值观。

2. 大学生家庭背景水平对其价值取向状况的影响

本部分中，解释变量为家庭背景，被解释变量为价值取向。为了能更深层次地探讨家庭背景各个维度对价值取向产生的影响及影响的程度，将自变量的四个维度都放入回归模型中，具体分析结果如表7-21所示：决定系数 $R^2=0.225$，说明在价值取向的变量中22.5%是由家庭背景所引起的。表明解释变量和被解释变量之间的相关关系显著。

表 7-21　模型摘要

模型	R	R 方	调整后 R 方	标准估算的误差
1	0.474[a]	0.225	0.222	0.25727

a. 预测变量:（常量），个人成长经历，家庭经济资本，家庭文化资本，家庭社会资本。

表7-22中，方差分析的结果显著性值为0.000＜0.05，即解释变量对被解释

变量无影响的假设不成立，说明回归系数不为0。解释变量家庭背景对被解释变量价值取向的影响显著，四个预测变量能够显著预测大学生的价值取向状况。

表7-22 ANOVA[a]

模型		平方和	自由度	均方	F	显著性
1	回归	22.436	4	5.609	84.743	0.000[b]
	残差	77.440	1170	0.066		
	总计	99.876	1174			

a. 因变量：价值取向。
b. 预测变量：(常量)，个人成长经历，家庭经济资本，家庭文化资本，家庭社会资本。

从表7-23中可以看出，回归系数的结果中四个维度所对应的T检验的显著值均小于0.05，每个偏回归系数的值与零有显著差异。说明家庭社会资本、家庭经济资本、家庭文化资本以及个人成长经历对大学生价值取向状况存在显著影响。因此，研究假设H3：家庭背景对大学生价值取向状况存在显著影响成立。

表7-23 系数[a]

模型		未标准化系数		标准化系数	t	显著性	B 的 95.0% 置信区间	
		B	标准误差	Beta			下限	上限
1	(常量)	2.293	0.041		56.251	0.000	2.213	2.373
	家庭社会资本	0.043	0.010	0.124	4.168	0.000	0.023	0.063
	家庭经济资本	0.019	0.011	0.049	1.802	0.032	−0.002	0.040
	家庭文化资本	0.028	0.009	0.094	3.211	0.001	0.011	0.045
	个人成长经历	0.170	0.013	0.362	13.206	0.000	0.145	0.195

a. 因变量：总分（价值取向）。

根据表7-23的结果，预测大学毕业生社会融入状况的多元回归方程为：

$Y_{价值取向} = 0.043X_1 + 0.019X_2 + 0.028X_3 + 0.17X_4 + 2.293$

X_1：社会资本，X_2：经济资本，X_3：文化资本，X_4：个体成长经历

综合分析而言，大学生的家庭背景水平对其价值取向状况有显著影响。家庭作为由婚姻、血缘或收养关系所组成的社会生活的基本单位，是最普遍、亲

密的社会关系，具有密切的经济依附性和情感依托性。这种先赋性因素对学生所产生的代际复制加剧，体现在家庭社会、经济、文化资本三方面。并且家庭背景水平高的家庭还在日常生活中言传要身教，用自己的实际行动影响着大学生，得到大学生的认同。以往"讲大道理"的道德理念传递方式，割裂了认知与行为的相互作用，忽略了人的行为能力和习惯的培养。只讲而不做的教育方式导致的结果便是大学生认知与行为的脱节，这样的教育往往适得其反，在现实中的表现常常是"大道理谁都懂，却谁都不去做"。具体来说，家庭背景水平高的家庭要摒弃一些不好的习惯，例如有的父母对社会上的不良现象及不尽如人意的现状有过多的抱怨。这些不良的行为习惯会影响到大学生价值取向上的追求，因此应从家长自身做起予以改正。

五、结论及教育支持建议

（一）结论及其讨论

1. 不同家庭背景水平的大学生的价值取向状况存在显著差异

研究的数据分析结果表明：不同家庭背景水平的大学生的价值取向状况存在显著差异。具体来说，就是家庭背景水平高的大学生，其价值取向状况好于家庭背景水平中等和低水平的大学生；家庭背景水平中等的大学生，其价值取向状况好于家庭背景水平低的大学生。

接受高等教育的大学生处在人生成长和发展的重要时期，由于高等教育开放度的不断增加，来自不同地域、不同民族、不同阶层、不同文化背景的大学生聚集在"同一屋檐下"。由于大学生尚处在心理健康发展、自我认同感形成的阶段，自身还未形成完整的社会资本与社会交往体系。来自不同家庭背景的大学生，其家庭资本具有明显差异，由此带来的消费水平、生活水平的分化，贫富对比的显著性增强以及差距扩大，会强化来自较劣势家庭大学生对贫富差距的感受，甚至容易引起价值取向上的失衡。众多研究表明，家庭在形成和传递代际之间的不平等的过程中扮演着重要的角色，不同阶层的家庭必然在资本的拥有量上有很大的差异。科勒曼（Coleman）将社会资本大致区分为家庭内的社会资本和家庭外的社会资本，其中"家庭内的社会资本"主要包括家庭内的亲子关系、父母对子女教育的关注、期望、支持、投入与参与等;"家庭外的社会资本"主要指父母在社区内的人际关系,包括与邻居的相处、与子女的教师关系,以及与子女朋友家长的关系等。家庭资本集中反映了大学生原生家庭的社会地位和资源占有,是大学生与同辈群体进行比较的主要参照标准。家庭背景水平高的大学生在相应的社会结构中处于较高的层次,其能够利用的家庭资本以及身边的资源也相对更为丰富,这些都直接或间接地推动其价值取向状况的良性发展。

2. 家庭背景弱势大学生在价值取向多个维度上存在不足

家庭背景水平低的大学生的价值取向在政治型、社会型、审美型、科学型维度上的状况均弱于家庭背景水平高的大学生。这种差异的产生与大学生来自不同经济层次、综合社会地位的家庭有着密切关系。

一方面,由于大学生家庭所处的经济层次、家庭的综合社会地位具有明显差异,使得大学生形成了与本阶层相似或相同的思想观念和社会态度,对社会的认知与评价也同所处阶层的价值观密切相关。家庭背景弱势的大学生由于经济上的落后、家庭负担能力有限,往往从基础教育阶段就与家庭背景优势的学生之间很大的差异性。尤其是国家不均衡的基础教育投资使得落后地区的学生在进入高等学校之前就受到了不公平的待遇,比如城市的师资、设备等明显高于农村。另一方面,在不同的家庭背景影响下,处于社会阶层中下游的学生受到自身家庭传统观念、传统文化的影响,生活在父母体力劳动的付出和家庭收入因果关系相对明显的环境中,由于经济状况的限制,他们缺少开阔的眼界和探索世界的行动力,比起"诗和远方",他们更多关注的是"眼前的苟且"。处于社会阶层中上游的学生,他们支配着更多的社会资本和文化资源,更关心国家与民族的发展,以振兴国家与民族为己任;重视管理能力的培养,希望显示自己的能力与影响;注重人际关系与友爱,希望建立和谐的人际关系;讲究生活、学习、工作的丰富多彩等。因此,家庭背景弱势学生的价值取向在政治型、社会型、审美型、科学型维度上的状况处于弱势。

3. 家庭背景水平对大学生价值取向状况有显著影响

综合相关分析及回归分析,家庭背景水平会影响大学生的价值取向状况,并且家庭背景的四个维度家庭社会资本、家庭经济资本、家庭文化资本和个人成长经历都在不同程度上对大学生的价值取向状况产生影响。

尽管家庭背景对大学生的价值取向状况有显著影响,但是决定系数

$R^2=0.225$，意味着家庭背景能解释大学生价值取向状况的22.5%，这就意味着还有近77.5%的价值取向状况是受到其他因素的影响。价值取向是个体社会化的结果，价值观念的形成既依赖于个体的认知结构发展水平，也依赖于个体早期发展的价值倾向。个体在发展成熟的过程中，对于任何观念的习得，都有一个从外部控制下的服从到自己的主动认同和喜爱赞赏的过程。在年幼时，自己管理自己，自己应付外界事物和环境变化的能力有限，一般都需要父母的指导和帮助，可以说低幼年龄的青少年，在社会适应的各个方面都还处于家庭、学校以及生活中的重要他人的监控之下，因而他们对于各种观念的判断与赋值都是服从于家庭的基础上表现出来的价值取向。个体进入青春期以后，自我意识逐渐高涨，引发而来的是对自我各个方面的强烈的认识欲望和突出表现自我的强烈愿望，在自我需求发展上更愿意去表达自我意愿。在这个过程中，学生不仅受到来自家庭所带来的根深蒂固的影响，而且在高新科技的迅猛发展和传播媒介的日益普及化的大众文化和网络文化的冲击下，信息传播的主体、客体、技术、内容、形式，及信息数量、速度、传播观念等都发生了革命性变化，家庭背景弱势的学生能够利用的资源越来越多，并将这些资源内化到个体的价值取向中，不再受限于自身家庭背景水平。因此，尽管家庭背景水平对大学生的价值取向存在显著影响，但在解释价值取向状况方面仍然存在一定的限制。

（二）教育支持建议

基于研究结果，家庭背景水平与价值取向状况呈显著相关，表明家庭背景水平高的个体，其价值取向状况也会水平较高。但在运用该结论时需要多加注意，因为根据回归分析的结果看出，家庭背景对价值取向只产生一部分的影响，更多的影响大学生价值取向状况的因素还有待进一步的探讨。因此，对于来自不同家庭背景的学生个体来说，其所接触到的教育工作者，应该根据学生个体的不同情况进行不同的分析，做到"因材施教"，做到像苏霍姆林斯基说的"培养真正的大写的人"，这才能促进学生在价值观念上真正的良性发展。

1. 精准有效地为成长背景弱势的大学生创优教育环境

研究表明，家庭背景与大学生价值取向状况之间显著相关，可以这样理解，家庭背景水平越高的大学生其价值取向状况相对越高；家庭背景水平越低的大学生其价值取向状况相对越低。20世纪末，我国进行了高等教育收费制度改革，高校实行收费政策后，上学费用提高，客观上也加重了学生与家长的负担。因此，导致了家庭背景水平处于弱势的大学生，由于受到社会贫富差距、社会阶层代际传递失衡等多因素的影响，无法获得价值取向上应有的积累发展，在高等教育中个体的价值取向积累也处于不利地位。政府和高等院校为践行"教育公平"的理念，应多关注家庭背景弱势大学生价值取向的发展，抛开家庭因素和自身主观因素，从客观条件上创造一个优质的教育环境来提升大学生的家庭背景水平。由于家庭背景水平的提升不是一蹴而就的事情，因此，需要从长期和短期进行分析：

优化教育资源配置，向弱势群体倾斜。从长期来看，改善家庭背景弱势大学生的关键在于"教育扶贫"，通过该手段改善区域性教育发展困境，推动教育资源配置更精准地向贫困地区倾斜。政府在分配教育资源时要重点关注区域间教育资源的不平衡，优先对弱势区域进行政策倾斜，加大财政上的支持力度，保障弱势地区具备国家规定的标准化办学条件，实现教育硬件标准化，让弱势群体能够接受符合基本标准的素质教育。其中，可以通过构建相对公平的基础教育环境，建立基础教育中的教师轮岗制度，缩小基础教育中的重点学校和非重点学校的差异，实现教育师资标准化。要使优质教育资源向弱势群体倾斜，必要时要用对待强势和弱势的不平等的手段达到真正的教育公平的目的。针对弱势群体，应进一步推进招生制度改革，通过多项倾斜政策，从实施优质高中招收农村学生计划，到实施好国家贫困地区定向招生专项计划，再到省属院校安排一定的计划招收农村考生，让更多贫困家庭孩子进入优质高中、重点高校。

完善高校资助机制，多渠道提供便利。从短期来看，促进大学生价值取向状况良好发展的方法可以通过给予家庭背景处于弱势的大学生以经济上的支持，因此必须进一步完善以国家助学贷款为主的学生贷款制度，精简学生申请助学贷款的程序，缩短审批时间，提高贷款金额，延长还款周期；完善以国家助学奖学金为主的奖学金制度，在学生自己介绍、提出申请、学校审核的方式基础上，借助网络信息平台与学生生源地的政府、银行进行学生信息的调查和追踪，以保证真正有需要的人获得相应的助学金；完善学校的勤工助学制度，学校可以建立起面向社会的勤工助学兼职平台，加强与企业的联系与合作，给学生提供更多安全可靠的实践机会。高校家庭背景弱势大学生的资助机制的完善，有利于维护高校乃至社会稳定，增强家庭背景弱势大学生走向社会的信心和勇气，为他们未来的良性发展打下坚实的基础。

2. 主观引导家庭背景弱势大学生提升价值取向水准

根据相关分析和回归分析方程，尽管家庭背景对大学生的价值取向状况有显著影响，但是决定系数 $R^2=0.225$，意味着家庭背景能解释大学生价值取向状况的22.5%，这就意味着还有近77.5%的价值取向状况是受到其他因素的影响。价值取向是个体社会化的结果，价值观念的形成既依赖于个体的认知结构发展水平，也依赖于个体早期发展的道德倾向：功利主义或感情注入，以及社交环境。① 因此，在不考虑客观环境影响的情况下，提升家庭背景处于弱势的大学生的价值取向水准的直接途径就是充分发挥个体的主观能动性，从心理和实践两方面进行分析。

一方面，从心理上对家庭背景弱势的大学生进行引导。首先，可以以思想政治理论课为主渠道，学校教师及时跟踪党的理论创新成果，结合当下时事热点推动马克思主义理论成果进课堂，为全校学生提升理论素养奠定坚实的理论基础。其次，积极拓展第二课堂，积极创建价值观教育论坛，可以用群众喜闻乐见的话剧、小品、相声等艺术形式，开展具有鲜明主题色彩的宣讲报告会等理论宣讲活动。最后，借助互联网平台，创新表达形式，从师生关注的视角出发，强化师生间的情感认同，创新互联网表达形式，畅通传播渠道和传播手段，才能有效地提升高校思政工作的传播力、引导力。在此基础上，引导学生正确认识到价值观教育的重要性，充分发挥学生个体的主观能动性，完成自身价值取向上的厚积薄发。

另一方面，从实践上对家庭背景弱势大学生进行引导。高校应当将学生实践活动作为价值观培养的重要开展内容，可以依据学生参加的社会实践活动设定学分，并做好监管工作。具体来说，可以设置勤工俭学岗位、社会实践创新岗位和进企业参加实训工作等，通过学生自身的实践，不仅能够达到服务他人和奉献社会的目的，还对其正确的价值观形成具有积极意义。

通过充分发挥大学生的主观能动性，从心理和实践两个层面上引导大学生重视在大学校园里接受的价值观教育，在实践中感受认知与现实的碰撞，克服自身原有的价值取向状况上的不足之处，完成价值取向上多维度的全面积累。

---

① 寇彧. 论个体价值取向发展与其道德权威影响源的关系 [J]. 北京师范大学学报（人文社会科学版），2001（1）：28-33.

第八章　阶层要素与农村籍大学生社会融入的实证研究[①]

上述章节已经阐述了阶层要素对大学生学业调适、人际调适、价值取向方面的影响，社会融入可被看作是其社会化的最后一个阶段，这也是检验大学生社会化质量的标准之一。本章节会具体探讨阶层要素对农村籍大学生社会融入的影响，通过实证调查大学毕业生的社会融入情况，提出对家庭背景弱势群体的大学毕业生的教育支持和补偿政策。

一、研究缘由及问题

1999年以来，随着高校扩招和高等教育大众化的进程，越来越多的人有机会进入大学校园去接受高等教育。据不完全统计，1999年全国普通高校毕业生人数达90.23万人，到了2018年全国高校毕业生人数高达820万人。[②] 据新华网指出，2019年高校毕业生预计达834万[③]，再创历史新高。从这逐年增长的数量来看，我们就能知道高校毕业生是我国一个非常重要且庞大的群体。毕业季，高校毕业生们从校园走向社会，由"学生角色"转向"社会角色""职业角色"和"家庭角色"等角色。毕业生们面对的不只是就业的压力，还有全新的职场

[①] 本章节由张天雪、杨伊共同完成。
[②] 数据来源：教育部《全国教育事业发展统计公报》。
[③] 新华网.2019届全国普通高校毕业生预计达834万人[EB/OL].2018-11-29）

人际交往沟通方式、自身心理对角色转换的认同感等，这些方面异地就业的毕业生可能体会更为深刻。大学毕业生们的社会融入过程是一次从就业创业到人际关系适应、从跨文化融合到身份心理认同的全方位的转型与变迁。其中任何一个方面出现问题，都会给大学毕业生的社会融入造成巨大的困扰。大学毕业生的社会融入水平不仅事关高等教育的社会评价，更与社会的和谐稳定息息相关。鉴于以上研究背景，本章节拟提出以下问题：大学生社会融入的现状如何，是否在其阶层要素中存在差异；阶层要素与大学生社会融入是否存在相关性；阶层要素对大学生的社会融入是否存在影响。

二、文献回顾

（一）关于社会融入测量标准的综述

社会融入的概念是伴随着国外移民现象出现的，针对社会融入形成的主要理论有"同化论"和"多元文化论"。社会融入是特殊的社会群体在进入特定社会环境后，与新环境互动联系的过程。在这个过程中，特定群体与主流环境相互适应、相互融合，并在经济、文化、身份、心理等各个方面发生改变。

国外对社会融入的研究大多针对移民，所以测量标准也基本是以移民为对象，本研究选取了一些具有代表性的测量标准进行了综述。20世纪60年代，戈登（Gordon）指出，移民的社会融入包括结构性社会融入和文化性社会融入两个方面。其中，结构性社会融入是指移民在制度与组织层面参与度的增加。文化性社会融入是指移民在价值观、社会认同等方面的变化过程。[1]J.Junger-Tas在戈登的基础上，增加了政治-合法性融入维度，他认为移民融入包括结构性融入、社会-文化融入和政治-合法性融入三个方面。新增的政治与合法性融入，Tas认为是指移民与当地社会公民享有同等的政治权利，如选举权和被选举权、身份平等等方面。据此，学界对移民社会融入内涵的理解更加清晰和具体。[2]

目前，尽管国内外对社会融入的维度划分还没有统一明确的标准，我国学

---

[1] Gordon, Milton M. Assimilation in American Life[M]. New York: Oxford University Press, 1964: 34-35.

[2] Barbara Schmitter Heisler. The future of Immigrant Incorporation: which Models? Which Concepts? International Migration Review, Vol 26, No. 2, Special Issue: The New Europe and International Migration, 1992: 623-645.

者们还是对其进行了一些有益的探索，如表8-1所示。

表8-1 "社会融入"概念的不同维度划分

作者	年份	"社会融入"维度分类
张娇娇等	2016	1.收入水平 2.社区参与 3.对流入地文化观念的认可和喜爱 4.对流入地的认同感
张抗私等	2016	1.收入、就业和人力资本 2.社区参与度 3.工作满意度 4.制度约束 5.人际交往 6.社会保障 7.社会认同 8.健康资本
孙涛等	2014	结构性：1.经济融入 2.生活融入 文化性：3.政治融入 4.文化融入
李培林等	2012	1.经济融入 2.社会融入 3.心理融入 4.身份融入
杨菊华	2009	显性客观：1.经济整合 2.行为适应 隐形主观：3.文化接纳 4.身份认同
风笑天	2004	1.经济融入 2.心理融入 3.环境融入 4.生活融入

我国学者对社会融入的维度进行了不同的分类。根据研究对象的不同，融入大致可以分为两大类——外部融入和内部融入。其中外部融入体现在经济、人际和行为融入方面，内部融入体现在文化、心理和身份融入方面。本研究将表8-1中的指标按照上述六个方面进行了归类，如表8-2所示。

表8-2 "社会融入"的内容效度

作者	年份	经济融入	人际融入	行为融入	文化融入	心理融入	身份融入
张娇娇等	2016	√		√	√	√	
张抗私等	2016	√	√	√	√	√	√
孙涛等	2014	√		√		√	√
李培林等	2012	√					
杨菊华	2009	√		√	√		√
风笑天	2004	√				√	

从表8-1和表8-2的研究中可以发现，社会融入指标中，经济融入占比最大。其次是心理融入，接着是行为融入和身份融入，另外，文化融入和人际融入也有涉及。根据研究对象的不同，社会融入指标有细微差别。

（二）关于毕业学生社会融入的综述

虽然前面强调的社会融入更多的是针对移民，但是大学毕业生这种角色上的转变以及心理上的变化，也可称之为心理上的"新移民"群体。因此，将大学毕业生进入社会后的种种行为定义为融入社会也是有理有据的。我国学者对于大学毕业生适应和融入的分类标准进行了一些有益的探索，如表8-3所示。

表8-3 "大学毕业生社会融入和适应"的分类标准

作者	年份	分类标准
李卫平	2012	1.学习适应 2.未来适应 3.生活适应 4.心理适应 5.人际适应
丁西省	2012	1.人际关系 2.学习适应 3.校园生活 4.情绪适应 5.自我适应 6.大学生活满意度
丁晖	2012	1.学习适应 2.生活适应 3.人际交往适应 4.职业发展适应
王瑶	2012	1.社会认知能力 2.学习能力 3.抗挫折能力 4.人际交往能力 5.独立生活能力 6.社会实践能力
刘娴	2007	1.职业适应 2.生活适应 3.心理适应
杨光平	2002	1.学习适应 2.社会工作 3.社会交往 4.社会生活

从表8-3可以看出，我国学界对大学毕业生的社会适应维度研究主要集中在：学习工作方面、生活方面、人际方面以及心理方面。在这一点上，基本和社会融入的维度吻合，都包括主观和客观、显性和隐性以及内部和外部等方面。本研究对相关维度进行了归类，如表8-4所示：学者们对大学毕业生的社会适应和融入研究，主要是沿着现状、原因和对策的模式进行探索。鲜有从探求自变量和因变量关系的角度探究大学毕业生的社会融入状况。

表8-4 "大学毕业生社会融入"的内容效度

作者	年份	学习工作	生活层面	人际层面	心理层面
李卫平	2012	√	√	√	√
丁西省	2012	√	√	√	√
丁晖	2012	√	√	√	
王瑶	2012	√	√	√	
刘娴	2007	√	√		√
杨光平	2002	√	√	√	

农村籍大学毕业生是城市新移民群体之一，学界对这一群体的研究集中于对农村籍大学毕业生的就业方面、心理方面以及将其作为城市边缘群体的研究。农村籍大学毕业生的社会融入是其离开家乡、离开学校，进入社会后的一次全新的再社会化的过程，集中表现为经济、人际、跨文化、身份心理等几个层面。

三、研究设计与实施

（一）研究对象与假设

1. 研究对象

本研究主要是针对大学毕业生家庭背景和社会融入状况的相关性进行的研究，调查对象主要选取大学毕业1~3年的学生，即2014、2015以及2016年毕业的本专科学生。将全国省份划分为东部和中西部，按照比例进行网络随机抽样。

2. 研究假设

本研究为了探寻大学毕业生家庭背景与其社会融入状况之间的关系，以及大学毕业生家庭背景对其社会融入状况的影响程度，在充分查阅分析相关文献资料的基础上，提出以下假设。

假设H1：大学毕业生社会融入状况在其家庭背景变量上存在显著差异；

假设H2：家庭背景与大学毕业生社会融入状况呈显著正相关关系；

假设H3：家庭背景对大学毕业生社会融入状况存在显著影响。

（二）研究工具的开发

1. 研究变量限定

（1）控制变量

研究中的控制变量主要是被调查者的性别、毕业时间、家庭所在地、户籍状态、毕业院校以及是否在家乡就业等。除去这些变量，肯定还有影响因变量的其他控制变量，但由于本研究的局限性，无法将所有控制变量囊括在内，故选取了上述七个控制变量。

（2）解释变量

影响大学毕业生社会融入程度的因素既有主观因素，也有客观因素。其中客观因素中的阶层要素是极其重要的一个方面。在第三章中将大学生社会化的阶层要素提炼为社会背景、家庭环境、成长经历、学校教育、朋辈影响等五个维度。综合考虑研究的可操作性以及与因变量的相关性，本章重点探讨的是客观因素中家庭背景要素对大学毕业生社会融入的影响。家庭，是个体成长过程中最重要的环境，与个人的成长和发展息息相关。前面我们的相关研究证明了家庭背景和大学生入学机会、学业选择、人际交往、学业成就等变量之间的相关性，家庭背景对大学生社会化的作用已经被很多学者认同。虽然大学毕业生可能会远离家庭，但是家庭背景对其的影响并未减弱。由于本章主要是探讨大学毕业生的家庭背景水平对其社会融入状况的影响，故家庭背景水平是本研究的解释变量。

（3）被解释变量

在第二章大学生和他们的社会化中，通过小作文征集、文本分析以及问卷调查实证提炼等方式，最终将大学生社会化具体为学业调适、人际调适、心理调适以及社会融入。本研究中的社会融入属于大学生社会化的最后一个维度。大学生毕业后，从学校进入社会，从学生角色转变为社会角色，他们如何适应这样的转变，如何更好地融入社会是本章探讨的重点。本章主要是探讨大学毕业生的家庭背景水平对其社会融入状况的影响，故大学毕业生的社会融入状况是本研究的被解释变量。

2. 研究工具设计

本研究需要测量大学毕业生社会融入状况，主要是和家庭背景之间的相关性。问卷总共分为三个部分：

（1）人口统计学变量

问卷中，此部分总共有7道题目，包括被调查者的性别、毕业时间、家庭所在地、户籍状态、毕业院校以及是否在家乡就业等情况。由于毕业时间一般与年龄跨度吻合，且本研究主要是探讨大学生毕业后的社会融入状况，故只考察毕业时间，不考虑年龄因素。

（2）家庭背景测量表

此部分量表为自行编制，题目总数十题。本研究参考了布迪厄（Bourdieu）的社会资本理论，科尔曼（Coleman）的家庭资本论以及弗农（Vennon）的家庭环境理论，另外还有我国一些学者对于家庭背景的定义及测量标准，并结合本研究的因变量——大学毕业生的社会融入,将本书中的家庭背景划分为家庭经济资本、家庭社会资本、家庭文化资本三个测量维度,分别编制了相应题目。

家庭经济资本题目包括父母双方的职业、家庭经济水平、被试者自身对钱的敏感程度等。家庭社会资本题目包括家庭成员社会关系情况、亲戚朋友社会关系情况等。家庭文化资本题目包括父母双方的学历、家庭成员对文化氛围营造的重视程度等。

(3)大学毕业生社会融入测量表

如前面所论述的,大学毕业生的社会融入是基于基本社会化之后的再社会化过程,在这个层面上也可看作是社会环境的"新移民"。考虑到大学毕业生是社会"新移民",本研究参考了杨菊华、李培林等学者对于社会融入的测量维度,将大学毕业生的社会融入分成了经济层面、人际层面、跨文化层面和身份层面四个维度,并分别编制了相应的题目。

毕业生经济融入题目包括就业情况、居住情况、经济收入情况、与父母的经济关系等。毕业生人际融入题目包括被试者对于参加聚会的态度、遇到困难的求助对象、对于结交新朋友的态度、人际关系的广泛程度等。毕业生跨文化融入题目包括被试者对工作地风俗习惯、饮食习惯、自然环境气候等适应程度。毕业生的身份融入题目包括被试者对工作地是否有归属感以及认可程度等。

(三)数据管理与分析

根据对问卷初稿的数据分析,加之与课题组成员的反复修改讨论,最终形成了"大学毕业生家庭背景与社会融入状况的调查问卷"终稿。结构如表8-5所示。

表8-5 问卷终稿结构

题号	分类	
1,2,3,4,5,6,7		人口统计学信息
8,9,10,11	家庭经济资本	家庭背景
12,13	家庭社会资本	
14,15	家庭文化资本	
16,17,18,19,20	经济融入	社会融入
21,22,23,24	人际融入	
25,26,27	跨文化融入	
28,29,30	身份融入	

1. 信度分析

问卷终稿总量表及其各分量表的信度如表8-6所示：家庭背景量表和社会融入量表的信度分别为0.793和0.856，均大于0.7，问卷具有良好的信度。

表8-6 问卷终稿信度

	总量表	家庭背景量表	社会融入量表
信度系数	0.799	0.793	0.856

2. 效度分析

（1）家庭背景量表效度

对家庭背景量表进行KMO和Bartlett球形检验，家庭背景的KMO值为0.736，Bartlett的球形检验值为1251.027（显著性为0.000，小于显著水平0.05）。因此量表适合做因子分析。通过反映像矩阵的对角线的取样适当性系数，发现8个题项值均大于0.5，所有题目都可以保留。因子分析中采用主成分分析法进行因子提取，并采用最大方差法进行转轴。家庭背景量表通过因子分析得到三个公共因子的累积解释变异数为51.58%，也就是说效度为51.58%，家庭背景量表的效度较好。因子分析摘要显示：分析结果与问卷设计时的预设基本一致，因此采用预设时的三个维度将三个因子分别命名为家庭经济资本、家庭社会资本、家庭文化资本。

（2）社会融入量表效度

对社会融入量表进行KMO和Bartlett球形检验，社会融入的KMO值为0.793，Bartlett的球形检验值为2149.841（显著性为0.000，小于显著水平0.05）。因此量表适合做因子分析。通过反映像矩阵的对角线的取样适当性系数，发现15个题项值均大于0.5，所有题目都可以保留。社会融入量表通过因子分析得到四个公共因子的累积解释变异数为56.68%，社会融入量表效度较好。因子分析摘要显示：分析结果与问卷设计时的预设基本一致，因此采用预设时的四个维度将四个因子分别命名为经济融入、人际融入、跨文化融入和身份融入。

四、研究结果与分析

（一）样本特征及差异性分析

1. 样本描述性分析

（1）调查对象样本的分布

调查问卷的第一部分人口统计学题目包括性别、毕业时间、户籍、户口、民族、毕业院校以及就业城市是否为生源所在地等。具体情况如表8-7所示。

表8-7 调查对象的人口统计学信息

类别		样本量	类别		样本量
性别	女=1	375	户籍	中西部=1	373
	男=2	308		东部及东北部=2	310
毕业时间	2016=1	369	户口	农村户口=1	450
	2015=2	175		城市户口=2	233
	2014=3	139	毕业院校	高职高专=1	86
民族	少数民族=1	29		普通应用类本科=2	457
	汉族=2	654		原211或省属院校=3	110
就业城市是否为生源地	否=1	412		原985或部属院校=4	30
	是=2	271			

本次研究样本共计683人，其中男生占55%，女生占45%。毕业时间分布方面，2016年毕业的占比54%，2015年毕业的占比26%，2014年毕业的占比20%。民族分布方面，少数民族占比4%，汉族占比96%。户籍分布方面，来自中西部的占比55%，东部及其东北部的占比45%。户口分布方面，农村户口占比66%，城市户口占比34%。毕业院校分布方面，高职高专院校占比13%，普通或应用类本科院校占比67%，原211或省属院校占比16%，原985或部署院校占比4%。在是否在家乡工作分布上，不在家乡工作的占比60%，在生源地就业的占比40%。

（2）调查对象家庭背景状况的分布

将被调查对象的家庭背景量表得分按照维度求和，数据连续且呈现正态分布。按照27%以及73%规则将其进行高低分组，最终归纳为高（32-51分）、中

(21-32分)、低（10-21分）三个层次。

表8-8中显示，家庭经济资本维度的得分均值为15.52，众数为10，众数<均值，说明数据整体呈现负偏态分布，得分值偏低。据此，我们可以初步判定，被调查对象的家庭经济资本水平偏低。家庭社会资本得分均值为5.22，众数为6，众数>均值，数据呈正偏态分布，得分值较高。家庭文化资本得分均值为5.28，众数为6，众数>均值，数据呈正偏态分布，得分值较高。通过进一步的分析可知，家庭经济资本与家庭社会资本以及家庭文化资本之间并没有必然的正相关，经济条件好的家庭并不一定社会关系和文化氛围就强。

表8-8 家庭背景量表各维度指标基本情况

	样本数	项目数	最小值	最大值	均值	众数
家庭经济资本	683	4	4	34	15.52	10
家庭社会资本	683	2	2	10	5.22	6
家庭文化资本	683	2	2	8	5.28	6

注：均值得分保留小数点后两位。

（3）调查对象社会融入状况的分布

将被调查对象的社会融入量表得分按照维度求和，数据连续且呈现正态分布。按照27%以及73%规则将其进行高低分组，最终归纳为高（56-75分）、中（48-56分）、低（20-48分）三个层次。

从表8-9中可看出，被调查对象的经济融入、人际融入和跨文化融入的均值分别为16.74、13.92、11.93，且三者的众数都略高于均值，数据呈现正偏态分布，说明被调查对象在这三个层面上的融入状况较好。身份融入的均值为10.65，众数为10，众数<均值，数据呈负偏态分布，相较于前三个层面，被调查对象在这个层面上的状况略差一点。崔岩认为，社会融入程度可以通过融入主体对本地身份的认同程度来衡量[1]，也就是我们这里说的身份融入－心理认同层面。这一点，相较于其他三个具体层面，显得更为抽象，也更为主观。大学毕业生由学校环境走向社会环境，看似自然的过渡，实则不然。特别是一些农村籍的大毕业生，看似融入了城市生活，可是在心理层面，却不认为自己获得了城市居民的身份。农村身份也"被剥离"，使得这部分大学生承受了巨大的心

---

[1] 崔岩．流动人口心理层面的社会融入和身份认同问题研究[J]．社会学研究，2012，27（5）：141-160，244.

理压力。[1]

表 8-9 社会融入量表各维度指标基本情况

	样本数	项目数	最小值	最大值	均值	众数
经济融入	683	5	6	25	16.74	17
人际融入	683	4	5	20	13.92	14
跨文化融入	683	3	3	15	11.93	12
身份融入	683	3	3	15	10.65	10

注：均值得分保留小数点后两位。

2. 样本差异性分析

（1）从人口统计学各方面分析本科生在社会融入状况上的差异

人口统计学题目包括性别、毕业时间、户籍（家庭所在地区）、民族、毕业院校以及就业城市是否为生源所在地等。下面，选取几个方面进行验证。

①不同户籍（家庭所在地）大学毕业生的社会融入差异分析

数据分析中，将其按照户籍（家庭所在地）进行分组，中西部定义为"1"，东部及东北部定义为"2"，对社会融入状况在不同户籍（家庭所在地）上的差异进行独立样本 T 检验，结果如表 8-10 所示：Levene 假设方差齐性测试显著性值为 0.556＞0.05，接受两组数据方差齐性的假设，说明中西部和东部及东北部两组数据之间方差齐性。在针对平均值相等性的 t 检验中，假设方差齐性所对应的显著性（双尾）值为 0.034＜0.05，且其 95% 差值置信区间内不包含 0，表明中西部和东部及东北部之间的社会融入状况存在显著性差异。T 值为负，说明中西部大学毕业生的社会融入状况与东部及东北部相比较差。综上所述，中西部和东部及东北部大学毕业生在社会融入状况上存在显著差异，且中西部大学毕业生的社会融入状况与东部及东北部相比较差。

---

[1] 张红霞.农村籍大学毕业生城市融入困境探讨——基于 M 市的个案调查 [J].武汉冶金管理干部学院学报，2014，24（2）：14-17.

表 8-10　不同户籍（家庭所在地）社会融入状况变异数分析

		列文方差相等性检验		针对平均值是否相等的 t 测试						
		F	显著性	T	自由度	显著性（双尾）	平均差异	标准误差差值	差值95%置信区间	
									下限	上限
社会融入	已假设方差齐性	0.347	0.556	−2.125	681	0.034	−1.186	0.558	−2.282	−0.090
	未假设方差齐性			−2.131	665.792	0.033	−1.186	0.556	−2.279	−0.093

我国自改革开放以来，整个社会经济获得了巨大发展。但高速发展的背后也呈现出了区域经济发展的不平衡。相对各方面都占据优势的东部及东北部来说，中西部的发展非常缓慢，区域贫富差距十分明显。虽然近些年来，中西部也有一些发展不错的城市，如成都、重庆、武汉、西安等，但总体来说，大部分地区发展比不上东部，导致中西部大部分大学毕业生向东部流出明显。这些流入东部异地就业的大学毕业生相对于"土生土长"本地就业的大学毕业生而言，社会融入状况肯定要差一点。而另外一部分中西部选择留在本地就业的大学毕业生，由于当地城市经济发展的限制，待遇水平和发展空间也很难和东部的学生相比。

②不同毕业院校大学毕业生的社会融入差异分析

数据分析中，将其按照毕业院校进行分组，共计四个组：原985或部属院校、原211或省属重点院校、普通或应用类本科、高职高专。对其进行 Anova 单因素方差分析，结果显示，社会融入的组间变异显著性值为 0.066＞0.05，即组件无变异的假设成立，不同毕业院校的大学毕业生的社会融入状况无显著性差异。

由此可见，毕业院校的层次并不能在多大程度上影响大学毕业生社会融入的状况。相比于原985、211院校的学生，普通本专科院校的大学毕业生就业率可能更高，这是因为普通本专科特别是专科院校以就业为导向，学校与用人单位联系密切，就业率自然高。另外，从毕业生心理上来说，原985、211院校毕业生可能心理期望值比较高，普通本专科院校学生机动灵活，从另一个角度来看，社会适应性可能更强一些。

③回家乡工作和异地工作社会融入状况差异分析

数据分析中，将不在家乡工作定义为"1"，在家乡工作定义为"2"，进行独立样本检验，其结果如表8-11所示。

表8-11 是否在家乡工作独立样本检验

		列文方差相等性检验		针对平均值是否相等的t测试						
		F	显著性	T	自由度	显著性（双尾）	平均差异	标准误差差值	差值95%置信区间	
									下限	上限
社会融入	已假设方差齐性	3.902	0.049	−3.926	681	0.000	−2.213	0.564	−3.319	−1.106
	未假设方差齐性			−4.050	634.550	0.000	−2.213	0.546	−3.286	−1.140

Levene假设方差齐性测试显著性值为0.049＜0.05，两组方差齐性的假设不成立，说明在家乡工作和不在家乡工作两组数据之间方差不齐性。在针对平均值相等性的t检验中，未假设方差齐性所在组显著性（双尾）值为0.000＜0.05，且其差值的95%置信区间不包含零，说明在家乡工作的大学毕业生和不在家乡工作的大学毕业生在社会融入状况上存在显著差异。表中的t值为负，说明在家乡工作的大学毕业生社会融入状况要好于不在家乡工作的大学毕业生。综上所述，在家乡工作和不在家乡工作的大学毕业生在社会融入状况上存在显著性差异，且在家乡工作的大学毕业生社会融入状况要好于不在家乡工作的大学毕业生。

为了进一步说明情况，使用独立样本T检验是否在家乡工作在大学毕业生社会融入各个维度上的差异，结果如表8-12所示。

表8-12 是否在家乡工作在大学毕业生社会融入各个维度上的差异分析

		莱文方差等同性检验		平均值等同性t检验						
		F	显著性	t	自由度	显著性（双尾）	平均差值		差值95%置信区间	
									下限	上限
经济融入	已假设方差齐性	7.237	0.007	−0.772	681	0.440	−0.182	0.236	−0.647	0.282
	未假设方差齐性			−0.794	629.600	0.427	−0.182	0.230	−0.634	0.269

221

续表

		莱文方差等同性检验		平均值等同性t检验					
		F	显著性	t	自由度	显著性（双尾）	平均差值	差值95%置信区间	
								下限	上限
人际融入	已假设方差齐性	5.792	0.016	−1.299	681	0.194	−0.258	0.199	−0.649	0.132
	未假设方差齐性			−1.339	632.853	0.181	−0.258	0.193	−0.637	0.120
跨文化融入	已假设方差齐性	0.336	0.562	−7.230	681	0.000	−1.273	0.176	−1.618	−0.927
	未假设方差齐性			−7.378	616.030	0.000	−1.273	0.173	−1.611	−0.934
身份融入	已假设方差齐性	3.695	0.055	−2.999	681	0.003	−0.499	0.167	−0.826	−0.172
	未假设方差齐性			−3.042	605.159	0.002	−0.499	0.164	−0.822	−0.177

在家乡工作和不在家乡工作的大学毕业生在经济融入和人际融入维度上不存在显著差异（P＞0.05）。在家乡工作和不在家乡工作的大学毕业生在跨文化融入和身份融入两个维度存在显著差异（P＜0.05）。且T值为负，说明在家乡工作的大学毕业生的文化融入和身份融入状况好于异地就业的大学毕业生。

是否在家乡工作对其社会融入状况产生差异的原因主要可以从以下几个方面来看：首先，在家乡工作面对的是较为熟悉的环境，比在外工作适应新环境而言更加省心省力；其次，家乡相比于外地生活成本更低，能减轻生活和工作压力；最后，有熟悉的亲朋好友的陪伴，能让人幸福感更高。据此，社会融入状况显然会好于异地就业的大学毕业生。

（2）不同户口大学毕业生的社会融入差异分析

本部分主要分析不同户口（农村和城市）大学毕业生社会融入状况存在的差异。数据分析中，将农村户口定义为"1"，城市户口定义为"2"，使用独立样本检验社会融入状况在不同户口上的差异，具体结果如表8-13所示。

第八章 阶层要素与农村籍大学生社会融入的实证研究

8-13 不同户口独立样本检验

		列文方差相等性检验		针对平均值是否相等的t测试						
		F	显著性	T	自由度	显著性（双尾）	平均差异	标准误差差值	差值95%置信区间	
									下限	上限
社会融入总分	已假设方差齐性	5.354	0.021	-2.594	681	0.010	-1.518	0.585	-2.667	-0.369
	未假设方差齐性			-2.704	526.261	0.007	-1.518	0.561	-2.621	-0.415

Levene假设方差齐性测试显著性值<0.05，故两组数据方差齐性的假设不成立，说明城市户口和农村户口两组数据之间方差不齐性。在平均值相等性的t检验中，假设方差齐性所对应的显著性（双尾）值为0.007<0.05，且其95%差值的置信区间不包括0，说明城市和农村户口之间的社会融入状况有显著性差异。T值为负，说明农村大学毕业生的社会融入状况不如城市。综上所述，农村和城市大学毕业生在社会融入状况上存在显著差异，且农村大学毕业生的社会融入状况相比于城市学生较差。

为了进一步说明情况，使用独立样本T检验城市农村户口的大学毕业生在社会融入各个维度上的差异，具体分析结果如表8-14所示：农村和城市户口的大学毕业生在经济融入、人际融入、跨文化融入和身份融入四个维度上都有显著差异（P<0.05）。且T值均为负数，表明农村户口的大学毕业生的经济融入、人际融入、跨文化融入和身份融入状况与城市户口的大学毕业生相比较差。

尽管随着社会的发展，农村城市之间的界限变得越来越模糊，但是，面对家庭环境和社会环境的不同，农村大学毕业生和城市大学毕业生在社会融入状况上还是表现出了明显的差异。在经济融入层面，农村籍大学毕业生受家庭环境的限制缺乏可靠的信息源，在对院校和专业的选择方面家庭无法给出有效的建议，在大学毕业后也无法提供求职所需的社会资源以及经济支持。在人际融入和跨文化融入层面，通过大学阶段的学习和生活，农村籍大学毕业生已经基本具备了城市生活的基础。毕业在城市就业后，在人际交往方面理应和城市学生没有太大差异。但是，由于其在经济水平上的弱势，他们与城市大学毕业生的差距还是很大，并且由于趋于边缘化，农村籍大学毕业生的人际交往范围也十分有限，基本上局限于与自身条件差别不大的人群。[①] 在文化融入层面，农村籍大学毕业生这一群体，经过多年的学习生活，自身素质比较高，他们比较乐于接受新鲜事物和文化，但是毕竟他们前十几年的生活环境与现在的差别较大，在融入的过程中，他们需要在身份融入层面面临较大压力，他们背负着全家的期望，留在城市工作。在父母和家乡亲朋看来，他们已经脱离了农民身份。但是，城市生活的各种艰难困境，使得他们陷入农民身份和城市人身份的双重矛盾中，对未来更加不确定。有研究表明，农村学生认为农村背景对他们来说意味着家庭弱势，也就是和城市同学相比来说，他们的家庭经济负担比较重，家庭能给他们提供的支持比较少。[②] 这些方面，都会影响农村大学毕业生在社会融入状况上的表现。

表8-14 不同户口的大学毕业生在社会融入各个维度上的差异分析

		莱文方差等同性检验		平均值等同性t检验						
		F	显著性	t	自由度	显著性（双尾）	平均差值		差值95%置信区间	
									下限	上限
经济融入	已假设方差齐性	13.104	0.000	−1.713	681	0.087	−0.417	0.243	−0.895	0.061
	未假设方差齐性			−1.827	559.448	0.038	−0.417	0.228	−0.866	0.031
人际融入	已假设方差齐性	1.622	0.203	−1.624	681	0.005	−0.333	0.205	−0.735	0.070
	未假设方差齐性			−1.673	509.504	0.095	−0.333	0.199	−0.724	0.058
跨文化融入	已假设方差齐性	2.217	0.137	−2.723	681	0.007	−0.511	0.187	−0.879	−0.142
	未假设方差齐性			−2.795	504.613	0.005	−0.511	0.183	−0.869	−0.152
身份融入	已假设方差齐性	3.804	0.042	−1.490	681	0.137	−0.257	0.173	−0.596	0.082
	未假设方差齐性			−1.524	499.411	0.028	−0.257	0.169	−0.589	0.074

① 张红霞.农村籍大学毕业生城市融入困境探讨——基于M市的个案调查[J].武汉冶金管理干部学院学报，2014，24（2）：14-17.

② 王学举.农村背景对他们意味着什么？——基于两位农村大学生的个案研究[J].青年研究，2007，（11）：16-23.

（3）不同家庭背景大学毕业生在社会融入状况上的差异

本部分主要分析的是不同家庭背景大学毕业生的社会融入状况的差异，将家庭背景量表题目的得分加总，再按照高低分组的要求分为高、中、低三组。探讨不同家庭背景大学毕业生所对应的社会融入状况是否存在显著差异。

结果显示群组之间的显著性值为0.000＜0.05，说明不同家庭背景大学毕业生的社会融入状况之间存在显著差异。

采用差异不等的Dunnett T3进行多重比较分析，表8-15中家庭背景分组水平低的大学毕业生与家庭背景水平中、高的大学毕业生的社会融入状况的差异均为显著，家庭背景水平中等的大学毕业生与家庭背景水平高的大学毕业生的社会融入状况的差异显著性值为0.00＜0.05，也达到显著性。家庭背景高中低分组两两之间在社会融入状况上均达到显著性水平。由此可得出，本研究的假设H1：大学毕业生社会融入状况在家庭背景变量上存在显著差异成立。

表8-15 不同家庭背景多重比较

因变量：社会融入状况					
Dunnett T3					
（I）家庭背景分组	（J）家庭背景分组	平均差（I-J）	标准错误	显著性	95% 置信区间	
^	^	^	^	^	下限值	上限
低	中	-2.986*	0.631	0.000	-4.50	-1.47
^	高	-6.079*	0.679	0.000	-7.71	-4.45
中	低	2.986*	0.631	0.000	1.47	4.50
^	高	-3.093*	0.603	0.000	-4.54	-1.65
高	低	6.079*	0.679	0.000	4.45	7.71
^	中	3.093*	0.603	0.000	1.65	4.54

注：*在0.05水平上差异显著。

上述结论可以进一步通过独立样本检验家庭背景水平高低分组在社会融入各个维度的状况。数据分析中，将家庭背景水平低的分组定义为"1"，家庭背景水平高的分组定义为"2"，具体分析结果如下表8-16所示。

表 8-16　家庭背景高低分组在社会融入层面上的独立样本检验

		莱文方差等同性检验		平均值等同性 t 检验					
		F	显著性	t	自由度	显著性（双尾）	平均差值	差值95%置信区间	
								下限	上限
经济融入	已假设方差齐性	15.597	0.000	−5.441	477	0.000	−1.466	0.269	−1.995	−0.936
	未假设方差齐性			−5.533	468.469	0.000	−1.466	0.265	−1.986	−0.945
人际融入	已假设方差齐性	18.893	0.000	−4.561	477	0.000	−1.050	0.230	−1.503	−0.598
	未假设方差齐性			−4.650	463.201	0.000	−1.050	0.226	−1.494	−0.607
跨文化融入	已假设方差齐性	8.194	0.004	−6.450	477	0.000	−1.260	0.195	−1.644	−0.876
	未假设方差齐性			−6.560	468.562	0.000	−1.260	0.192	−1.638	−0.883
身份融入	已假设方差齐性	6.400	0.012	−5.096	477	0.000	−.993	0.195	−1.376	−0.610
	未假设方差齐性			−5.144	476.863	0.000	−.993	0.193	−1.372	−0.614

从表8-16中可知，不同家庭背景水平的大学毕业生在经济融入、人际融入、跨文化融入以及身份融入四个维度上都存在显著差异。四个表中的T值都为负值，说明在这四个维度的融入状况上，家庭背景水平低的大学毕业生都不如家庭背景水平高的大学毕业生。结论进一步验证了本研究的假设。

不同家庭背景的大学毕业生在社会融入状况上的差异主要是由于：家庭背景水平高的大学毕业生在经济水平、社会关系和文化资本等方面，有着先天的有效资源和竞争优势，在其自身发展的过程中，这些资源和优势在主观上和客观上都会让其发展越来越好，这一点也无疑会体现在社会融入状况上；相反地，家庭背景水平低的大学毕业生，一般处于社会的下层，在各类资源的占有量上远不及那些家庭背景水平高的大学毕业生，这会导致其在自身发展和社会融入中处于劣势。

（二）阶层要素与社会融入的相关性分析

本部分主要是分析大学毕业生家庭背景情况与其社会融入状况之间的相关性，分为两个部分：一是大学毕业生家庭背景情况与社会融入状况的总体相关性；另一个是家庭背景各个维度与社会融入各个维度的相关性。

1. 家庭背景水平和社会融入状况相关程度分析

家庭背景水平和社会融入状况相关程度分析结果如表8-17所示。

表8-17　家庭背景水平与社会融入状况的相关程度

		社会融入状况
家庭背景水平	Pearson 相关性	0.299**
	显著性（双尾）	0.000
	N	683

注：** 在置信度（双尾）为0.01时，相关性是显著的。

这部分相关程度主要是看 Pearson 系数（0~0.09为没有相关性，0.1~0.3为弱相关，0.3~0.5为中等相关，0.5~1.0为强相关）。家庭背景水平和社会融入状况 Pearson 相关值为0.299，属于弱相关，接近中度相关。显著性（双尾）值为 0.00 < 0.01，具有显著性。从而验证了本研究的假设 H_2：家庭背景与大学毕业生社会融入状况显著相关。

虽然，从家庭背景水平和社会融入状况的相关系数来看二者属于弱相关，但是相关系数的强弱仅仅看系数是不够的。一般来说，样本量越大，需要达到显著性相关的系数就会越小。样本量的增大会造成数据差异的增大，相关系数会相应地降低。在本研究中，有效样本量为683，考虑到数量较大，所以不排除相关系数偏低有样本数量偏大的影响。

2. 家庭背景各维度与社会融入状况的相关分析

大学生家庭背景与其社会融入各维度之间的相关性如表8-18所示。

表8-18　家庭背景各维度与社会融入各维度的相关性

		经济融入	人际融入	跨文化融入	身份融入
经济资本	Pearson 相关性	0.208**	0.163**	0.229**	0.175**
	显著性（双尾）	0.000	0.000	0.000	0.000
社会资本	Pearson 相关性	0.216**	0.176**	0.135**	0.139**
	显著性（双尾）	0.000	0.000	0.000	0.000

续表

		经济融入	人际融入	跨文化融入	身份融入
文化资本	Pearson 相关性	0.130**	0.151**	0.027	0.143**
	显著性（双尾）	0.001	0.000	0.486	0.000

注：*相关性在0.05上显著（双尾）**相关性在0.01上显著（双尾）。

经济资本与经济融入、人际融入、跨文化融入、身份融入存在正向低相关，且在0.01水平上显著。社会资本与经济融入、人际融入、跨文化融入、身份融入存在正向低相关，且分别在0.01水平上显著。文化资本与人际融入存在正向低相关，且在0.01水平上显著。文化资本与经济融入、人际融入、身份融入存在正向低相关，且在0.01水平上显著；与跨文化融入相关性极低，且显著值（双尾）为0.486＞0.05，不显著。

3.大学毕业生生源地与其社会融入状况的相关分析

大学生户口此题项为名义变量，而社会融入各个维度的水平为度量变量，要检验二者之间的相关，必须采用点二列相关系数。本研究将此项重新编码为农村=0，城市=1，并对此项以及大学毕业生各个维度的社会融入状况进行了相关性检验，结果表示如表8–19所示：大学毕业生户口与其经济融入、人际融入、跨文化融入以及身份融入各个维度之间存在正向低相关，并在0.01水平上显著。其中，户口与经济融入和身份融入的相关性略高于人际融入和跨文化融入。农村籍大学毕业生由于家庭背景和生长环境的不同，在价值观、消费观等很多方面与城市籍大学毕业生存在差异。当看到周围的同学、同事各方面的条件都优于自己时，容易产生自卑感，性格也会逐渐封闭，不愿意与人交流。这样一来，不仅不利于他们在人际和跨文化方面融入新环境，更加不利于他们在社会资本方面的积累，进而影响其经济融入和身份融入。

表8–19 大学毕业生户口与其社会融入状况各个维度间的相关

		经济融入	人际融入	跨文化融入	身份融入
户口	Pearson 相关性	0.209	0.189	0.104**	0.207
	显著性（双尾）	0.000	0.000	0.007	0.000

注：**在置信度（双测）为0.01时，相关性是显著的。

（三）阶层要素对社会融入影响的回归分析

1. 大学毕业生各人口学变量对其社会融入状况的影响

在这个部分，解释变量为性别、毕业时间、户籍（东中西）、户口（农村城市）、民族、毕业院校、就业城市是否为家乡，被解释变量为社会融入状况。将解释变量转变为哑变量后，在 SPSS 中对其进行了回归分析，具体回归分析结果如表8-20所示：决定系数 $R^2=0.049$，说明在社会融入的变异中，4.9%是由上述七个解释变量引起的，相关系数 R=0.221。这两个系数都表明解释变量与被解释变量的相关关系较为显著。

表 8-20 模型摘要

模型	R	R 平方	调整后的 R 平方	标准估算的错误
1	0.221[a]	0.049	0.039	7.140

a. 预测变量：（常量）性别、毕业时间、户籍（东中西东北）、户口（农村城市）、民族、毕业院校、就业城市是否为家乡。

表8-21中，方差分析的结果显著性值为0.000＜0.05，解释变量对被解释变量无影响的假设不成立，说明回归系数不为0，即解释变量对被解释变量社会融入的影响显著。

表 8-21 变异数分析 ANOVA[a]

模型		平方和	自由度	均方	F	显著性
1	回归	1759.640	7	251.377	4.932	0.000[b]
	残差	34406.527	675	50.973		
	总计	36166.167	682			

a. 因变量：社会融入状况。
b. 预测变量：（常量）性别、毕业时间、户籍（东中西东北）、户口（农村城市）、民族、毕业院校、就业城市是否为家乡。

在表8-22中，呈现了回归系数以及回归系数显著性的结果。表中七个解释变量的显著性值只有户籍（中西部和东部及东北部）、户口（城市＆农村）、就业城市是否为家乡这三者解释变量的显著性值小于0.05，说明在这七个解释变量中只有这三个对被解释变量社会融入有显著影响。剔除剩余四个解释变量，得到的回归分析结果如表8-23所示：户籍（中西部和东部及东北部）、户口（城市&农村)和就业城市是否为家乡对大学毕业生的社会融入状况存在显著影响。

表8-22 系数[a]

模型		非标准化系数		标准系数	t	显著性
		B	标准错误	贝塔		
1	(常量)	41.891	3.313		12.646	0.000
	性别	−0.924	0.560	−0.063	−1.652	0.099
	毕业时间	0.654	0.348	0.071	1.880	0.061
	户籍	1.233	0.568	0.084	2.171	0.030
	户口	1.093	0.595	0.071	1.836	0.047
	民族	2.459	1.365	0.068	1.802	0.072
	毕业院校	0.372	0.416	0.034	.894	0.372
	就业城市是否为家乡	1.883	0.566	0.127	3.326	0.001

a. 因变量：社会融入状况.

表8-23 大学毕业生户籍、民族以及就业城市是否为家乡对其社会融入的回归分析

模型		非标准化系数		标准系数	显著性
		B	标准错误	贝塔	
1	(常量)	48.409	1.183		0.000
	户籍	1.147	0.553	0.078	0.038
	户口	1.193	0.595	0.071	0.047
	就业城市是否为家乡	2.192	0.562	0.147	0.000

农村籍大学毕业生会体验到强烈的城乡差别，导致其社会融入状况的差异。这种差别表现在物质、文化、日常生活的方方面面。在物质上最大的差别是农村籍大学毕业生的普遍贫困，使他们在刚毕业时陷于经济上的被动。在文化方面，由于农村文化生活的简单贫乏，使农村籍大学生表现出见识少，新鲜感强，综合能力差等特点，增加了自身的心理压力，不利于他们的人际融入和社会融入。在日常生活方面，受乡土意识的影响，农村籍大学毕业生很多时候很难适应城市文化。此外，在社会支持网络方面，城乡差别也很大。自身的弱势地位和激烈的竞争环境使农村籍大学毕业生在社会融入中危机感和紧迫感非常强烈。

2.大学毕业生家庭背景水平对其社会融入状况的影响

在这部分中，解释变量为家庭背景，被解释变量为社会融入。为了能更深层次地探讨家庭背景各个维度对社会融入产生的影响及影响的程度，将自变量的三个维度都放入回归模型中，具体分析结果如表8-24所示：决定系数$R^2=0.096$，说明在社会融入的变量中9.6%是由家庭背景所引起的。表明解释变量和被解释变量之间有较为显著的相关关系。

表8-24 模型摘要

模型	R	R平方	调整后的R平方	标准估算的错误
1	0.310[a]	0.096	0.092	6.940

a. 预测变量：（常量），经济资本，社会资本，文化资本。

表8-25中方差分析的结果显著性值为0.000＜0.05，即解释变量对被解释变量无影响的假设不成立，说明回归系数不为0。解释变量家庭背景对被解释变量社会融入的影响显著，三个预测变量能够显著预测大学毕业生的社会融入状况。

表8-25 变异数分析 ANOVA[a]

模型		平方和	自由度	均方	F	显著性
1	回归	3467.446	3	1155.815	24.001	0.000[b]
	残差	32698.721	679	48.157		
	总计	36166.167	682			

a. 因变量：社会融入状况。
b. 预测变量：（常量），经济资本，社会资本，文化资本。

表8-26中可以看出，回归系数的结果中经济资本、社会资本、文化资本所对应的T检验的显著值为0.000、0.001、0.027，均小于0.05，每个偏回归系数的值与零都有显著差异。说明三者对大学毕业生社会融入状况存在显著影响。据此，研究假设H_3：家庭背景对大学毕业生社会融入状况存在显著影响成立。

表8-26 系数[a]

模型		非标准化系数		标准系数	t	显著性
		B	标准错误	贝塔		
1	（常量）	44.809	1.193		37.567	0.000
	经济资本	0.199	0.045	0.185	4.454	0.000

续表

模型	非标准化系数 B	非标准化系数 标准错误	标准系数 贝塔	t	显著性
社会资本	0.609	0.175	0.141	3.472	0.001
文化资本	0.412	0.186	0.084	2.216	0.027

a. 因变量：社会融入状况。

根据表8-26的结果，预测大学毕业生社会融入状况的多元回归方程为：

$Y_{社会融入}$ =44.809+0.199（经济资本）+0.609（社会资本）+0.412（文化资本）

综上所述，大学毕业生的家庭背景水平对其社会融入状况有显著影响，其原因主要有两点。一方面，先赋性的家庭背景情况代际之间存在"马太效应"。"马太效应"简单来说，是指强者愈强，弱者愈弱的现象。罗伯特·莫顿（Robert K. Merton）归纳"马太效应"为：任何个体、群体或地区，在某一个方面（如金钱、地位等）获得成功和进步，就会产生一种积累优势，就会有更多的机会取得更大的成功和进步。[1]对于大学毕业生而言，家庭背景是一种先天性的资源，这种资源会在代际之间不断复制加剧。家庭背景水平高的优势会越来越明显，家庭背景水平低的劣势也会不断突显。在这个背景下，毕业生的社会融入状况受其先天优势和劣势家庭背景的影响，差异越来越明显。另一方面，阶层日渐固化，先天性因素在青年身上的烙印越来越深，靠后天性因素改变阶层命运的情况日趋减少。从以前的"十年寒窗苦，成名天下知"到如今的"寒门再难出贵子"，在社会不断发展的过程中，在先天性因素的强压下，后天性因素的作用越来越弱化。

五、结论及教育支持建议

（一）结论及其讨论

1. 不同家庭背景水平大学毕业生的社会融入状况存在显著差异

对调查对象大学毕业生的社会融入状况进行差异性分析，结果显示：不同

---

[1] Robert K. Merton. 马太效应[M]. 朱煜，译. 北京：中国纺织出版社，2007：32-38.

家庭背景水平的大学毕业生在社会融入状况上存在显著差异。具体来说，就是家庭背景水平高的大学毕业生，其社会融入状况好于家庭背景水平中等和低水平的大学毕业生；家庭背景水平中等的大学毕业生，其社会融入状况好于家庭背景水平低的大学毕业生。这一点也验证了本研究的假设。

毕业生由学校环境进入社会环境，学生角色转换为社会角色、职业角色和家庭等角色。进入新的环境，有了新的角色，毕业生们面临着来自工作、生活、人际和心理方面的多重压力。在毕业生们融入新环境的过程中，原生的家庭背景因素会发挥重要的作用，这种作用有可能是积极的，也有可能是消极的。一般来说，家庭背景水平高的大学毕业生在社会结构中处于较高的层次，家庭所能提供和自身所能利用的资源也相应比较高，这些直接或间接的关系和资源有助于大学毕业生更好地融入社会。相反，家庭背景水平较低的大学毕业生在社会结构中处于较低层次，家庭所能提供和自身所能利用的资源十分有限，不利于其毕业后的社会融入活动。故大学生的社会融入状况会因家庭背景水平的不同而产生差异。

2. 农村籍大学毕业生在社会融入多个维度上存在不足

根据前面的数据分析结果，农村籍大学毕业生在社会融入的四个维度——经济融入、人际融入、跨文化融入和身份融入的表现都不如城市籍大学毕业生。在经济维度上，题目主要涉及工作情况、经济独立情况、生活质量和居住条件等方面。在竞争日趋激烈的今天，家庭背景已经成为影响直接就业的大学毕业生就业意向、就业去向和就业层次的最重要因素。[1]家庭背景水平高的城市籍大学毕业生具有各方面资本的优势，使其在找工作时能够广泛地通过各种渠道发挥作用，整体在找工作的过程中优势明显，最终获得的待遇相对较高，生活质量和居住水平也能随之提升，进一步促进经济融入程度的提高。在人际融入层面上，问卷题目主要涉及人际关系的广泛程度、是否愿意主动参加聚会和结交新朋友等。家庭背景水平低的农村籍大学毕业生出于经济水平或其他方面的考虑，主观上就缺乏人际交往上面的主动性，倾向于把自己限定在一个小圈子里面。这一方面是由于长期以来的家庭环境让其养成了更为内向和封闭的性格；另一方面，与人交往参加聚会面临着各种各样的支出，对于家庭背景水平低又刚工作不久的大学毕业生来说，这无疑是一笔较大的开支，会给他们带来不小

---

[1] 邓淑娟，戴家武，辛贤. 家庭背景对大学生毕业去向的影响 [J]. 中国农业大学学报（社会科学版），2012, 29（3）：109-117.

的经济负担。

在跨文化融入层面上,家庭背景水平低的农村籍大学毕业生在饮食习惯和自然环境的适应上得分比家庭背景水平高的城市籍大学毕业生稍高,这是因为农村籍大学毕业生从小的生活环境更加艰苦,有助于养成他们吃苦耐劳、坚韧不拔的品质,有助于其对自然环境、饮食习惯的适应和融入。在风俗习惯的适应上,家庭背景水平低的农村籍大学毕业生表现不如家庭背景水平高的城市籍大学毕业生。因为家庭背景水平高的大学毕业生家庭注重家庭文化氛围的营造,有着各类的家庭文化活动,这都有助于大学毕业生之后对各地风俗习惯的适应。在身份融入层面,由于从小家庭环境的关系,农村籍大学毕业生容易养成封闭内向的性格,在许多方面表现得更加敏感脆弱。在到了一个新环境,遇到这样或那样困难的情况下,容易打击他们的积极性,敏感脆弱的性格更容易产生打退堂鼓的想法,不容易从心底产生对一个地方的认同感和归属感。

3. 家庭背景水平对大学毕业生社会融入状况存在显著影响

根据相关分析及回归分析,家庭背景水平会影响大学毕业生的社会融入状况,并且家庭背景的三个维度都在不同程度上对毕业生的社会融入状况产生影响。

尽管家庭背景对大学毕业生的社会融入状况有显著影响,但是决定系数为0.096,意味着家庭背景仅仅能解释大学毕业生社会融入状况的9.6%,这就意味着还有近90%的社会融入状况没有得到解释。大学毕业生由学校走向社会,意味着步入了新的人生阶段,社会融入实际上是一个较长的"断乳"过程。[①] 基于各种原因,大学毕业生在融入过程中面临着一些障碍。从校园走向社会,家庭背景是大学毕业生在对环境适应中能利用的重要外部条件。一般来说,人的本能是善于发现和利用对自己有利的资源去助推自身的发展。家庭背景水平定义了家庭经济资本、社会资本以及文化资本状况,从而从整体上影响大学毕业生的社会融入状况。但是需要特别指出的是,虽然家庭背景作为自变量,对社会融入状况有一定的预测作用,但是,预测水平十分有限,存在着一定限制。与此同时,社会融入状况还受许多其他因素的影响。家庭背景只是一种先赋性的因素,个人后天的努力对大学毕业生的社会融入状况也起着十分重要的作用。其他还包括前文所提到的性别、家庭所在地、户口类型等因素,当然还包括社

---

① 周明宝.心理断乳与社会融入:毕业大学生的初始社会适应研究[C]//.浙江省社会学学会,浙江省林学院.秩序与进步:社会建设、社会政策与和谐社会研究——浙江省社会学学会成立二十周年纪念暨2007学术年会论文集.浙江省社会学学会、浙江省林学院,2007:11.

(二)教育支持建议

综上所述,不同家庭背景水平的大学毕业生的社会融入状况有显著差异;家庭背景水平低的大学毕业生的社会融入状况比较差,家庭背景水平高的大学毕业生的社会融入状况比较好;农村籍大学毕业生在社会融入多个维度上存在不足;大学毕业生的家庭背景水平与其社会融入状况接近中度相关,并且大学毕业生的家庭背景水平能在一定程度上预测其社会融入状况。基于以上结论,提出以下建议:

1. 加大对家庭经济资本弱势大学毕业生的扶持力度

我国高校扩招以来,越来越多的学生群体进入大学学习,其中不乏一批家庭经济资本弱势的学生。他们大部分来自农村或者中西部地区,家庭经济资本十分有限,不仅不能给他们的学业和生活提供经济支持,甚至还会给这些学生带来严重的经济负担。

前文分析结果显示,家庭经济资本与大学毕业生社会融入状况显著相关。但是从现实角度来看,大学毕业生的家庭经济资本无法在短时间内得到快速提升。为践行"教育公平"理念,应该加大对大学毕业生的就业创业资助和租房补贴力度,争取能在一定程度上减轻家庭经济资本弱势大学毕业生社会融入的压力,改善其社会融入的状况。南京市从2016年起推出创业项目资助和房租补贴政策,个人创业担保贷款额度从10万元到50万元不等,针对毕业两年内在南京市就业创业的高校毕业生,根据不同等级给予每月60—至1000元不等的租房补贴。[1] 武汉也从2017年起针对不同收入的大学毕业生群体,每月发放200—1000元的租房补贴,以期用更灵活的扶持方式,吸引大学毕业生留在武汉发展。[2] 值得特别注意的是,资助体系可能由于信息不对称、信息不公开等原因,出现经济条件差的大学毕业生得不到相关资助,而名额被某些"关系户"顶替的情况。为防止以上现象,在发放补贴的同时,地方政府应建立完善的资助公开监督制度。权利只有置于民主监督之下,才能够确保公平公正。另外,还应该简化相关申报程序,避免不必要的人力物力的浪费,尽量采用方便快捷的网上申报方

---

[1] 新浪新闻.南京重金揽才:为2.5万名毕业生1年贴补近亿房租 [EB/OL]. 2017-08-18
[2] 亿媒体.武汉将对留汉大学生每月发放200–1000元租房补贴 [EB/OL]. 2017-02-15

式。经济融入是大学毕业生其他层面融入的基础和保障。政府经济补偿是为了有需要的家庭经济资本弱势的大学毕业生，在具体执行过程中应当尽量做到精准有效地扶持。社会上对于农村籍及家庭背景弱势大学生的资助，能在相当大程度上提升受资助毕业生社会融入的信心水平。

2. 完善劳动力市场制度并弱化家庭背景的影响

有研究显示，在中国，近些年家庭背景对学生就业的影响越来越明显，甚至成了决定性因素。这说明中国社会有着明显的"人情社会"的特征。家庭背景决定就业的背后，是家庭背景优势大学毕业生对社会资源的过度侵占，以牺牲他人的利益为自己谋福利。这类现象严重损害了社会公平。为了维护社会公平，促进劳动力市场的良性竞争，应当建立一个更为公平公正、透明的就业制度。政府应该完善相关法律法规和就业政策，制定平等或者向家庭背景弱势大学毕业生适当倾斜的就业制度，最大限度地削弱"代际效应"，为家庭背景弱势大学生和农村大学生营造公平的求职环境。通过相关法律和政策，明确用人单位、大学生自身、学校以及其他部门的权利和义务，确保家庭背景弱势大学生和农村大学生就业有章可循，有法可依。在营造平等市场环境的同时，还应当建立有效的监督机制，让政府、用人单位和就业者的行为更加透明化，处于司法、行政以及舆论等监督之中。建立公平公正的人才选拔机制，坚持公平、公开、公正的原则。只有这样，才能促进各个阶层之间的良性互动，确保社会秩序稳定，从而有利于和谐社会的构建。有些地方政府在推行大学毕业生就业扶持政策的时候特别考虑农村背景的学生和家庭背景弱势的学生，比如：大学生村官名额的分配，可以优先考虑这些学生，他们相对于城市背景和家庭背景好的学生来说，更坚韧、更有毅力，更了解基层的社会状况，这些特点，有助于他们在特定的岗位上发光发彩；又或者是政府在发放创业扶持贷款时，优先考虑向农村籍大学毕业生倾斜；并鼓励他们回乡创业，这样既有利于这些大学毕业生弥补自身在先天背景条件上的劣势，还能带动农村经济的发展。

3. 多措并举提升家庭背景弱势大学毕业生的社会融入能力

十九大报告指出："要努力让每个孩子都享有公平而有质量的教育。"高校也要注重培养有助于大学毕业生融入社会的各项技能。首先，针对农村学生和家庭背景弱势难以从家庭方面获得就业信息和指导的情况，高校应该积极开展就业指导，帮助学生了解各地的就业政策和动向，提升其对职业的认知能力，辅导学生进行良好的职业规划。比如：可以开设不同专业的学科介绍以及就业指导课程及讲座,给学生提供获取相关信息的渠道。学校还可以与校友以及相关企业加强交流,建立合作关系,帮助学生建立关系网,获取就业信息,在实习和招聘时,对农村学生和家庭背景弱势学生给予相应的照顾。其次,高校对家庭背景弱势大学生的心理辅导也十分重要。家庭背景弱势大学毕业生在各方面的不足会使他们心理压力大,自信心不足。高校应该着眼心理建设和辅导,通过谈话、分享、互动等方式帮助家庭背景弱势大学生发现自身的闪光点,例如自强不息的精神、抗挫折的能力和勇气等。相关研究表明,家庭背景弱势的大学生在勤奋、刻苦、真诚、自制、谦虚等几项积极的心理品质上得分明显高于全国大学生。[①]学校应帮助这部分学生通过分析自身的优势和资源,提升面对社会融入的抗逆力,提升压力下的自我调节能力,将逆境变为成长中的宝贵财富,化被动为主动,积极迎接挑战,实现个人心理的突破和人生的成长。再次,学校要积极组织开展高校内和高校间的各类校园活动,为不同家庭背景的学生提供一个交流的平台,鼓励学生之间加强交流、相互学习,培养学生们的自我表达能力、团队合作能力和社交能力,帮助农村学生和家庭经济背景弱势的学生树立人际交往的自信。这样,毕业后,面对全新的生活和工作环境,这部分大学毕业生才能更顺畅地融入社会。在此基础上,引导大学生对毕业后社会融入的正确认识,鼓励其充分发挥主观能动性,更努力地融入社会。

4. 社会工作介入改善农村籍大学毕业生社会融入状况

社会资本理论指出,人与人之间的交往有助于构建行动者的社会支持网络。前文中论述了从学校层面给农村籍和家庭背景弱势大学毕业生提供支持,提升其社会融入能力。社会工作是改善农村籍大学毕业生社会融入状况的重要途径。在社会工作过程中,帮助农村籍大学毕业生拓宽人际交往面,增强见识,扩宽眼界,让他们从人际、跨文化、身份等层面真正融入群体中,从而促进他们更好地进行经济融入。

首先,可以从社区层面,开展学习型小组和共享型小组工作,招募农村籍大学毕业生和城市籍大学毕业生,一起分享社交礼仪、风俗习惯、兴趣爱好等,增强农村籍大学毕业生行为适应能力,拓宽交际圈子,帮助他们构建新的社会关系网络。其次,可以招募农村籍大学毕业生作为社区义工,在工作之余对社区家庭进行走访,探访本地孤寡老人家庭,增加他们与本地居民的接触。引导

---

① 陈磊,何云凤,夏星星.高校贫困生积极心理品质发展现状及教育对策研究[J].中国特殊教育,2011,19(10):87.

农村籍大学毕业生与本地只有老人照看孩子的家庭结成帮扶关系，一方面，农村籍大学毕业生可以帮助老人照看孩子，辅导功课；另一方面，在这种家庭生活中，能让刚刚毕业并且远离家乡的农村籍大学毕业生感受到家的温暖。再次，农村籍大学毕业生的工作环境和氛围都可以在一定程度上支持他们更好地融入社会。社会工作者可以为员工开展团建活动，包括联谊、素质拓展、生日会等活动。农村籍大学毕业生群体，由于家庭背景和生长环境的限制，他们虽然具有过硬的专业知识、吃苦耐劳的品格，但却缺乏自信。他们从早期单纯的环境中进入到城市工作的新环境，难免出现恐惧心理，从而影响他们的融入状况和发展。以上这些活动恰好能有助于消除农村籍大学毕业生的这种心理，让他们与同事打成一片，并同时锻炼他们的协调、沟通能力，促使他们积极参与各项活动，提升社会融入能力。

参考文献

（一）专著类

[1] 包亚明. 文化资本与社会炼金术——布尔迪厄访谈录 [M]. 上海：上海人民出版社，1997.

[2] 彼得·M. 纳迪. 如何解读统计图表：研究报告阅读指南 [M]. 汪顺玉，等，译. 重庆：重庆大学出版社，2009.

[3] 布迪厄. 实践与反思：反思社会学导引 [M]. 李猛，等，译. 北京：中央编译出版社，2004.

[4] 蔡汀，等. 苏霍姆林斯基选集（五卷本·第4卷）[M]. 北京：教育科学出版社，2001.

[5] 常桦，龚萍. 大学新生：赢在起跑线上 [M]. 北京：中国财富出版社，2016.

[6] 陈锡敏. 当代大学生社会化探析 [M]. 北京：首都经济贸易大学出版社，2012.

[7] 陈向明. 质的研究方法与社会科学研究 [M]. 北京：教育科学出版社，2000.

[8] 陈向明. 质的研究与社会科学研究 [M]. 北京：教育科学出版社，2003.

[9] 陈正昌. SPSS与统计分析 [M]. 北京：教育科学出版社，2015.

[10] 费孝通. 社会学概论 [M]. 天津：天津人民出版社，1984.

[11] 高潮. 失调与重构 [M]. 武汉：武汉出版社，2016.

[12] 高耀明. 大学生学习问题研究 [M]. 上海：学林出版社，2013.

[13] 郭绍生. 大学学习与生活 [M]. 福州：福建人民出版社，2008.

[14] 侯杰泰，温忠麟，等.结构方程模型及其应用[M].北京：教育科学出版社，2004.

[15] 胡森.社会环境与学业成就[M].张人杰，译.昆明：云南教育出版社，1991.

[16] 黄育馥.人与社会——社会化问题在美国[M].沈阳：辽宁人民出版社，1986.

[17] 蒋逸民.教育机会与家庭资本[M].北京：社会科学文献出版社，2008.

[18] 李强.社会分层十讲[M].北京：社会科学文献出版社，2008.

[19] 李芹.社会学概论[M].济南：山东大学出版社，1999.

[20] 联合国教科文组织国际教育发展委员会.学会生存——教育世界的今天和明天[M].华东师范大学比较教育所，译.北京：教育科学出版社，1996.

[21] 梁前德.家庭背景与大学生消费[M].武汉：湖北人民出版社，2011.

[22] 林伟.政治社会化与大学生理想信念教育[M].杭州：浙江大学出版社，2014.

[23] 林兆山.大学生社会学[M].北京：北京电子工业出版社，1991.

[24] 刘豪兴，朱少华.人的社会化[M].上海：上海人民出版社，1993.

[25] 刘精明.国家，社会阶层与教育[M].北京：中国人民大学出版社，2005.

[26] 陆学艺.当代中国社会阶层研究报告[M].北京：社会科学文献出版社，2002.

[27] 陆学艺.当代中国社会流动[M].北京：社会科学文献出版社.2014.

[28] 王平.城市中家庭背景对子女学业变现的影响[M].北京：社会科学文献出版社，2013.

[29] 王伟宜.高等教育入学机会研究[M].广州：广东高等教育出版社，2011.

[30] 王伟忠.当代大学生道德社会化问题研究[M].杭州：浙江大学出版社，2016.

[31] 吴鲁平.大学生政治社会化的结果研究——以"社会互构论"理想视角[M].北京：社会科学文献出版社，2013.

[32] 吴明隆.问卷统计分析实务——SPSS操作与应用[M].重庆：重庆大学出版社，2010.

[33] 吴重涵，王梅雾.家庭背景与家长参与关系的实证研究[M].南昌：江西教育出版社，2014.

[34] 徐永祥,王瑞鸿.人类成长与社会环境[M].北京:中央广播电视大学出版社,2011.

[35] 严浩仁.企业家成长环境和培育机制研究[M].北京:华夏出版社,2007.

[36] 杨东平.中国教育公平的理想与现实[M].北京:北京大学出版社,2006.

[37] 杨善华,沈崇麟.城乡家庭市场经济与非农化背景下的变迁[M].杭州:浙江人民出版社,2000.

[38] 宇文利.中国人的价值观[M],北京:中国人民大学出版社,2012.

[39] 珍妮·H.巴兰坦.教育社会学:一种系统分析法[M].朱志勇,等,译.南京:江苏教育出版社,2005.

[40] 郑春生.中国大学生能力自我评价研究——基于家庭背景的分析[M].北京:人民出版社,2015.

(二)论文、期刊类

[41] 陈纯槿,等.互联网是否扩大了教育结果不平等——基于PISA上海数据的实证研究[J].北京大学教育评论,2017(1).

[42] 程燕.不同成长背景下大学生生命意识状况探究[J].黑龙江教育(高教研究与评估),2018(2):90-92.

[43] 崔东植.城乡高中学生家庭背景与大学专业选择意向关系个案研究[D].长春:东北师范大学,2012.

[44] 丁瑜.家庭诸因素对学生学习和品德的影响[J].南京师范大学学报(社会科学版),1985(4).

[45] 董永贵.突破阶层束缚——10位80后农家子弟取得高学业成就的质性研究[J].中国青年研究,2015(0).

[46] 段兴利,叶进,权丽华.大学新生入学适应问题浅析[J].思想理论教育导刊,2008(4).

[47] 冯廷勇,李红.当代大学生学习适应性的初步研究[J].心理学探新,2002,22(1).

[48] 冯廷勇,刘雁飞,易阳,张娅玲.当代大学生学习适应性研究进展与教育对策[J].西南大学学报(社会科学版),2010,36(2).

[49] 冯廷勇,苏堤,胡兴旺,李红.大学生学习适应量表的编制[J].心理学报,2006,38(5).

[50] 付瑞玲. 当代大学生就业维权意识培育研究 [D]. 广州：广州中医药大学, 2017.

[51] 高耀, 刘志民, 方鹏. 家庭资本对大学生在校学业表现影响研究——基于江苏省20所高校的调研数据 [J]. 高教探索, 2011（1）：137-143.

[52] 龚艺华. 父母教养方式问卷的初步编制 [D]. 重庆：西南师范大学, 2005.

[53] 郭俊, 李凯, 张璐帆, 马颖. 家庭背景对大学生学业表现影响的实证研究 [J]. 教育学术月刊, 2012（8）：29-34.

[54] 郭俊, 李凯, 等. 家庭背景对大学生学业表现影响的实证研究 [J]. 教育学术月刊, 2012（8）.

[55] 郭实. 农村籍大学生就业中存在的问题及对策研究 [D]. 长春：吉林大学, 2017.

[56] 韩洪文, 等. 我国大学教学模式同质化的表征, 原因与对策 [J]. 教育研究, 2012（9）.

[57] 郝秋子. 家庭背景对高中教育机会影响研究 [D]. 南京：南京师范大学, 2016.

[58] 胡宝国. 当代大学生价值观生态研究 [D]. 长春：东北师范大学, 2016.

[59] 胡咚. 当代大学生人生价值观教育创新研究 [D]. 武汉：华中师范大学, 2015.

[60] 黄时进, 等. 家庭资本对未成年人科学素养的影响——基于上海的实证研究 [J]. 北京理工大学学报（社会科学版）, 2018（1）.

[61] 黄颖娜. 论价值观教育与青年健康心理人格的塑造 [D]. 北京：清华大学, 2015.

[62] 姜红仁. 我国大学生创业支持政策研究 [D]. 武汉：武汉大学, 2014.

[63] 蒋承, 等. 本科生学业成就影响因素分析 [J]. 教育发展研究, 2015（19）.

[64] 蒋奖, 许燕, 蒋菁, 于生凯, 郑芳芳. 父母教养方式问卷（PBI）的信效度研究 [J]. 心理科学, 2009, 32（1）.

[65] 李芳元. 学生学业成就与家庭资本关系研究 [D] 武汉：武汉大学, 2011.

[66] 李海君. 中学生家庭社会经济地位、父母教养方式与学业成绩的关系研究 [D]. 成都：四川师范大学, 2013.

[67] 李娟. 家庭背景影响下大学生专业选择研究 [D]. 桂林：广西师范大学, 2015.

[68] 李蕊. 昆明市普通中学高一学生学习适应性及父母教养方式调查研究 [D]. 昆明：云南师范大学, 2007.

[69] 李文琦. 大学一年级学生学习适应性研究 [D]. 南京：南京师范大学, 2016.

[70] 李小霞. 近年来国内洛特卡定律研究综述 [J]. 科技情报开发与经济, 2005（13）.

[71] 李煜. 家庭背景在初职地位获得中的作用及变迁 [J]. 江苏社会科学, 2007（5）：103–110.

[72] 李悦. 家庭教养方式与学业成绩的关系：心理素质, 学业行为的中介作用 [D]. 重庆：重庆大学, 2016.

[73] 李志峰. 家庭背景对学业成绩的影响研究 [D]. 济南：济南师范大学, 2013.

[74] 李忠路, 等. 家庭背景如何影响儿童学业成就？——义务教育阶段家庭社会经济地位影响差异分析 [J]. 社会学研究, 2016（04）.

[75] 梁秋英, 等. 孔子因材施教的理论基础及启示 [J]. 教育研究, 2009（11）.

[76] 梁文艳, 等. 农村地区家庭社会资本与学生学业成就——中国城镇化背景下西部农村小学的经验研究 [J]. 清华大学教育研究, 2012（06）.

[77] 林磊. 幼儿家长教育方式的类型及其行为特点 [J]. 心理发展与教育, 1995（4）.

[78] 刘磊, 符明弘, 范志英. 流动儿童家庭教养方式和学习适应性的相关研究 [J]. 长江师范学院学报, 2010, 26（5）.

[79] 刘培军. 大学生学习适应性研究 [D]. 上海：上海师范大学, 2015.

[80] 刘妍, 罗宝丽. 谈皮亚杰的发生认识论对现代教育教学的意义 [J]. 武汉经济学院学报（人文社会科学版）, 2007（8）.

[81] 刘阳阳, 王瑞. 寒门难出贵子？——基于"家庭财富–教育投资–贫富差距"的实证研究 [J]. 南方经济, 2017（2）.

[82] 刘云杉. 大众高等教育再认识：农家子弟还能从中获得什么？[J]. 中国农业大学学报（社会科学版）, 2015（1）.

[83] 刘云杉. 教育失败者究竟遭遇了什么？[J]. 清华大学教育研究, 2014（4）.

[84] 刘云杉, 等. 精英的选拔：身份, 地域与资本的视角——跨入北京大学的农家子弟（1978-2005）[J]. 清华大学教育研究, 2009（5）.

[85]陆莹莹.女大学生的学业成就与社会角色研究[D].上海：交通大学，2010.

[86]罗周清.家庭背景对初中生学业成绩影响的实证研究[D].长沙：湖南大学，2014.

[87]蒙冰峰."寒门难出贵子"现象，原因与破解[J].中国青年研究,2014(12).

[88]聂衍刚，郑雪，张卫.中学生学习适应状况的研究[J].心理发展与教育，2004（1）.

[89]潘玮，高雪梅.大学生宿舍人际关系、学习适应与学业成就[J].中国健康心理学杂志，2017，25（1）.

[90]潘迎.高校农村生源学生的入学适应性问题及其对策研究[J].中国成人教育，2017（9）.

[91]彭国胜.家庭环境对大学生社会主义核心价值体系认同的影响[J].当代青年研究，2012（4）：19-25.

[92]任春荣.学生家庭社会经济地位（SES）的测量技术[J].教育学报，2010（10）.

[93]石雅绮.小学生父母教养方式与学校适应的关系研究[D].太原：山西大学，2017.

[94]谭英.学生家庭背景与学业成绩相关性实证研究[D].长沙：长沙农业大学，2012.

[95]陶沙，董奇，林磊，曾琦.母亲对幼儿生理与心理需要的敏感性及反应性的比较研究[J].心理科学，1997（2）.

[96]田丹.从高中到大学：家庭背景对学业成就的影响研究[D].南京：南京大学，2015.

[97]王甫勤，时怡雯.家庭背景、教育期望与大学教育获得基于上海市调查数据的实证研究[J].社会，2014（1）：175-195.

[98]王华容.大学生学习适应性及其影响因素研究[D].南京：南京师范大学，2006.

[99]王沛，康廷虎.建构主义学习理论述评[J].教师教育研究，2004（5）.

[100]王卫东.高等教育过程公平的社会学分析[D].武汉：华中师范大学，2012.

[101]王秀娟.家庭背景对学业成绩的影响[D].南京：南京师范大学，2015.

[102]王志梅.初中生父母教养方式影响因素的研究[J].教育理论与实践，

2005（9）.

[103] 肖地生.美国肯定性行动政策探源及其发展[J].南京师范大学学报（社会科学版），2016（1）.

[104] 辛志勇，金盛华.新时期大学生价值取向与价值观教育[J].教育研究，2005（10）：22–27.

（三）其他类

[105] 澎湃新闻.教育部要求严把大学毕业出口关，对大学生合理"增负"[EB/OL]. 2018–11–08.

[106] 新华网.2019届全国普通高校毕业生预计达834万人[EB/OL].2018–11–29.

[107] 中国网.教育部2018年成绩单[EB/OL].2019–02–27.

[108] 中国青年网.新时代本科教育的几点思考[EB/OL]. 2018–11–06.

[109] 中国新闻网.人大代表何兰田：学校、社会、家庭教育三者一体[EB/OL]. 2019–03–06.

[110] 中国社会科学网.高校该不该给家长成绩单[EB/OL]. 2018–11–03.

[111] 教育部.关于狠抓新时代全国高等学校本科教育工作会议精神落实的通知[EB/OL].2018–08–27.

[112] 教育部.关于加快建设高水平本科教育全面提高人才培养能力的意见[EB/OL]. 2018–10–18.

[113] 教育部.教育部教育统计数据[EB/OL].2017–08–22.

[114] 中央人民政府.关于深化教育体制机制改革的意见[EB/OL]. 2017–09–24.

[115] 教育部.关于国家助学贷款的管理规定（试行）[EB/OL].2007–8–14.

[116] 清华大学.2014年清华大学自主选拔"新百年自强计划"实施办法[EB/OL].2011–10–21.

[117] 李坤崇.学习适应量表（增订版）指导手册[K].台北：心理出版社，1996.

[118] 周步成.学习适应性测验（AAT）手册[K].上海：华东师范大学心理学系，1991.

（四）外文类

[119] Allison M Ryan.Peer groups as a context for the socialization of adolescents

motivation, engagement and achievement in School[J].Educational psychologist, 2001（2）.

[120] Allport, G.W., Vernon, P.E.A Study Of Values.（Score Sheet; Manual.）[M]. Oxford, England: Houghton Mifflin, 1931.

[121] Baker, R. W., Siryk, B. Measuring adjustment to college [J]. Journal of Counseling Psychology, 1984（31）.

[122] Baldwin, A. L. Behavior and Development in Children [M]. New York: The Dryden, 1955.

[123] Baumrind, D. Child care practices anteceding three patterns of preschool behavior [J].Genetic psychology monographs, 1967, 75（1）.

[124] Becker, W. C. Consequences of different kinds of parental discipline [J].Review of child development research, 1964（1）.

[125] Brian, P., Eleanor, D., Brawn and Carroll, E. The Relations between Contextual Risk, Earned Income, and the School Adjustment of Children from Economically Disadvantaged Families [J]. Developmental Psychology, 2004, 40（2）.

[126] Coleman J. S. Equality of Educational Opportunity[R]. Washington, DC: US Government Printing Office, 1966.

[127] Coleman, James S.Foundations of Social Theory[M], Cambridge: The Belknap Press of Harvard University Press, 1990.

[128] Elley, W.B., Irving, J. C.A Socio-economic Index for New Zealand Based on Levels of Education and Income from the 1966 Census[J]. New Zealand Journal of Educational Studies, 1972, 2（2）.

[129] Karavasilis, Doyle, A.B., &Markiewicz, D.Associations between parenting style and attachment to mother in middle childhood and adolescence[J].International Journal of Behavioral Development, 2003（2）.

[130] Kluckhohn F.R., Strodtbeck F.L., Roberts J M.Variations in value orientations[M].Row, Peterson and Co.1961.

[131] Kosson D.S., Steuerwald B.L., Newman J.P., Widom C S.The relation between socialization and antisocial behavior, substance use, and family conflict in college students.[J].Journal of personality assessment, 1994, 63.

[132] Maria K. DiBenedetto, H é fer Bembenutty.Within the pipeline: Self-regulated learning, self-efficacy, and socialization among college students in science courses[J].

Learning and Individual Differences, 2013, 23.

[133] Parker G., Tupling H, Brown LB. A Parental bonding instrument [J]. British Journal of Medical Psychology, 1979(52).

[134] Pascarella, E .College Environmental Influences on Learning and Cognitive Development: A Critical Review and Synthesis [J] .Higher Education: Handbook of theory and researth, 1985(1).

[135] Peaker Gilbert F. The Plowden Children Four Years Later[R]. London: National Foundation for Education Research in England and Wales, 1971.

[136] Piko, B., Kevin, M., Does Class Matter. SES and Psychosocial Health among Hungarian Adolescents [J]. Social Science & Medicine, 2001 (53).

[137] Prevatt, F. F. The contribution of parenting practices in a risk and resiliency model of children's adjustment [J].British Journal of Developmental Psychology, 2003, 21 (4).

[138] Rokeach M. The Nature of Human Values[M]. Zondervan Pub. House, 1973.

[139] Rosemary Lambie. At-risk Students and Environmental Factors [M]. Love Publishing Company, 2005.

[140] Schaefer, E. S. A circumflex model for maternal behavior [J].The Journal of Abnormal and Social Psychology, 1959, 59 (2).

[141] Simon Larose, Roland Roy. Test of Reaction and Adaptation in College (TRAC): A New Measure of learning Propensity for College Students [J], Journal of Educational Psychology, 1995, 87 (2).

[142] Steinberg, L., Lamborn, S. D., Darling, N., Mounts, N. S., & Dornbusch, S. M. Over-time changes in adjustment and competence among adolescents from authoritative, authoritarian, indulgent, and neglectful families [J].Child development, 1994, 65 (3).

[143] Symonds PM. The Psychology of Parent-child Relationships [M]. New York: Appleton- Century Co, 1939.

[144] Veenstra, G., Social capital, SES and Health: an Individual Analysis [J]. Social Science & Medicine, 2000, 50.

[145] Zitow D .The College Adjustment to College [J].Journal of College Student Personnel, 1984, 25.

附　录

附录一、大学生社会化范畴调查问卷

亲爱的辅导员：						
这是一份匿名的学术问卷，将耽误您15分钟，真实且完整地回答将有机会赢得红包奖励！						
大学生社会化范畴提炼						
以下列出了一些大学生成长、成熟包含的内容，请您仔细阅读每个条目，判断其符合程度，尽可能给出有差别的分值。1=完全不符合 2=基本不符合 3=不好判断 4=基本符合 5=完全符合						
选项		5	4	3	2	1
A 学业调适	1. 能够迅速适应大学学习方式					
	2. 能够有明确的学习目标和方向					
	3. 能够制定有效的学习计划并加以执行					
	4. 能够从学业失败中找到原因并改正					
	5. 经常因外界干扰而中断学习					
	6. 能够主动争取优异的学业绩点和排名					
	7. 很注意专业知识学习					
	8. 总是盲目选课					
	9. 能够获得各项学业奖励					
	10. 能够积极参加各种学科竞赛和比赛					
	11. 不会将所学知识进行迁移和创新					
	12. 选择社团随大流					
	13. 能够争取出国交换留学的机会					
	14. 无法在实践中应用自身的专业知识与技能					
B 心理调适/ 价值取向	15. 有自己做事的标准与原则					
	16. 总是生活在自己世界里					
	17. 做事动机比较稳定					
	18. 能够形成正确的道德认识和情感					
	19. 认同社会核心价值观					

B 心理调适/价值取向	20.	能够以正当方式满足自己的需求					
	21.	经常情绪失控					
	22.	总是用积极的眼光看世界					
	23.	做事有坚定的信念					
	24.	不太清楚自己到底需要什么					
	25.	有能力和信心应对各种困难					
	26.	行动前不太考虑结果					
	27.	无法获得成就感与满足感					
	28.	遇到麻烦事不慌乱					
C 人际调适	29.	能够迅速适应大学的交际方式					
	30.	能够迅速融入宿舍群体生活					
	31.	总是很难自然地融入大学同学当中					
	32.	能够积极参加学校和班级活动					
	33.	能够主动加入学生组织或社团					
	34.	不愿主动跟老师沟通交流					
	35.	遇事身边有朋友倾诉和相伴					
	36.	遇事经常要向父母求助					
	37.	能够大胆向朋友展示自己的想法与观点					
	38.	能够主动化解矛盾解决问题					
	39.	能够不断拓展自己的朋友圈					
	40.	能够认同和理解周围的同学					
	41.	很难与异性轻松自在的相处					
	42.	总是找不到志趣相投的朋友					
D 社会融入	43.	毕业前能信心满满地走向社会					
	44.	能够主动寻求各方面就业信息并寻找就业指导					
	45.	能够适应从校园到社会的"角色转换"					
	46.	向来缺少职业规划					
	47.	能够自行解决工作过程中遇到的问题					
	48.	无法在工作中找到乐趣					
	49.	能够将职业理想扎根现实生活					
	50.	对就业总是很焦虑					
	51.	无法实现经济独立					
	52.	能够主动融入社会关系网络					
	53.	所有的行为与社会主流要求相符					
	54.	很难做到生活自理					
	55.	能够选择自己喜欢的工作来实现就业					
	56.	爱一行,干一行,钻一行					

感谢您抽出宝贵时间参与我们的调查,祝您身体健康、生活愉快!

附录二、大学生社会化范畴访谈提纲

辅导员访谈提纲	
一、基本信息	
姓名_____ 性别_____ 专业_____ 就职学校_____	
二、访谈内容	
1	您对大学生社会化是如何理解的? 笔记记录处:_____
2	您认为大学生社会化包含哪些方面的内容? 笔记记录处:_____
3	您认为学业调适、心理调适、人际调适和社会调适等四个范畴能够全面概括动态的大学生社会化过程吗? 笔记记录处:_____
4	从入学到毕业,在学业、心理、人际以及社会融入等四个方面,您认为学生经历的是怎样一个过程? 笔记记录处:_____
5	您认为学校有哪些比较好的分别针对学生在学业、心理、人际以及社会融入等四个方面的政策或方案? 笔记记录处:_____
6	您认为学校应该如何更好地引导和帮助大学生成长成才? 笔记记录处:_____
7	在您的工作过程中,学生们遇到的哪些问题和困难比较多? 笔记记录处:_____
8	从学生入学到毕业的整个过程中,您更多的重视对学生哪些方面的教育? 笔记记录处:_____

附录三、影响大学生社会化的阶层要素调查问卷

亲爱的同学：

  这是一份匿名的学术问卷，将耽误您 15 分钟，为表示感谢，真实且完整地回答将有机会赢得红包奖励！

第一部分 基本情况

您的性别：□男　□女

您的生源所在地：＿＿省＿＿市

您入学前户籍为：□农村　□城市

您就读的高校：□原 985　□原 211 或省属重点院校　□地方或应用类本科　□高职高专

第二部分 语义差异量表

您认为哪些因素有利于大学生的成长成才？下面是一系列评价标准，每个标准两端是两个描述影响因素的短语，越靠近两端的数字表示您看法越符合两端短语的描述。请在符合您观点的数字上打"√"。（-3，3= 影响很大，-2，2= 影响较大，-1，1= 有点影响，0= 无影响）

		A：社会背景		
A1	1	上大学前生活在经济发达地区	-3 -2 -1 0 1 2 3	上大学前生活在欠发达地区
	2	入大学前生活在农村	-3 -2 -1 0 1 2 3	入大学前生活在城市
	3	交通便利地区	-3 -2 -1 0 1 2 3	交通不便地区
	4	汉族	-3 -2 -1 0 1 2 3	少数民族
		B：家庭环境		
B1	1	家庭经济条件贫困	-3 -2 -1 0 1 2 3	家庭经济条件优越
	2	家庭收入逐步积累	-3 -2 -1 0 1 2 3	家庭收入平稳无变化
	3	家庭教育投资少	-3 -2 -1 0 1 2 3	家庭教育投资多
B2	4	父母职业地位高	-3 -2 -1 0 1 2 3	父母职业地位低
	5	家中有权势	-3 -2 -1 0 1 2 3	普通民众家庭
	6	父母社会关系网密集	-3 -2 -1 0 1 2 3	父母社会关系网稀疏
B3	1	父母的文化程度高	-3 -2 -1 0 1 2 3	父母的文化程度低
	2	家庭学习资源匮乏	-3 -2 -1 0 1 2 3	家庭学习资源丰富
	3	家庭学习氛围欠缺	-3 -2 -1 0 1 2 3	家庭学习氛围浓厚
B4	4	协商式家庭	-3 -2 -1 0 1 2 3	说教式家庭
	5	子女参与家庭事务	-3 -2 -1 0 1 2 3	子女仅专注学业
	6	父母亲自抚养教育	-3 -2 -1 0 1 2 3	爷爷奶奶隔代抚育

B4	7	入大学前父母经常指导	-3 -2 -1 0 1 2 3	入大学前放任子女做主
	8	入大学后仍教导子女	-3 -2 -1 0 1 2 3	入大学后任其自由发展
B5	9	父母健在家庭	-3 -2 -1 0 1 2 3	单亲家庭
	10	家庭氛围和谐	-3 -2 -1 0 1 2 3	家庭氛围一般
	11	独生子女家庭	-3 -2 -1 0 1 2 3	非独生子女家庭
	12	父母未离异	-3 -2 -1 0 1 2 3	离异（过）家庭
	C：成长经历
C1	1	家庭有过重大变故	-3 -2 -1 0 1 2 3	家庭环境比较平稳
	2	经常转学或休学	-3 -2 -1 0 1 2 3	未曾转学或休学
C2	3	家庭居住地经常变更	-3 -2 -1 0 1 2 3	家庭居住地基本稳定
	4	留守儿童	-3 -2 -1 0 1 2 3	在父母身边长大的儿童
C3	5	周边邻里和睦互助	-3 -2 -1 0 1 2 3	周边邻里互不相关
	6	亲戚经常走动	-3 -2 -1 0 1 2 3	亲戚很少走动
	7	托关系或照顾性升学	-3 -2 -1 0 1 2 3	就近或凭能力上学
C4	8	有榜样的引导	-3 -2 -1 0 1 2 3	无榜样引领
	9	失利时有人相助	-3 -2 -1 0 1 2 3	失利时无人相助
	D：学校教育
D1	1	所读中小学规模较大	-3 -2 -1 0 1 2 3	所读中小学规模较小
	2	学校管理制度宽松	-3 -2 -1 0 1 2 3	学校管理制度严格
	3	上大学前多在重点学校读书	-3 -2 -1 0 1 2 3	上大学前多在普通学校读书
	4	中小学时社会实践机会多	-3 -2 -1 0 1 2 3	中小学时社会实践机会少
	5	中小学时学习硬件设施较好	-3 -2 -1 0 1 2 3	中小学时学习硬件设施较差
D2	6	中小学阶段长期不受老师重视	-3 -2 -1 0 1 2 3	中小学阶段学生受老师重视
	7	中小学教师教学水平高	-3 -2 -1 0 1 2 3	中小学教师教学水平一般
	8	家庭和教师合作教育	-3 -2 -1 0 1 2 3	家庭和教师各自教育
D3	9	中小学时同学间水平接近	-3 -2 -1 0 1 2 3	中小学时同学间水平差距大
	10	中小学时同学相互促进	-3 -2 -1 0 1 2 3	中小学时同学都各学各的
	11	从小当学生干部	-3 -2 -1 0 1 2 3	一直都是普通学生
colspan=5	E：朋辈影响

E1	1	深交的朋友较多	-3 -2 -1 0 1 2 3	深交的朋友较少
	2	经常与朋友交流	-3 -2 -1 0 1 2 3	自己管好自己
	3	兴趣相投的朋友多	-3 -2 -1 0 1 2 3	兴趣相投的朋友少
	4	朋友比自己优秀	-3 -2 -1 0 1 2 3	朋友比自己水平差

<table>
<tr><td colspan="5" align="center">F：自然环境</td></tr>
<tr><td rowspan="2">F1</td><td>1</td><td>所处环境气候温和</td><td>-3 -2 -1 0 1 2 3</td><td>所处环境气候恶劣</td></tr>
<tr><td>2</td><td>常年空气污染</td><td>-3 -2 -1 0 1 2 3</td><td>当地空气污染小</td></tr>
<tr><td rowspan="2">F2</td><td>3</td><td>生活周边人口密集</td><td>-3 -2 -1 0 1 2 3</td><td>生活周边人口稀疏</td></tr>
<tr><td>4</td><td>生活周边人口流动大</td><td>-3 -2 -1 0 1 2 3</td><td>生活周边人口流动小</td></tr>
</table>

第三部分 重要性选择题

在您的成长过程中，对您影响最大的因素是：[请选最重要的3个]
①城乡背景 ②家庭环境 ③成长经历 ④学校教育 ⑤朋辈影响 ⑥自然环境

在社会背景中，您认为影响大学生成长发展最为关键的要素是：[请选最重要的2个]
①地域差异 ②城乡差异 ③文化习俗差异 ④政治背景差异

在家庭环境中，您认为影响大学生成长发展最为关键的要素是：[请选最重要的3个]
①家庭经济水平 ②家庭社会地位 ③家庭文化高低 ④家庭教养方式
⑤家庭的结构（如单亲、离异、独生子女家庭等）

在成长经历中，您认为影响大学生成长发展最为关键的要素是：[请选最重要的2个]
①成长环境的稳定性 ②成长环境的流动性
③成长环境的互助性（如亲朋邻里互助程度）
④依靠家庭的社会关系 ⑤受到重大事件或关键人物影响

在学校教育中，您认为影响大学生成长发展最为关键的要素是：[请选最重要的2个]
①学校硬件与规模 ②教师教育水平 ③教师对学生的期望 ④班级的学风

在朋辈影响中，您认为影响大学生成长发展最为关键的要素是：[请选最重要的2个]
①朋友的道德水平 ②朋友的知识水平 ③朋友间的情感交流 ④朋友之间的兴趣爱好

在自然环境中，您认为影响大学生成长发展最为关键的要素是：[请选最重要的2个]
①气候环境 ②地理环境 ③周边人口 ④空气质量

感谢您抽出宝贵时间参与我们的调查，祝您身体健康、生活愉快！

附录四、影响农村籍大学生学业适应的调查问卷

亲爱的同学： 　　这是一份匿名的学术问卷，将耽误您15分钟，真实且完整地回答将有机会赢得红包奖励！
第一部分 人口学变量
您的性别：□男　□女 您入学前户籍：□经济欠发达农村　□经济发达农村　□城市 您是否为独生子女：□是　□否 您的父母是否离异（再婚）：□是　□否 您上大学前曾有过留守经历：□是　□否 您就读的高校：□双一流大学　□省属重点院校　□地方或应用类本科　□高职高专 您就读的专业：□人文社科类　□理工农医类
第二部分 父母教养方式问卷
以下列出了父母可能存在的各种态度和行为。请回忆你入大学前父亲、母亲的表现，并对以下陈述做出判断："1"非常不符合，"2"比较不符合，"3"比较符合，"4"非常符合。

选项		父亲				母亲			
		1	2	3	4	1	2	3	4
A 关怀维度	1. 用温和且友好的语气与我说话								
	2. 了解我的问题与担忧								
	3. 对我关爱但不溺爱								
	4. 时常与我商量事情								
	5. 在我心烦意乱的时候让我心情好起来								
B 冷漠/ 拒绝	1. 很少给我物质层面上的帮助								
	2. 情感上对我较冷淡								
	3. 不明白我的需要和想法								
	4. 闲余之时也很少与我谈心								
	5. 极少夸赞我								
C 过度保护	1. 总是把我当小孩子								
	2. 试图控制我做的每一件事								
	3. 经常侵犯我的隐私								
	4. 试图让我觉得凡事都离不开他（她）								
	5. 对我所有的事情都要叮咛								

D 民主/ 信任	1.	允许我做自己喜欢的事情					
	2.	多数事让我自己拿主意					
	3.	不会干涉我正常与朋友交往					
	4.	一般情况下允许我自由规划外出时间与地点					
	5.	不会过多干涉我的正常的穿着与搭配					

第三部分 大学生学业适应问卷

下面的这些句子描述了一些想法和观点,请您用 1-5 表示这些描述在多大程度上符合您平时的想法和观点,"1"表示完全不符合,"2"表示比较不符合,"3"表示不确定,"4"表示比较符合,"5"表示完全符合,请在每一描述后相应的数字上打"√"。

		选项	1	2	3	4	5
A 学习动机 和态度	1.	上大学后我的学习目标更加明确					
	2.	我学习多半是为了拿到学分和毕业证					
	3.	我经常去自习室看书学习					
	4.	我经常主动阅读专业书籍或从事专业实验					
	5.	我对自己所学专业很感兴趣					
B 学习方法 和能力	1.	我很拖拉并且不会安排学习时间					
	2.	我的学习思维反应能力很好					
	3.	我有自己的学习计划与方法并能付诸实践					
	4.	我针对不同的学习任务有不同的学习方法					
	5.	上课时我会带着疑问听讲并做好笔记					
C 自我认知 与心理	1.	我对自己目前的学习状态感到满意					
	2.	我自制力很强并能很好地进行自我约束					
	3.	我基础很扎实并能很好地适应大学学习					
	4.	我经常不知道为什么要学这个专业					
	5.	我不清楚怎么才能学好这个专业					
D 学校教学 与管理	1.	我喜欢大学教师的新颖多样的授课方式					
	2.	导师制教学对我适应大学的学习很有帮助					
	3.	大学教学内容的繁杂使我很难掌握					
	4.	我对大学的课程安排很满意					
	5.	我不太适应大学对学生的学业管理方式					

E 学习环境与社交	1.	周围同学都不努力使我也觉得不用那么努力学习				
	2.	我认为我周边的学习资源很丰富				
	3.	当前社会就业压力影响了我的学习积极性				
	4.	读书无用论等认知影响了我的学习积极性				
	5.	我与同学关系融洽并能很好地融入集体活动				
	6.	我能主动与老师同学进行学术交流				

第四部分 家庭社会经济地位问卷（SES）

下面的问题描述了您父母的基本情况，请在符合的项目中打"√"。

您父亲的文化程度：
□初中及初中以下　　　　　□高中（含中专、技校、职高）
□大专（含函大、成教、自考）或本科　□研究生（含硕士或博士）

您母亲的文化程度：
□初中及初中以下　　　　　□高中（含中专、技校、职高）
□大专（含函大、成教、自考）或本科　□研究生（含硕士或博士）

下列哪些职业描述符合您父亲的实际情况：
□高层领导、董事会成员或大企业主、高级专家
□中层管理人员、中高级专业技术人员
□一般技术人员或普通职员、小业主、自由职业者
□普通工人、农民、商服人员
□失地失业无业半失业、病休人员

下列哪些职业描述符合您母亲的实际情况：
□高层领导、董事会成员或大企业主、高级专家
□中层管理人员、中高级专业技术人员
□一般技术人员或普通职员、小业主、自由职业者
□普通工人、农民、商服人员
□失地失业无业半失业、病休人员

请估计一下，您父母总共的月收入（注意是共计）：
□ 5000元以下　　□ 5001~10000元　　□ 10001~20000元
□ 20001~50000元　　□ 50000元以上

感谢您抽出宝贵时间参与我们的调查，祝您身体健康、生活愉快！

附录五、影响农村籍大学生学业成就的调查问卷

亲爱的同学：
您好！这是一份匿名的学术问卷，目的是调查大学生学业成就情况，需要耽误您5-10分钟时间。我们承诺调查结果仅供科研所用。请您放心作答，感谢您的配合！

第一部分 人口学变量
您的性别：□男 □女 您的年级：□大三 □大四及以上 您的民族：□汉族 □少数民族 您就读的高校属于：□原985 □原211或省属重点 □地方本科 □高职高专 您的生源所在地：□东部地区 □中部地区 □西部地区 □东北地区 您入学前的户籍为：□农村 □城市

第二部分 家庭背景资料		
下面的这些句子描述了一些想法和观点，请在每一描述后相应的数字上打"√"。		
经济资本	1. 从小到大，您的消费水平超过了大多数同龄同学： □完全符合 □基本符合 □不清楚 □不太符合 □完全不符合 2. 上大学时，您经常为钱而发愁： □完全符合 □基本符合 □不清楚 □不太符合 □完全不符合	
文化教育资本	3. 您父母（其中一方）的最高学历是： □专科及以上 □高中或中职 □初中及以下 4. 您父亲的职业是： □行政管理人员 □各类经理人员 □专业技术人员 □私营企业主 □办事人员 □个体工商户 □商业服务人员 □教育科研人员 □产业工人 □无业失业半失业人员 □农民 □农村进城务工人员 □其他 5. 您母亲的职业是： □行政管理人员 □各类经理人员 □专业技术人员 □私营企业主 □办事人员 □个体工商户 □商业服务人员 □教育科研人员 □产业工人 □无业失业半失业人员 □农民 □农村进城务工人员 □其他 6. 读大学前您的父母经常辅导您的学习： □完全符合 □基本符合 □不清楚 □不太符合 □完全不符合 7. 您上了很多额外的课业补习班和课外兴趣班： □完全符合 □基本符合 □不清楚 □不太符合 □完全不符合	
个人成长	8. 您就读的小学、初中、高中多属于： □省重点 □市重点 □普通学校 □农村或薄弱学校 □上述都有 9. 从小到大，您很受老师的喜爱： □完全符合 □基本符合 □不清楚 □不太符合 □完全不符合	

个人成长	10. 从小到大，您很受同学的喜爱： □完全符合　□基本符合　□不清楚　□不太符合　□完全不符合 11. 您在上大学前的成绩排名在班级前列： □完全符合　□基本符合　□不清楚　□不太符合　□完全不符合

第三部分 大学生学业成就

下面的这些句子描述了一些想法和观点，请您用1–5表示这些描述在多大程度上符合您平时的想法和观点，"1"表示完全不符合，"2"表示比较不符合，"3"表示不确定，"4"表示比较符合，"5"表示完全符合，请在每一描述后相应的数字上打"√"。

			选项	5	4	3	2	1
A 本体性 学业成就	知识维度	1.	您的专业成绩（绩点）位于年级前列					
		2.	您拿到过院（系）级以上奖学金					
		3.	您的专业基础知识很不牢固					
	技能维度	4.	您发表了至少一篇专业学术论文（或拥有一门发明专利）					
		5.	您的专业技能可以胜任毕业后的工作					
		6.	在学习过程中，您经常有独立的思考和创新					
		7.	面对专业实习，你很害怕					
	态度维度	8.	您经常与老师交流学习心得					
		9.	您关注专业领域内的最新进展					
		10.	您把专业学习放在大学生活的首位					
B 拓展性 学业成就	知识维度	1	你学习过非本专业的课程，并获得证书或学位					
		2	您参加各级各类竞赛并获得奖项					
		3	您能广泛涉猎其他专业书籍					
	技能维度	4.	您参加过非专业性社会实践活动并获得荣誉					
		5.	您担任了院级或校级的重要学生领导					
		6.	您组织过一些比较大型的学生活动					
		7.	你参加了国内外高校间的学术交流活动					
	态度维度	8.	您经常挑战您所不擅长领域的事物					
		9.	在学业上遇到困难，您会积极寻找解决方法					
		10.	您经常参加一些活动来完善自身素质					

C 发展性 学业成就	1.	您为就业已经准备好了各项必备条件					
	2.	您为出国深造而进行着准备					
	3.	您为继续读研而进行着准备					
	4.	如果有创业资源，您会放弃就业					
	5.	如果部队要您，您会去参军					
感谢您抽出宝贵时间参与我们的调查，祝您身体健康、生活愉快！							

附录六、影响农村籍大学生人际调适的调查问卷

亲爱的同学： 　　您好！这是一份匿名的学术问卷，请您放心作答，感谢您的配合！	
第一部分　人口学变量	
您的性别：□男　□女 您入学前所在的地区是：＿＿省＿＿市 您上大学前的户籍为：□城市户口　□农村户口 您的年级：□大一　□大二或大三　□大四及以上 您的专业属于：□自然科学类　□管理与工程技术类　□社会科学类　□人文艺术类	
第二部分　家庭背景资料	
下面的这些句子描述了一些想法和观点，请在每一描述后相应的数字上打"√"。	

家庭经济资本	6. 您的家庭整体月收入为： □1000元以下　□1000~3000元　□3000~5000元　□5000~7000元　□7000元以上 7. 从小学到大学，您的总体消费水平： □比同学高很多　□比同学好一些　□差不多　□比同学低　□比同学低很多 8. 从小到大，由于您家的经济地位过高使别人不愿意或不敢接近你： □完全符合　□比较符合　□基本符合　□基本不符合　□完全不符合 9. 从小到大，您上过很多收费的特长补习班： □完全符合　□比较符合　□基本符合　□基本不符合　□完全不符合
家庭社会资本	10. 您父亲的职业类型是： □城乡无业、失业、半失业人员或农业劳动者　□工人或商业服务人员 □个体工商户或一般办事人员　　　　　　□专业技术人员或私营企业主 □高级管理人员或政府领导干部
家庭社会资本	11. 您母亲的职业类型是： □城乡无业、失业、半失业人员或农业劳动者　□工人或商业服务人员 □个体工商户或一般办事人员　　　　　　□专业技术人员或私营企业主 □高级管理人员或政府领导干部 12. 您的家庭有广泛的朋友圈： □完全符合　□比较符合　□基本符合　□基本不符合　□完全不符合 13. 您的家人与他们的朋友或同事相处得非常融洽： □完全符合　□比较符合　□基本符合　□基本不符合　□完全不符合 14. 您家与亲戚间走动很频繁： □完全符合　□比较符合　□基本符合　□基本不符合　□完全不符合

家庭文化资本	15. 您父亲的受教育程度： □小学及以下 □初中 □高中（包中专） □大学（包高职专科） □硕士及以上 16. 您母亲的受教育程度： □小学及以下 □初中 □高中（包中专） □大学（包高职专科） □硕士及以上 17. 当遇到与您有关的事情时，您父母会事先与您商量： □完全符合 □比较符合 □基本符合 □基本不符合 □完全不符合 18. 父母对您交友（恋爱）干预较多： □完全符合 □比较符合 □基本符合 □基本不符合 □完全不符合					

第三部分 大学生人际交往

下面的这些句子描述了一些想法和观点，请您用1-5表示这些描述在多大程度上符合您平时的想法和观点，"1"表示完全不符合，"2"表示比较不符合，"3"表示不确定，"4"表示比较符合，"5"表示完全符合，请在每一描述后相应的数字上打"√"。

	选项	5	4	3	2	1
A 人际发展能力	19. 您在交往过程中一般是主动联系他人					
	20. 进入大学之后，很少参加班级活动（社团活动）					
	21. 您会主动与老师交流学习心得或生活点滴					
	22. 与朋友（们）在一起，您会常感到孤寂或失落					
	23. 在公共场合，您总是感到紧张					
	24. 不知道与异性如何相处					
	25. 您能不断发展新的人际交往能力（包括利用网络平台）					
	26. 现阶段，您交往的对象主要集中在自己专业以内					
B 人际适应能力	27. 和中学生活相比，您更喜欢大学生活					
	28. 您难以适应宿舍的群体生活					
	29. 您非常适应来自不同地区的同学的生活习惯和风俗					
	30. 进入大学之后，您经常感到不知所措					
	31. 您遇见难事第一想到的是自己的父母					
	32. 您经常想家					
C 人际经营能力	33. 您很多想法和做法无法得到别人的理解					
	34. 您会委婉拒绝一些不合理的要求					
	35. 您的朋友并不多					
	36. 在大多数老师面前，您总是感觉到紧张					
	37. 您与舍友之间的关系很一般					

C 人际经营能力	38.	当自身有困难时，会有很多人帮助您				
	39.	当前您受大部分老师的器重				
	40.	同学（朋友）遇到困难都会首先向您求助				
	41.	上大学之后，您一直有稳定的朋友圈				
	42.	您现在还与以前朋友保持密切联系				
感谢您抽出宝贵时间参与我们的调查，祝您身体健康、生活愉快！						

附录七、影响农村籍大学生价值取向的调查问卷

亲爱的同学：
您好！这是一份匿名的学术问卷，目的是调查大学生心理适应情况，需要耽误您5-10分钟时间。我们承诺调查结果仅供科研所用。请您放心作答，感谢您的配合！
第一部分 人口学变量
性别：□男　□女 民族：□汉族　□少数民族 所在年级：□大一　□大二　□大三　□大四 所学专业：_____ 学校类型：□原985　□原211或省属重点　□地方本科　□高职高专 入学前所在的地区：_____（某省某市） 入学前的户籍为：□城市户口　□农村户口
第二部分 阶层要素背景
下面的这些句子描述了一些想法和观点，请在每一描述后填写或相应的数字上打"√"。

家庭背景资料	8. 父亲职业：_____（无业请填无业） 9. 母亲职业：_____（无业请填无业） 10. 我的家人与他们的朋友或同事相处得很融洽： □完全符合　□比较符合　□基本符合　□基本不符合　□完全不符合 11. 从小到大，我家的经济水平超过了大多数同龄同学： □完全符合　□比较符合　□基本符合　□基本不符合　□完全不符合 12. 上大学时，我经常为钱而发愁： □完全符合　□比较符合　□基本符合　□基本不符合　□完全不符合 13. 父母（一方或双方）最高受教育程度： □专科及以上　□高中及中职　□初中及以下
个人成长经历	14. 我的家庭采取的教育模式是： □遇事父母和孩子商量着来　　□遇事基本按照父母的意愿来 □遇事基本按照孩子的意愿来　□遇事父母不管，让孩子自行解决问题 15. 我和父母的兴趣爱好有很大差异： □完全符合　□比较符合　□基本符合　□基本不符合　□完全不符合 16. 从小到大，我很受老师的喜爱： □完全符合　□比较符合　□基本符合　□基本不符合　□完全不符合 17. 从小到大，我很受同学的喜爱： □完全符合　□比较符合　□基本符合　□基本不符合　□完全不符合 18. 中小学时期，我通常担任班级或校级学生干部： □完全符合　□比较符合　□基本符合　□基本不符合　□完全不符合 19. 我就读的小学、初中、高中多属于： □省重点　□市重点　□普通学校　□农村或薄弱学校　□上述都有

第三部分 大学生心理调适

下面的这些句子描述了一些想法和观点，请您用1—5表示这些描述在多大程度上符合您平时的想法和观点，"1"表示完全不符合，"2"表示比较不符合，"3"表示不确定，"4"表示比较符合，"5"表示完全符合，请在每一描述后相应的数字上打"√"。

选项		5	4	3	2	1
A 政治型	20. 我愿意成为公务人员，并积极争取晋职					
	21. 时事政治类的新闻与讲座，我很少收听收看					
	22. 我喜欢读秦始皇、孙中山、拿破仑类型的传记					
	23. 集体活动中，我经常扮演领导者或管理者的角色					
B 经济型	24. 我上大学是为了今后有份好工作和较理想的经济报酬					
	25. 在做多数事情的时候，我从不考虑经济付出和回报					
	26. 我很少关注物价、股市、汇率、理财等信息					
	27. 我喜欢和有效率的、勤勉的、注重实际的人做朋友					
C 社会型	28. 我经常主动联系别人，这让我感到很快乐					
	29. 遇到不公正的事情，我会挺身而出					
	30. 我喜欢参加各种社会活动或志愿者活动					
	31. 答应别人的事，我经常没能够做到					
D 信仰型	32. 为了理想信念，我可放弃权力、金钱和不必需的劳作					
	33. 我会皈依某种宗教或为某种信仰而奉献					
	34. 爱情是不可能持久的，不值得相信					
	35. 我认为物质财富比精神财富更宝贵					
E 审美型	36. 我参加了书画社、合唱团、话剧社等艺术性的社团					
	37. 重选专业，我会选实用型学科					
	38. 我平时喜欢购买一些美观，有艺术感的东西。					
	39. 我对某个事物或某个学科总能感觉到它内在的美					
F 科学型	40. 我经常探究事物的起因和规律					
	41. 我经常观看偶像剧和言情小说					
	42. 我将来想从事学术研究或工程开发等方面的工作					
	43. 解决问题时，我通常跟随感觉去做					

感谢您抽出宝贵时间参与我们的调查，祝您身体健康、生活愉快！

附录八、影响农村籍大学生社会融入的调查问卷

亲爱的同学： 　　您好！这是一份匿名的学术问卷，目的是调查毕业生社会融入情况，需要耽误您5-10分钟时间。我们承诺调查结果仅供科研所用。请您放心作答，感谢您的配合！	
第一部分 人口学变量	
您的性别：□女　□男 您大学毕业的时间：□2016年　□2015年　□2014年 您入学前所在的地区：_____（某省某市） 您入学前的户籍为：□农村户口　□城市户口 您的民族是：□少数民族　□汉族 您毕业的院校属于：□原985　□原211或省属重点　□地方本科　□高职高专 您目前就业的城市是否是您上大学前的生源地所在地：□否　□是	
第二部分 家庭背景资料	
下面的这些句子描述了一些想法和观点，请在每一描述后相应的数字上打"√"。	
经济资本	8. 您父亲的职业是： □行政管理人员　□各类经理人员　□专业技术人员　□私营企业主 □办事人员　□个体工商户　□商业服务人员　□教育科研人员　□产业工人 □无业失业半失业人员　□农民　□农村进城务工人员　□其他 9. 您母亲的职业是： □行政管理人员　□各类经理人员　□专业技术人员　□私营企业主 □办事人员　□个体工商户　□商业服务人员　□教育科研人员　□产业工人 □无业失业半失业人员　□农民　□农村进城务工人员　□其他 10. 家庭的月收入总和为： □20000元及以上　□15000~20000元　□10000~15000元　□5000~10000元 □3000~5000元　□1000~3000元　□1000元及以下 11. 您的家庭在应对突发事故时经济状况： □非常好　□比较好　□一般　□比较差　□非常差
社会资本	12. 与其他大学同学相比，您家的社会关系属于比较广泛的： □完全符合　□比较符合　□基本符合　□基本不符合　□完全不符合 13. 您家的亲朋好友中有头有脸（有影响力）的人不太多： □完全符合　□比较符合　□基本符合　□基本不符合　□完全不符合
文化资本	14. 您父母（其中一方）的最高学历是： □初中及以下　□高中或中专　□大专　□本科　□硕士及以上 15. 您父母非常注重培养您的兴趣爱好： □完全符合　□比较符合　□基本符合　□基本不符合　□完全不符合

第三部分 毕业生社会融入						
下面的这些句子描述了一些想法和观点，请您用 1–5 表示这些描述在多大程度上符合您平时的想法和观点，"1"表示完全不符合，"2"表示比较不符合，"3"表示不确定，"4"表示比较符合，"5"表示完全符合，请在每一描述后相应的数字上打"√"。						
选项		5	4	3	2	1
A 经济融入	16. 我满意目前的工作环境及福利待遇					
	17. 我满意目前工作的培训机制和晋升机制					
	18. 现在的收入能满足我的生活开支					
	19. 我每个月能定期给父母汇钱					
	20. 我的消费水平比大学时有所提高					
B 人际融入	21. 我的人际关系比之前更为广泛					
	22. 我经常参加工作或社交性聚会					
	23. 我经常得到身边同事和朋友的帮助					
	24. 我会积极主动地结交新朋友					
C 跨文化融入	25. 我很适应现工作地的自然环境和气候					
	26. 我喜欢现工作地的文化氛围					
	27. 我认可现工作地居民的价值观念					
D 身份融入	28. 我觉得本地居民有明显的地域歧视					
	29. 是否拥有本地户口对我的工作没有影响					
	30. 我对现在居住的地方有一种归属感					
感谢您抽出宝贵时间参与我们的调查，祝您身体健康、生活愉快！						

后 记

让农村孩子走出固有世界

逝者如斯夫，不舍昼夜。拙著是笔者全国教育科学规划一般课题《"阶层要素"对农村籍大学生社会化的影响及教育支持研究》（BIA150101）的集中成果。耗时四年之久，在此过程中经历了多重磨难，而今能付梓出版，心中不胜感激。

众所周知，我国高等教育已进入后大众化时代，但"大而不众，普而不惠"的现实并没有改变，尽管国家在高考及招生政策上采取了倾斜，但农村大学生生源还是逐年减少，重点高校的农村生源的数量和质量也是参差不齐。具体到农村籍大学生群体上，就是其在家庭教育能力、家庭社会经济地位、教育经历、获取社会资本的能力等方面无法与相对高的城市阶层、中产阶层和权贵阶层相比，使其在社会化进程中出现"怀才不遇""有力无用"的现象，导致其社会化进程受阻。

带着这种草根情结，笔者及研究团队多次奔赴偏远地区调研考察。当我们的沿海地区京沪广深已经超越了多数国家进入发达国家行列之时，在我国广大的中西部地区，特别是笔者亲赴的青海、新疆、甘肃、宁夏、川西、黔西南等地区其实刚刚过上温饱之后的准小康水平，甚至有的地区还面临着脱贫攻坚的艰巨任务。从第一次到青川去支教，看着大地震的遗址及众多死难者的无名墓地，当时就对生命产生了强烈的震撼感；那一次从绵阳到青川，有的时候还是会有余震，上一天课就停了六次电，那一年是"5·12"汶川大地震之后的第二年，2009年的11月份。川西虽然贫困，但是正如那句话所言，无限风光在险峰，川西的美景恐怕也是这个世界上绝无仅有的，不仅有众人熟知的九寨沟、黄龙、海螺沟，还有雪山之王贡嘎雪山，富有神奇传说的四姑娘山，最后的香格里拉稻城亚丁，还有中国最大的佛学院——色达五明佛学院……，可以说川西的美景会让你对这个地方上瘾。2017年暑假，笔者与学院同事自驾于318国道，当时就为险峻的公路所惊诧，难以想象当年人们是怎么修补这条进藏公路的。无论你是行驶在318，还是317或是国道219，也就是俗话说的滇藏线、川藏南线、川藏北线以及青藏线，你看到最多的就是道路两旁不断地在施工，永远有做不完的工程，永远有做不完的路基。印象中最近一次去川西考察，同样是面临着大面积的塞车，200多公里的路有时需要开上六个小时，路不但拥堵，而且还十分颠簸，两边的高山壁立万仞，可以说你不走川藏线和滇藏线，你就不知道天高地厚，你不走新藏线和青藏线，你就不知道山高路远。正如李白所言，"蜀道之难，难于上青天"。如果你不身临其境，哪里会知道这里人们的辛苦，即使这里旅游业再发达，人们赚到再多的钱，他们的心中可能也只有对神明的奉献，这里的孩子想要读书实在是难以想象的难，你若想让这里的现代化水平能够迅速地赶上来，恐怕就像这蜀道一样的艰难，而这，仅仅只是社会的一个缩影，所以当泱泱中华大国在整体达到小康社会的时候，莫要忘记偏远地区这些贫困的孩子！

呜呼，安得大学千万所，大庇天下学子深度融合，互联互通，异中求同，同中生异，"各美其美，美人之美，美美与共，天下大同"，使普及化的高等教育仍然保留着象牙塔的品质与追求，使其成为"中国梦——人民对美好生活的向往，教育梦——学有所教、学有所用、学有所成的最高平台"。

本书是笔者及课题组成员经长期研究所得成果，其中内容多有发表，期刊有《清华大学教育研究》《教师教育研究》《安徽师范大学学报（人文社会科学版）》《黑龙江高教研究》《浙江师范大学学报（社会科学版）》等，感谢众多编辑对此研究成果的厚爱。由衷感谢与我共同学习研究的那些孩子们、同事们，他们是：马银琦（华东师范大学博士生）、王乐婷（浙江师范大学硕士生）、曹美琦（浙江师范大学硕士生）、刘碧莹（浙江师范大学硕士生）、朱丽丽（浙江师范大学硕士生）、杨伊（浙江师范大学硕士生）、陈殿兵（浙江师范大学讲师）等。

最后，谨以本书献给所有热爱生活教育的人们！

张天雪

谨识于尖峰山下

2019年4月